Elogios p

«Compré diez mil ejemplares del primer libro de Rich Stearns, *El vacío en nuestro evangelio*, porque quería que todos los miembros de mi iglesia lo leyeran. El nuevo libro de Rich, *Por terminar*, puede que suponga un desafío para todo lo que usted creía que entendía de su fe cristiana. *Por terminar* es un llamado a finalizar la tarea que Cristo le dio a su iglesia para que realizara. Si cada cristiano leyera este libro y se lo tomara en serio, el mundo nunca volvería a ser igual».

— Bill Hybels
Pastor principal, Willow Creek
Community Church, y director
de Willow Creek Association

«Justamente cuando empezaba a estar a gusto con mi fe, llega Rich Stearns, recordándome lo que es importante, lo que Dios ama y por qué. Justamente cuando mi mundo es como quiero que sea, Rich me recuerda que el mundo no va como Dios quiere. Familias hambrientas; niños malnutridos. Justamente cuando me atrevo a pensar que he realizado mi tarea, Rich me recuerda que solo estamos comenzando. Primero con *El vacío en nuestro evangelio*, y ahora con *Por terminar*, Rich me da un gentil y misericordioso codazo. Gracias, Rich. (Creo)».

— Max Lucado
Pastor y autor de éxitos de
ventas

«De acuerdo, admítalo: a veces uno se pregunta... ¿verdad que sí? ¿Es esto todo? La vida que está viviendo. ¿Hay algo más? Por su travesía en el liderazgo corporativo y en el altruista, en causas muy buenas, Rich Stearns llega a la conclusión de que sin duda hay más. Más propósito. Más significado. En *Por terminar* descubrirá cómo su vida puede ser algo más».

— Elisa Morgan
Autora; oradora; editora de
Fullfill; y presidenta emérita
de MOPS International

«¡Rich Stearns lo ha vuelto a conseguir! En este encantador, fascinante y desafiante libro, nos lleva de regreso a algunos de los asuntos clave de lo que significa ser seguidores de Cristo en un mundo lleno de distracciones y falsos dioses. Este es un libro para todos, trata acerca de encontrar el lugar de nuestro llamado en la misión global de Dios. Es un libro acerca de satisfacción, aventura y toda una vida de transformación. Me hizo sentir hambre por más de la vida que Dios tiene preparada para nosotros».

— Dr. Stephen Hayner
Presidente de Columbia
Theological Seminary

«Su historia puede ser una parte de la Gran Historia. Rich Stearns conoce la historia y la vive. *Por terminar* puede llamarle al mayor capítulo de su vida».

— John Ortberg
Pastor principal de Menlo
Park Presbyterian Church;
y autor de *¿Quién es este hombre?*

«Un trabajo revelador e inspirador de una de las voces evangélicas más importantes de nuestros días. Rich Stearns nos recuerda la iniciativa divina en el universo y [muestra] que somos privilegiados por poder participar en el despliegue de la historia de Dios en el mundo. Con poderosas historias y soluciones prácticas, *Por terminar* nos saca de nuestra pasividad para llevarnos hacia una fe activa y auténtica».

— Soong-Chan Rah
Autor de *The Next Evangelicalism;* y Milton
B. Engebretson, Profesor
asociado de crecimiento
de la iglesia y evangelismo
en North Park Theological
Seminary

«*Por terminar* es el libro que yo desearía haber escrito después de *Medio tiempo*. Permítame explicarle por qué. Rich Stearns ha vivido este sueño como ninguna otra persona que conozca, transformando su fe en acción, transformando la primera parte de su vida de éxito empresarial para seguir una vida alineada con los propósitos de Dios en favor de las personas más pobres del mundo. Si usted es un cristiano fiel que siente que aún falta algo en su vida, este libro es para usted».

— Bob Buford
Fundador de Leadership
Network; y autor de *Medio
tiempo y Finishing Well*

«El reino es tanto ya como todavía no, la obra de Cristo se terminó y se debe completar. Stearns recuerda a los lectores la responsabilidad de cada cristiano de vivir una misión, a la luz del ejemplo y llamado de Jesús. Richard nos demuestra con su vida, el ministerio que dirige y la pasión de este libro, que aún queda mucho por hacer y que debemos ser parte del grandioso plan de Dios».

— Ed Stetzer
Presidente de LifeWay
Research; y autor de
Subversive Kingdom

«Rich ha escrito otro hermoso libro. Es una invitación de un buen amigo a sentarse juntos frente a una chimenea y tener una conversación honesta acerca de la vida, pasión y propósito de Jesús. No podrá leer este libro y no sentir que las ascuas de su fe se remueven al pensar una vez más en lo apasionante que puede ser una vida que sigue a Jesús».

— Bob Goff
Autor del éxito de ventas del
New York Times, El amor hace; y fundador de Restore International

«*Por terminar* es un libro que desafía a los cristianos a unirse más a Jesús en la construcción del nuevo mundo que él llamó reino de Dios. Cada uno de nosotros tiene un papel importante en esta misión, cuando encontramos nuestro propósito en el propósito de Dios. Lo recomiendo a todo aquel que busque un discipulado más profundo para cambiar al mundo».

— Jim Wallis
Presidente y director general
de Sojourners

«La vida cristiana es mostrar externamente el Cristo que llevamos dentro; cuando obedecemos esto, él nos da propósito, sentido y significado. *Por terminar* es un libro para la iglesia ahora, un mapa de ruta para regresar a la verdad».

— John Perkins
Cofundador de John & Vera
Mae Perkins Foundation
y Christian Community
Development Association

«El mayor privilegio para el seguidor de Jesús es ser llamado a la obra del evangelio que Dios está realizando en el mundo hoy. Lo que *Por terminar* hará es llamarle a esta misma obra del reino para unirse a muchos cuyas historias tan bien ha contado Rich. No estamos llamados a las heroicidades, sino simplemente a responder de formas normales a las personas comunes y necesitadas que nos rodean con el amor que Dios nos da para las cosas corrientes. De repente, al hacer la obra común del reino, descubrimos que somos parte de una multitud repentina de otros trabajadores del reino».

— Scot McKnight
Profesor de Nuevo Testamento en Northern Seminary

«En *Por terminar*, Rich Stearns nos recuerda elocuentemente que cuando Jesús predicó su evangelio, el evangelio del reino de Dios, nos estaba dando un llamado a la acción. No es un llamado fácil, porque requiere que entremos en los dolores y sufrimientos del mundo. Pero Rich ilustra claramente mediante las Escrituras, así como con sus propias experiencias, que cuando entramos en ese sufrimiento, nos encontramos en el centro de la misión de Jesús y en el eje de nuestro propio propósito para la vida. Cada discípulo de Jesús debería leer este libro».

— Lynne Hybels
Willow Creek Community Church

«Cada generación de cristianos necesita un toque de atención para recordarnos lo serias y arduas que son las demandas del discipulado. Que el libro *Por terminar* de Stearns sea esa alarma para nuestro tiempo».

— David Neff
Vicepresidente editorial de *Christianity Today*

«Practicando lo que predica, Rich Stearns nos reta a dejar a un lado nuestra apatía, temores, prioridades erróneas u otros obstáculos y seguir nuestras tareas individuales del reino con pasión y propósito. No puede leer este libro y volver a vivir como de costumbre».

— Deborah Smith Pegues
Oradora internacional y autora del éxito de ventas *Controla tu lengua en 30 días*

«¡*Por terminar* es un libro que querrá terminar! ¡Y vivir! Es más que la emotiva historia y visión de la vida de un hombre, por atractivas que sean; y es más que las necesidades del mundo, con todo lo urgentes que son. Es un llamado para cada uno de nosotros a encontrar nuestro verdadero propósito al alinear nuestras vidas con el gran propósito de Dios. Creo, como sucedió con el primer libro de Rich, que para muchos será un desafío, un cambio y un llamado, de manera que hará que sus vidas sean relevantes en el tiempo y la eternidad».

— **Leighton Ford**
Presidente de Leighton Ford
Ministries, Charlotte, Carolina
del Norte

«¿Alguna vez ha luchado con un hondo sentimiento de insatisfacción en su vida, sabiendo que fue creado para algo más? En un mundo que aún vende la mentira de que tener más *cosas* nos hará sentirnos realizados, Rich nos señala hacia la verdad de que olvidándonos de nosotros por causa del reino de Dios, nos encontraremos. Creer en Jesús es solo la línea de salida; fuimos creados para correr la carrera».

— **Sheila Walsh**
Autora de *Dios ama a las*
personas rotas

«¡*Advertencia: Este libro tiene consecuencias para su vida!* Una vez más, Stearns nos ha dado una obra extensa y convincente, una mezcla de información relevante, sólida teología e historias persuasivas. *Por terminar* es un llamado de trompeta a convertirnos en verdaderos discípulos del Jesús que sanó a los enfermos, recibió a los marginados y derrocó los paradigmas de su tiempo con las buenas nuevas del reino venidero de Dios. Es una invitación a convertirnos en embajadores y agentes de este nuevo reino, hombres y mujeres que proclaman y promulgan el amor de Dios que está haciendo nuevas todas las cosas».

— **Mike Yankoski**
Refugiado en el reino de Dios;
orador itinerante, y autor de
Under the Overpass

CREER
ES SOLO EL COMIENZO

POR TERMINAR

RICHARD E. STEARNS

Grupo Nelson
Una división de Thomas Nelson Publishers
Desde 1798

NASHVILLE   DALLAS   MÉXICO DF.   RÍO DE JANEIRO

© 2013 por Grupo Nelson®
Publicado en Nashville, Tennessee, Estados Unidos de América. Grupo Nelson, Inc. es una subsidiaria que pertenece completamente a Thomas Nelson, Inc. Grupo Nelson es una marca registrada de Thomas Nelson, Inc. www.gruponelson.com

Título en inglés: *Unfinished*
© 2013 por World Vision
Publicado por Thomas Nelson, Inc.

El autor está representado por la agencia literaria de Alive Communications, Inc., 7680 Goddard Street, Suite 200, Colorado Springs, Colorado 80920. www.alivecommunications.com.

Todos los derechos reservados. Ninguna porción de este libro podrá ser reproducida, almacenada en algún sistema de recuperación, o transmitida en cualquier forma o por cualquier medio —mecánicos, fotocopias, grabación u otro— excepto por citas breves en revistas impresas, sin la autorización previa por escrito de la editorial.

A menos que se indique lo contrario, todos los textos bíblicos han sido tomados de la Nueva Versión Internacional® NVI® © 1999 por la Sociedad Bíblica Internacional. Usada con permiso.

Citas bíblicas marcadas «RVR60» son de la Santa Biblia, Versión Reina-Valera 1960 © 1960 por Sociedades Bíblicas en América Latina, © renovado 1988 por Sociedades Bíblicas Unidas. Usados con permiso. Reina-Valera 1960® es una marca registrada de la American Bible Society y puede ser usada solamente bajo licencia.

Citas bíblicas marcadas «NTV» son de la Santa Biblia, Nueva Traducción Viviente, © Tyndale House Foundation, 2010. Usadas con permiso de Tyndale House Publishers, Inc., 351 Executive Dr., Carol Stream, IL 60188, Estados Unidos de América. Todos los derechos reservados.

A pedido del autor, todas las regalías debidas al autor se destinarán a la obra de Visión Mundial con niños necesitados.

Editora en Jefe: *Graciela Lelli*
Traducción: *Belmonte Traductores*
Adaptación del diseño al español: *Ediciones Noufront / www.produccioneditorial.com*

ISBN: 978-1-60255-953-0

Impreso en Estados Unidos de América
13 14 15 16 17 RRD 9 8 7 6 5 4 3 2 1

A los *que terminan*:

Mis miles de colegas en Visión Mundial que trabajan tan fielmente cada día:

- que el amor de Cristo lo puedan ver y sentir todos aquellos que tienen ojos para ver, y
- que la verdad del evangelio la puedan oír todos aquellos que tienen oídos para oír.

Y para todos aquellos que han dado sacrificialmente, amado incondicionalmente y servido a Cristo con humildad... Los que han «dejado casas, o hermanos, o hermanas, o padre, o madre, o esposa, o hijos o campos» por causa de Jesús... Los que han ido a los lugares destrozados y los lugares más quebrantados de nuestro mundo para buscar al perdido y servir «a los más necesitados»... Los que anhelan el día en que oirán las palabras prometidas:

> «Vengan ustedes, a quienes mi Padre ha bendecido; reciban su herencia, el reino preparado para ustedes desde la creación del mundo. Porque tuve hambre, y ustedes me dieron de comer; tuve sed, y me dieron de beber; fui forastero, y me dieron alojamiento; necesité ropa, y me vistieron; estuve enfermo, y me atendieron; estuve en la cárcel, y me visitaron». (Mateo 25.34–36)

Los que,

- han dejado a un lado sus vidas,
  - han amado lo que Jesús ama,
    - han valorado lo que Jesús valora, y
      - han obedecido lo que Jesús enseñó.

Ellos son los *finalizadores*.

Y este evangelio del reino se predicará en todo el mundo como testimonio a todas las naciones, y entonces vendrá el fin.

—Mateo 24.14

Jesús recorría todos los pueblos y aldeas enseñando en las sinagogas, anunciando las buenas nuevas del reino, y sanando toda enfermedad y toda dolencia. Al ver a las multitudes, tuvo compasión de ellas, porque estaban agobiadas y desamparadas, como ovejas sin pastor. «La cosecha es abundante, pero son pocos los obreros; les dijo a sus discípulos».

—**Mateo 9.35–37**

Ahora bien, ¿cómo invocarán a aquel en quien no han creído? ¿Y cómo creerán en aquel de quien no han oído? ¿Y cómo oirán si no hay quien les predique? ¿Y quién predicará sin ser enviado? Así está escrito: «¡Qué hermoso es recibir al mensajero que trae buenas nuevas!».

—**Romanos 10.14–15**

Como el Padre me envió a mí, así yo los envío a ustedes.

—**Juan 20.21**

Contenido

Reconocimientos — xv

Introducción — xix

1. El sentido de la vida y otras cosas importantes — 1
2. La gran historia de Dios — 17
3. ¿Por qué se fue Jesús? — 31
4. El reino mágico, el reino trágico y el reino de Dios — 41
5. La misión de Dios — 55
6. La invitación de Dios — 67
7. Se ruega contestación — 81
8. Hagamos un trato — 91
9. Fuimos creados para algo más — 101
10. El GPS espiritual de Dios — 113
11. Llamados para un propósito — 123
12. Dominós espirituales — 139
13. Puestos fronterizos del reino — 155
14. Las puertas del infierno — 173
15. La gran aventura de Dios para su vida — 189

Epílogo	207
Guía de estudio	211
¿Qué va a hacer al respecto?	229
Acerca de Visión Mundial	237
Notas	239
Índice de versículos	243
Acerca del autor	245

Reconocimientos

Siento la necesidad de comenzar ofreciendo un sincero descargo de responsabilidades. No soy teólogo. Aunque he seguido a Jesucristo durante más de treinta y cinco años, no tengo una educación teológica formal. Así que supongo que estoy diciendo: «Lea este libro asumiendo su propio riesgo». Soy deudor a una larga lista de pastores y teólogos que me han inspirado a través de sus libros y sermones. Muchos de ellos seguramente nadan en las partes más profundas del océano de Dios mientras yo chapoteo mucho más cerca de la orilla. Sin embargo, me anima el hecho de que la verdad de Dios es lo suficientemente simple como para que la entienda un niño, pero también lo suficientemente profunda como para desafiar a las mentes más brillantes.

Cada libro es verdaderamente la obra de una gran sinfonía de músicos en vez de la de un director que les lleva unánimes a través de las páginas. Quiero reconocer primeramente a aquellos cuyas historias aparecen en estas páginas, por inspirarme con sus vidas y ejemplos. Hay muchos más cuyas vidas y ejemplos se reflejan aquí solo de manera indirecta. Entre ellos se incluyen mis colegas en Visión Mundial en Estados Unidos y alrededor del mundo, pastores y autores que han moldeado mi manera de pensar, y amigos que han compartido la jornada. Todos ellos han servido de caja de resonancia para muchas de las ideas que hay en estas páginas.

Quiero agradecer a mi esposa Reneé que, más que nadie en mi vida, ha sido mi ancla espiritual y cuya profunda fe, integridad y compromiso con Cristo no solo me guiaron a la fe cuando era joven, sino que también me han ayudado a sostenerme en mi fe desde entonces. Su entendimiento espiritual se encuentra en cada una de estas páginas. También estoy agradecido a nuestros cinco hijos —Sarah, Andy, Hannah, Pete y Grace—, algunos de los cuales aparecen en este libro de una forma o de otra. Verles crecer a todos desde su fe infantil hasta convertirse en seguidores maduros de Cristo me ha dado mucho ánimo. Después de años de enseñarles las cosas de la fe, ahora me encuentro más a menudo siendo alumno de ellos.

Estoy especialmente agradecido a las miles de personas que leyeron mi primer libro, *El vacío en nuestro evangelio*, y me han animado expresando cómo Dios lo usó para catalizar algunas decisiones importantes en sus propias vidas. Sus testimonios me han enseñado lo que es posible cuando el pueblo de Dios se compromete con el reino de Dios. De no haber sido por su ánimo, es muy probable que no hubiera habido una continuación.

También debo reconocer a los muchos ayudantes y animadores en Visión Mundial que me han apoyado en mi escritura: Rob Moll, que me ofreció unas ideas muy valiosas; Brian Sytsma, mi indispensable mano derecha y animador jefe; Milana McLead, que caminó conmigo desde el comienzo hasta el final; y Shelley Liester y Cheryl Plantenberg, que me apoyaron y arreglaron mi calendario para que pudiera enfocarme en escribir. Otros en Visión Mundial que me ayudaron de una u otra forma son Kari Costanza, Jon Warren, Jane Sutton-Redner, Phil Manzano, Tom Costanza, Heidi Isaza, Laura Reinhardt, Nathalie Moberg, Elizabeth Hendley, Beth Dotson Brown, David Shaw, Andrea Peer, Abby Stalsbroten y Keelyn Roman. También quiero dar las gracias a mi gran junta directiva, que me concedió otro sabático porque creyeron en la importancia de este mensaje, y a mi equipo principal de liderazgo, que dirigió la organización con gran competencia durante mi ausencia.

Mis amigos Leighton Ford y el doctor Steve Hayner fueron generosos y me ofrecieron su tiempo para leer el manuscrito de modo que fuera sólido teológicamente; además, me dieron buenas sugerencias que mejoraron mucho mi obra. Asumo toda la responsabilidad por cualquier metedura de pata que haya en este libro.

Mi agente, Lee Hough, también me aportó ideas muy valiosas, así como Matt Baugher, mi editor en Thomas Nelson. Gracias a todo el equipo de Thomas Nelson: Julie Allen, Paula Major y Kate Etue, mi diligente revisora.

Finalmente, doy gracias a Dios, que aún usa «lo necio de este mundo» para lograr sus poderosos propósitos. Las profundas palabras de la Madre Teresa son ciertas en mí y también en usted: «Soy un pequeño lápiz en la mano de Dios, con el que él escribe una carta de amor al mundo». Mi oración es que él le use a usted para escribir su próxima carta de amor.

Introducción

Durante los últimos años he tenido la oportunidad de conocer y hablar personalmente con miles de personas en mis viajes alrededor del mundo en beneficio de los más pobres. Muchos de ellos se han acercado a mí para contarme un poco acerca de sus vidas y cómo han intentado poner su fe en acción. Hay un poderoso hilo común de anhelo que oigo de ellos, un anhelo por un sentimiento más hondo de propósito y significado en su caminar con el Señor. Quieren descubrir ese *algo* en concreto que Dios les está llamando a hacer. Anhelan sentir que están haciendo algo importante para Dios y que sus vidas realmente valen para algo. Muchos de ellos me dicen que se sienten incompletos, como si algo en sus vidas estuviera aún por terminar. Son jóvenes y mayores, hombres y mujeres, ricos y no tan ricos. Son abogados y agentes inmobiliarios, amas de casa y estudiantes, contables e ingenieros, recepcionistas y ejecutivos. Todos ellos quieren experimentar la satisfacción de saber realmente que sus vidas tienen sentido y que están viviendo en «la zona» del llamado y el propósito de Dios para ellos. Quieren sentirse completos y realizados, llevando vidas en las que su fe sea integral y no solo algo que hacen los domingos.

Pero si algo he aprendido acerca del propósito, el sentido y el significado de la vida durante los años es que, para el cristiano, no se encontrarán en ningún trabajo, ni siquiera en uno como el mío. No se encuentra en ninguna relación humana, por significativa que sea. No se encuentra en ningún logro, por muy importante que este sea. El sentido, propósito y significado de nuestras vidas se encuentran solo alineando nuestra existencia con los propósitos de Dios, en vidas comprometidas a seguir a Jesucristo. Eso merece la pena repetirlo: *el sentido, propósito y significado de nuestras vidas se encuentran solo alineando nuestra existencia con los propósitos de Dios, en vidas comprometidas a seguir a Jesucristo.*

En otras palabras, no es nuestro trabajo lo que da propósito a nuestra vida, ni nuestros cónyuges, familias, educación, habilidades, dinero o logros. Más bien, es el *propósito* de nuestra vida lo que le da sentido a todo lo demás. Y ese propósito solo lo encontramos en Cristo. Jesús dijo: «Yo he venido para que tengan vida, y la tengan en abundancia» (Juan 10.10). Entonces, ¿por qué tantos cristianos parecen carecer de ese sentido de plenitud de vida? Van a la iglesia, leen su Biblia y oran, pero siguen sintiendo que les falta algo.

Todos conocemos la expresión: «Los árboles no le dejan ver el bosque». Se utiliza para describir a una persona que está tan absorta en las cosas que tiene delante que ha perdido la percepción del cuadro más grande. Creo que eso es exactamente lo que ha ocurrido con muchos cristianos en el siglo XXI: nos hemos quedado tan absortos con los «árboles» de nuestras vidas cotidianas que hemos perdido el sentido de una historia mayor dentro de la cual ocurren nuestras vidas. Crecemos, vamos a la escuela, comenzamos nuestra carrera, nos casamos, tenemos hijos y batallamos diariamente con los retos de la vida. Esos son los árboles que ocupan la mayoría de nuestras horas productivas.

Nuestra vida en la iglesia no es muy distinta. Vamos al templo cada semana, cantamos algunas canciones y escuchamos un sermón. Quizá, incluso, oramos antes de comer, leemos diariamente nuestra Biblia y participamos en grupos pequeños de estudio bíblico. Pero esas cosas pueden convertirse solo en más árboles en una vida que ya está abarrotada de ellos. ¿Qué ocurrió con el bosque? ¿Qué ocurrió con la historia más grande? ¿Quiénes somos? ¿Por qué estamos aquí y adónde vamos? ¿Cómo encajamos en la gran historia de Dios? Un senderista que ya no tiene la idea del paisaje más amplio que le rodea, se pierde y se confunde, a menudo comienza a vagar en círculos porque está desorientado y ya no sabe de dónde viene ni hacia dónde va. Si verdaderamente queremos encontrar propósito y significado en nuestra vida, primero tenemos que elevarnos por encima de los árboles para redescubrir el bosque: tenemos que entender lo que Dios está haciendo en el mundo y cómo encajamos en él.

Afortunadamente, como cristianos tenemos una salida para este dilema. Si Dios es el Autor de la historia más grande dentro de la cual se desarrollan nuestras historias, si él es el Creador del bosque en el que todos caminamos, entonces podremos encontrar el sentido y propósito más profundos de nuestra vida solo cuando descubramos el papel que él creó particularmente para que desempeñásemos en su designio mayor. ¿Acaso no es lógico que el Autor de la historia más grande, el Autor que creó a cada uno de los personajes, tenga un papel específico para cada uno de los personajes que actúan?

Dios le creó intencionadamente para desempeñar un papel muy concreto en el despliegue de su historia.

La implicación de esto es profunda. Dios le creó intencionadamente para desempeñar un papel muy concreto en el despliegue de su historia. Dios no creó ningún extra solo para estar a un lado y contemplar cómo se desarrolla la historia; él creó a los actores para que estuvieran en el escenario principal. Y usted se sentirá totalmente completo solo cuando descubra cuál es el papel para el que nació.

Entonces, ¿cuál es el despliegue de esa historia en la que debemos desempeñar nuestro papel? ¿Cómo lo descubrimos? María y José hicieron su parte. Igualmente Pedro, Pablo, Lucas y Juan, pero ahora, dos mil años después de la resurrección, parece que hemos perdido la trama. ¿Dónde estamos ahora en la narrativa mayor y qué es lo que se supone que deberíamos estar haciendo?

Como sugiere el título de este libro, hay aún algunos asuntos *por terminar* para los seguidores de Cristo en nuestro mundo:

> «Y este evangelio del reino se predicará en todo el mundo como testimonio a todas las naciones, y entonces vendrá el fin». (Mateo 24.14)

Esta frase tan clara y sencilla de Jesús en Mateo 24 conlleva una premisa muy simple: una vez que se haya llevado satisfactoriamente el «evangelio del reino» por todo el mundo, llegará el fin. La promesa de Jesús de que vendría el fin no fue algo malo. Estaba con ello poniendo una gran zanahoria delante de su iglesia. Se estaba refiriendo a su grandiosa promesa de reconciliar todas las cosas, de corregir todo error, de enjugar toda lágrima, de resucitar a los muertos para vida eterna, de juzgar al malvado, de restaurar su creación y de establecer su maravilloso reino para siempre. Estaba prometiendo atar todos los cabos sueltos de la gran historia y llevarla a su grandioso término. Pero antes de que todo eso ocurra, Jesús llamó a sus seguidores a terminar una tarea crucial que les encomendó justamente antes de irse.

Esa tarea que Jesús dio a los discípulos justo antes de su ascensión aparece en varios versículos clave del Nuevo Testamento y, por lo general, se le conoce como la «gran comisión». Fue revolucionaria en su visión. Implicaba ir a todo el mundo para establecer y edificar un tipo distinto de orden mundial, uno que Jesús a menudo llamaba el reino de Dios. Fue un toque de trompeta para seguirle, uniéndonos a él en su misión de reconciliar a la humanidad con los propósitos de Dios. En esencia, no fue un llamado solo a creer lo correcto; más bien fue un llamado a la acción para unirnos a Dios en su intención por formar un nuevo tipo de reino que se convertiría en una bendición para todas las naciones —un reino basado no en tierra, política, poder y dominio, sino en la verdad, el amor, el perdón y la compasión de Dios—, un reino dentro de los reinos. No era un llamado a olvidarnos del mundo, ahora que tenemos nuestro «boleto de entrada al cielo» firmemente en nuestras manos y recluirnos en nuestras iglesias. Era un llamado a ir al mundo para reclamarlo, reformarlo y restaurarlo para Cristo. Era un llamado a lanzar una revolución que conllevaba el derrocamiento del sistema mundial existente. Y antes de que Jesús se fuera, encomendó a su iglesia que liderase esta revolución, prometiendo que las propias puertas del infierno no prevalecerían contra ella.

No es una exageración decir que la única razón por la que existe la iglesia es para llevar a cabo esta tarea, ya que cuando se acabe, la iglesia se disolverá en el reino eterno de Dios. Cuando se gane la revolución, los revolucionarios ya no serán necesarios. Esas fueron las órdenes de marcha que Jesús les dio a sus discípulos. Fue el único objetivo que les mandó conseguir. Les dijo que regresaría cuando se terminara la tarea; y se fue.

Esos primeros discípulos estaban encendidos. Nada podía detenerlos. El evangelio tenía implicaciones que ellos entendían. En trescientos años, la revolución del evangelio había conquistado el Imperio Romano y cambiado el mundo conocido. Sus estilos de vida radicales estaban caracterizados por un sentimiento de urgencia y propósito divino. Nada era más importante y ningún precio era demasiado alto para pagarlo. Muchos de los primeros discípulos fueron martirizados por la causa; otros se levantaron para tomar la bandera y liderar el cambio. Pero dos mil años después, el movimiento cristiano, especialmente en el norte del globo, ha perdido su sensación de urgencia. Hemos perdido la idea de la trama y de la gran historia: el arco de la historia. Pudientes, cómodos y distraídos, los cristianos hoy parecen haber perdido el fuego para cambiar el mundo. La obra del reino de Dios está por terminar y el pueblo de Dios parece haber perdido su sentimiento de propósito en el mundo.

Hay algo terriblemente perturbador en esto.

El propio Hijo de Dios se hizo carne y vivió entre nosotros. Murió para que nosotros pudiéramos ser perdonados y reconciliados con Dios. Nos mandó llevar estas mismas buenas nuevas a las naciones del mundo y, sin embargo, hemos fallado. ¿Qué le ocurrió a la revolución?

Creo que hay una conexión directa entre la obra por terminar del reino de Dios y nuestra sensación de que algo falta en nuestra fe cristiana porque hay una conexión entre nuestra historia y la de Dios. Si no estamos personalmente involucrados en la gran misión de Dios en el mundo, hemos perdido de vista aquello para lo que fuimos creados. Somos como pájaros que fueron creados con la intención de volar, pero viven en una jaula, peces diseñados para nadar, pero luchan por mantenerse a flote en la playa. Si lo piensa bien, tiene sentido. Si el Autor del universo nos creó para desempeñar un papel clave en el despliegue de su obra, pero no hemos tenido éxito en encontrar nuestro lugar en esa historia, por supuesto que nos sentiremos incompletos.

Pero no tiene por qué ser así.

Dios nos creó a todos de manera única y con un propósito. Este libro es una invitación a descubrir la vida para la que Dios le creó. No se trata de fracaso y culpa, sino más bien de oportunidades

Si no estamos personalmente involucrados en la gran misión de Dios en el mundo, hemos perdido de vista aquello para lo que fuimos creados.

y gozo porque Dios no nos obliga, sino que nos invita. Él nos ofrece sentido, plenitud y significado en nuestras vidas, pero siempre nos da la opción de rechazarlo y, tristemente, muchos así lo hacen.

Dicho de forma simple, el mensaje de este libro es que:

- Dios le ha invitado a unirse a él para cambiar el mundo.
- Dios tiene un sueño para este mundo que Jesús llamó el reino de Dios.
- Dios le creó para desempeñar un papel importante en su visión del reino.
- Usted nunca encontrará su propósito más profundo en la vida hasta que encuentre su lugar en la edificación del reino de Dios.

Escuche cuidadosamente estas frases que vienen a continuación: usted no tiene que irse al Congo o a Uzbekistán para cambiar el mundo. No tiene que ser inteligente, influyente o rico para cambiar el mundo, ni ser un gigante espiritual. Pero tendrá que decir sí a la invitación. Tiene que estar disponible y dispuesto a ser usado, y quizá tenga que pagar el precio que tiene seguir a Jesús, porque cambiar el mundo y seguir a Jesús no es fácil, y no se logra sin esfuerzo. Tendrá que hacer algún sacrificio, porque siempre es así.

Nuestra fe cristiana no es tan solo una forma de encontrar el perdón de pecados para entrar en la vida eterna, aunque también lo es. No es tan solo un sistema de creencias correctas acerca de la verdad suprema y el orden de las cosas, aunque también lo es. Ni tampoco es solo una manera de encontrar el consuelo de Dios en tiempos de dificultad o un código de conducta útil acerca de cómo llevar una vida buena y productiva, aunque también es eso. Básicamente, la fe cristiana es un llamado a dejar todas las cosas atrás, seguir a nuestro Señor y Salvador Jesucristo, y unirse a la gran misión de Cristo en nuestro mundo. Es un llamado a olvidarse de todo lo demás y seguirle. Solo entonces nos convertiremos en un pueblo completo, personas viviendo conforme al propósito más profundo de Dios para nuestras vidas.

En los capítulos que siguen le pediré que me acompañe en un viaje para redescubrir la visión de Dios para nuestro mundo y su llamado a su vida. Le pediré que me siga a través de las preguntas más básicas de la vida: ¿por qué estamos aquí, cuál es nuestro propósito y qué está haciendo Dios en el mundo? Después veremos el significado esencial de la vida, muerte y resurrección de Cristo dentro del arco expansivo de la gran historia de Dios, desde Génesis hasta Apocalipsis. Intentaremos entender por qué Jesús parecía estar obsesionado con la llegada del reino de Dios, e intentaremos responder a la desconcertante pregunta de por qué se fue tan de repente, tan solo cincuenta días después de su resurrección. Después exploraremos las implicaciones de la destacada misión que impartió a los que dejaba atrás. Y durante todo el camino intentaremos descubrir qué significa todo eso para nosotros hoy, los seguidores de Cristo en el siglo XXI. ¿Dónde encajamos en esta gran historia de Dios, cómo podemos descubrir el papel para el que Dios nos creó, y cuáles son las implicaciones de esto para nuestra vida, nuestra cosmovisión, nuestras carreras y familias? Le invito a revisitar la imponente verdad, la urgente misión y el profundo significado personal de la fe cristiana mientras intentamos seguir a aquel que murió para darnos vida y vida en abundancia.

Podemos redescubrir este gran llamado a nuestras vidas y volver a encender la revolución. La iglesia del siglo XXI tiene todo lo necesario: los recursos, el conocimiento, la experiencia, el mandato y el poder del Espíritu Santo de Dios. Lo único que nos falta es la voluntad. Es el momento de terminar la tarea.

—Richard Stearns
Bellevue, Washington
Junio de 2012

1

El sentido de la vida y otras cosas importantes

> En su nivel más profundo, toda cultura humana es religiosa, definida por lo que creen sus habitantes acerca de alguna realidad suprema, y lo que creen que esa realidad demanda de ellos.[1]
> —ROSS DOUTHAT

> Yo he venido para que tengan vida, y la tengan en abundancia.
> —JUAN 10.10

> En Cristo, la Roca firme, estoy; todo lo demás son arenas movedizas.
> —EDWARD MOTE

Hace unos años entró en nuestro léxico una nueva palabra que caracteriza nuestra preferencia humana por torcer la verdad para acomodar nuestros deseos. En 2006, la editorial Merriam-Webster seleccionó el vocablo *veracidadizo* como su «Palabra del año». La usó Stephen Colbert en su programa nocturno de sátira política para describir el modo en que los políticos podían torcer la verdad para apoyar sus acciones. Esta es la definición que da el diccionario:

> *veracidadizo*: dar una interpretación forzada o errónea a palabras o acontecimientos.[2]

Cuando se anunciaba que se había elegido *veracidadizo*, derrotando a otras candidatas como *google* y *terrorismo*, el presidente de Merriam-Webster, John Morse, comentó: «Estamos en un punto donde lo que constituye la verdad es una pregunta que está en las mentes de muchas personas, y la verdad se ha puesto al alcance de todos. "Veracidadizo" es una manera jugetona de que pensemos en un asunto muy importante».[3] Sin lugar a dudas, importante.

¿Qué es la verdad?

Dos mil años antes de Stephen Colbert, Poncio Pilato le hizo a Jesús probablemente la pregunta suprema: «¿Qué es la verdad?». Jesús había sido llevado ante Pilato porque, como gobernador romano, solo él tenía la autoridad para ordenar la ejecución de Jesús. Pilato no sabía qué hacer con esa patata caliente política. Terminó sosteniendo una conversación con Jesús y le preguntó qué tipo de rey afirmaba ser. Probablemente, era peligroso, y quizá un poco raro, que alguien se llamara a sí mismo rey ante el César, sobre todo un hombre que estaba con grilletes delante de un gobernador romano. Jesús le dijo a Pilato: «Eres tú quien dice que soy rey. Yo para esto nací, y para esto vine al mundo: para dar testimonio de la verdad. Todo el que está de parte de la verdad escucha mi voz».

Esto provocó que Pilato, quizá un político algo cínico, respondiera con la intemporal pregunta: «¿Qué es la verdad?».[4]

«**¿Existe la verdad?**». Las personas hoy se siguen haciendo esa misma pregunta. Muchos más parecen hacer la pregunta que yace antes de esta: «¿Existe la verdad?». Este no es un libro sobre filosofía, así que no intentaré establecer el largo argumento filosófico necesario para responder totalmente a esa pregunta. Al contrario, simplemente apelaré a su sentido común. Por supuesto que existe la verdad. ¿Cómo es posible afirmar: «No existe la verdad», y luego asegurar que su declaración es cierta? Es prácticamente imposible que vivamos a menos que asumamos ciertas cosas acerca de lo que es verdadero y lo que es falso, lo que está bien y lo que está mal. La mayoría vivimos basados en nuestro entendimiento de que algunas cosas son verdaderas y buenas mientras otras cosas son falsas y erróneas.

¿Por qué es tan importante este asunto de la verdad fundamental? Porque la verdad tiene implicaciones. Por ejemplo, si usted cree que la vida humana tiene poco valor, podría convertirse en un asesino. ¿Por qué no? Pero si cree que es preciosa, podría en cambio decidir convertirse en doctor. Cada decisión que tome estará basada en las verdades fundamentales que haya aceptado. Todo en este libro, y de hecho todo lo que contienen la mayoría de los libros que se han escrito, abordan de alguna manera la pregunta suprema de la verdad y el sentido de la vida. Los escritores o bien hablan directamente al sentido de la vida, o basan su escritura en alguna suposición subyacente a ello. Ciertamente, cada líder religioso representa su entendimiento del verdadero sentido de la vida para sus seguidores. Pero ese sentido no es una cuestión solo para líderes religiosos. Cada presentador de programas de tertulias, comentarista político, periodista, maestro de escuela, cómico, famoso, político, madre, padre y camarero del mundo da testimonio de alguna definición —su definición— del significado final de nuestra vida. Es más, como intentaré demostrar, cada persona que ha vivido jamás se ha visto alguna vez ante la pregunta: «¿Qué significa todo esto?», y ha respondido de una o de otra manera.

Todos construimos nuestra vida sobre algunas suposiciones fundamentales acerca de la verdad y la realidad, suposiciones que son muy importantes. Si construimos sobre un fundamento débil, lo que construimos no se sostendrá. Jesús advirtió de esto en Mateo 7:

> Por tanto, todo el que me oye estas palabras y las pone en práctica es como un hombre prudente que construyó su casa sobre la roca. Cayeron las lluvias, crecieron los ríos, y soplaron los vientos y azotaron aquella casa; con todo, la casa no se derrumbó porque estaba cimentada sobre la roca. Pero todo el que me oye estas palabras y no las pone en práctica es como un hombre insensato que construyó su casa sobre la arena. Cayeron las lluvias, crecieron los ríos, y soplaron los vientos y azotaron aquella casa, y ésta se derrumbó, y grande fue su ruina. (Mateo 7.24–27)

Edificar nuestra vida sobre el fundamento equivocado tiene consecuencias, y desastrosas. Por esa razón este primer capítulo es tan importante. Se convertirá en el fundamento para entender dónde encajamos en el plan general de Dios. Así que, antes de entrar en una discusión más específica acerca de la cosmovisión cristiana y su importancia en nuestro mundo hoy, debemos tener una conversación respecto a atender primero lo más importante en cuanto a la pregunta del sentido de la vida, a la que cada persona trata de dar respuesta.

Creemos que cosas como la libertad, la bondad, el amor, la justicia y la dignidad de la vida humana son buenas y correctas. ¿Acaso no valoramos que una persona tenga honestidad y diga la verdad? Formamos amistades con otras personas porque creemos que la amistad es buena. Trabajamos para conseguir un sueldo porque entendemos que robar no es correcto. Nos sacrificamos por nuestros hijos porque es lo correcto. Todo nuestro sistema legal está basado en la idea de que algunas cosas son ciertas y correctas mientras que otras son falsas y erróneas. ¿Cuántas tortuosas telenovelas de delitos en horario de máxima audiencia emplean sus sesenta minutos intentando buscar meticulosamente la verdad que decidirá la culpabilidad o inocencia de una persona?

Las personas que dicen que no existe la verdad son hipócritas; es más, viven en base a cosas que creen que son verdad. Y dejemos a un lado la idea de que algo podría ser verdad para usted pero no para mí. Eso puede ser cierto al describir por qué preferimos diferentes tipos de comida o diferente música, pero no lo es para los asuntos supremos. La ley de la gravedad no es verdad solo para usted pero no para mí; y cuando se trata de Dios, no se puede tener las dos cosas. Dios o bien existe para ambos o Dios no existe para nadie. Las dos cosas no pueden ser ciertas.

El problema realmente molesto con este asunto de la verdad es que es verdad. Y las cosas que son verdad ponen límites a nuestro alrededor de formas que no siempre nos gustan. La verdad es terca. La verdad tiene implicaciones. La ley de la gravedad dicta que no podemos saltar desde un edificio sin sufrir consecuencias. Las verdades morales requieren que controlemos nuestra conducta. ¿Quién quiere eso? A los seres humanos parece que no les gusta ninguna cosa que intente imponer restricciones a su comportamiento. ¿No fue ese el problema de Adán y Eva con la manzana?

Poncio Pilato hizo la pregunta clave: «¿Qué es la verdad?». La verdad estuvo disponible hace dos mil años, y sigue estándolo hoy. Y sí, es un asunto muy importante.

Ciencia ficción

Uno de mis placeres inconfesables es coleccionar libros de historietas de las décadas de 1950 y 1960. A veces busco por eBay, intentando volver a adquirir ese libro especial que tenía hace cincuenta años, el cual desechó mi bienintencionada madre hace mucho tiempo. Poco se imaginaba ella que si los hubiera guardado, podría haber enviado a mis hijos a la universidad vendiéndolos por cientos de miles de dólares. Los que más me gustaban eran los del género de ciencia ficción y de superhéroes. Tenían títulos como *Viaje hacia el misterio, Cuentos para asombrar* y *Misterio en el espacio*. Los más imaginativos transportaban a los lectores más allá de su cómodo entorno para percibir la realidad de alguna forma nueva que a menudo tenía que ver con alienígenas, con viajar en el tiempo o con lo sobrenatural.

Me gustaría combinar los libros de historietas y la teología un momento para invitarle a emprender un pequeño viaje en la imaginación conmigo, uno que espero le haga ver su vida desde una perspectiva distinta. Quiero que se imagine un momento lo extraño que sería si se fuera a su cama esta noche en su propia casa y se despertase mañana por la mañana en un planeta distinto en una parte diferente del universo sin idea alguna de cómo llegó hasta allí. En realidad, quiero que mentalmente se sitúe ahí y comience a sentir sus emociones y captar cómo se acelera su mente. Imagine que se encuentra en una habitación cerrada con solo una ventana. Más allá de la ventana hay un paisaje desconocido con cosas extrañas, una arquitectura estrafalaria y una raza de seres no humanos moviéndose de un lado para otro. Hay cierta disciplina en la escena y en el movimiento intencionado de los habitantes, pero quiénes son y dónde se encuentra usted siguen siendo misterios incomprensibles. Su pulso se acelera, el pánico aumenta y su mente se acelera con desesperación para intentar dar sentido a ese desconcertante misterio. ¿Dónde estoy, cómo llegué aquí y qué me va a ocurrir ahora? ¿Se imagina lo profundamente desconcertado y perplejo que se sentiría? Si eso le ocurriera a usted o a mí, estaríamos totalmente aterrados. Mil preguntas pasarían por nuestra mente, intentando comprenderlo todo. Es más, en ese momento, resolver el desconcertante misterio sería la prioridad más importante de su vida.

¿Le cuesta trabajo imaginarse esta hipotética situación? Bien, tengo noticias para usted: eso mismo, en verdad, le ocurrió a usted... y a cada persona que ha vivido. En algún momento dentro de los últimos cien años, usted nació en el tercer planeta desde sol, en un sistema solar dentro de la galaxia de la Vía Láctea, en un universo que es incomprensiblemente vasto. Piense en ello: todos nos despertamos un día en el planeta Tierra sin absolutamente ninguna idea de cómo llegamos hasta aquí. Nos despertamos en una cultura en concreto en un momento en concreto entre un grupo de personas que estaban ahí antes de que llegásemos. Nos despertamos en medio de una historia que comenzó mucho antes de que nosotros apareciésemos y seguirá cuando nos hayamos ido. Por supuesto, como venimos a este mundo siendo bebés, nuestra situación no es tan desconcertante o abrupta como si de repente apareciéramos en la tierra siendo adultos. Sin embargo, el misterio es igual de profundo, y cada persona debe asimilarlo de una o de otra manera, intentando encontrar el sentido de todo ello.

Y este misterio, nuestro misterio, suscita algunas preguntas bastante fundamentales. ¿De dónde vinimos? ¿Cómo llegamos aquí? ¿Por qué estamos aquí? ¿Quién creó todo esto, el universo, la tierra, la belleza y la complejidad que vemos en el mundo que nos rodea? ¿Cómo comenzó todo esto a existir? ¿Quién nos dio la capacidad de pensar y razonar? ¿Cómo es posible que tengamos la habilidad para producir arte y música, risa y amor, rascacielos y iPads? ¿Qué significa todo esto? ¿Qué es la verdad? Estas son las profundas preguntas de nuestra propia existencia.

> **A menos que entendamos cómo encaja nuestra historia en esta historia mayor, viviremos con un sentimiento muy pequeño de verdadero propósito o sentido.**

Quiero sugerirle que nuestra vida es parte de una historia mucho mayor, una que comenzó en la eternidad y que continuará indefinidamente en el futuro. Y a menos que entendamos cómo encaja nuestra historia en esa historia mayor, viviremos con un sentimiento muy pequeño de verdadero propósito o sentido, deambulando por la vida como un barco sin timón.

Estas preguntas fundamentales, acerca de por qué, cómo y quién, son comunes a todas las personas de todas las edades. Todo ser humano que ha nacido se despertó en este mismo misterio. No importa si nos referimos a Poncio Pilato, Albert Einstein, Martin Luther King hijo o Lady Gaga; todos ellos también aparecieron aquí en medio de este misterio, y al igual que usted y yo, tuvieron que luchar para encontrar el sentido de todo esto.

Entonces, ¿cómo podemos encontrarle significado al misterio más grande de la vida? Básicamente, hay solo tres opciones que la gente puede tomar. Estas son:

Opción 1: creer que no hay ninguna historia.

> Ante todo, deben saber que en los últimos días vendrá gente burlona que, siguiendo sus malos deseos, se mofará: «¿Qué hubo de esa promesa de su venida? Nuestros padres murieron, y nada ha cambiado desde el principio de la creación». (2 Pedro 3.3–4)

Podemos decidir creer que simplemente no hay ninguna historia o misterio que descubrir y que todo lo que vemos y experimentamos es totalmente aleatorio y sin lógica. No hay verdad. Somos especies sin sentido en un planeta sin sentido en un universo sin sentido. Por tanto, no hay Dios ni propósito concreto para nuestra vida.

Cuando estaba en la universidad, había un lema muy famoso que resumía esto de manera breve: «La vida es un asco y luego uno se muere», un lema bastante noble por el que vivir.

Pero creo que el mejor resumen de esta cosmovisión que jamás he leído fue el de una columnista llamada «Coquette», que escribe para el periódico digital *The Daily*. Una lectora escribió para hacer una pregunta acerca del sentido de su vida. Así es como respondió Coquette:

Querida Coquette:
¿Cómo acepto que nunca seré grande ni destacaré en nada? Siempre pensé que tenía talento, y quizá no soy mala, pero muchas personas son mejores que yo. No puedo dejar de pensar en esto y me está provocando una gran ansiedad.

Coquette:
Mata tu ego, porque nada de lo que haces será eternamente importante. Pero no te preocupes. No eres solo tú. Nos pasa a todos. Han sido necesarios 100.000 años para que nuestra especie sobresalga y se abra camino en un dominio momentáneo en este pálido punto azul, pero nada de lo que hemos logrado es tan destacable si piensas que un asteroide del tamaño de un centro comercial sería suficiente para convertir a toda la humanidad en la siguiente fina capa de combustibles fósiles.

La grandeza no es sino la tensión de la superficie de la burbuja de saliva del esfuerzo humano. En una escala de tiempo geológica, nuestro efecto mensurable sobre el planeta es un eructo empalagoso. Somos siete mil millones de motas diminutas de carne parlante pegadas a una bola de barro corriente que da vueltas por el espacio en un inimaginablemente vasto universo sin una razón concreta. No hay diferencia entre reyes y lisiados, amiga mía. Todos somos el mismo revoltijo de menjunje primordial, y la persecución de la grandeza es el recado de un necio.

En vez de eso, persigue la felicidad. Encuentra la paz en tu insignificancia y deja que se vaya tu ansiedad. Aprende a saborear la probable verdad de que la suma total del logro humano ni siquiera se registrará en el gran proyecto, para que también puedas disfrutar de los talentos que tengas. Úsalos para *hacer felices a otros y a ti misma*, y deja a un lado cualquier deseo de ser grande o destacar.

—Coquette (énfasis del autor)[5]

Qué filosofía tan inspiradora por la que vivir: somos tan solo «siete mil millones de motas diminutas de carne parlante pegadas a una bola de barro corriente que da vueltas por el espacio en un inimaginablemente vasto universo sin una razón concreta». Ahora bien, ¡eso me hace querer saltar de la cama cada mañana para comenzar un nuevo día! Las personas que escogen la opción número uno, de que no hay historia, a menudo deambulan por la vida haciendo lo que les hace sentir bien hasta que el reloj se para. Tienen una mentalidad de «come, bebe y sé feliz, porque mañana moriremos».

Pero como no vivimos aislados, la opción 1 tiene sus implicaciones. La forma en que las personas ven la verdad siempre tiene consecuencias. ¿Qué ocurre cuando sus acciones y decisiones entran en conflicto con las mías? Como tan solo somos «motas diminutas de carne parlante» girando en el «mismo revoltijo de menjunje primordial», realmente no existe nada parecido a lo correcto y lo incorrecto, así que el único mecanismo para resolver nuestras disputas es la fuerza o el poder; la supervivencia de los más fuertes. Si realmente cree que los seres humanos son tan solo motas de carne, entonces acabar con la vida humana no tiene mayor importancia que arrancar un champiñón o aplastar una hormiga. Una «mota de carne» podría formar alianzas con otros para lograr sus objetivos sometiendo a otro grupo de «motas de carne» con metas distintas. El grupo con más poder es el que gana; lo correcto y lo incorrecto ni siquiera entran en consideración. La opción 1 lleva a un mundo sin verdad y un mundo sin verdad lleva al caos. Así que, ¿cuáles son las consecuencias de todo esto? Uno solo necesita mirar al curso sangriento y brutal de la historia del mundo para hallar la respuesta.

La forma de ver la vida de Coquette es esencialmente la de alguien que es ateo: la vida es algo prácticamente sin sentido y no hay un propósito más alto que nuestra propia vida. La mayoría de los ateos no confesarían esta filosofía de forma tan clara como lo hace Coquette porque es casi demasiado impactante para expresarlo en voz alta, y la mayoría de las personas sensatas pensarían que están locos. Francamente, no creo que la mayoría de los ateos vivan de acuerdo a las conclusiones inevitables de su propio sistema de creencia.

Uno no puede verdaderamente tener una vida fiel a una cosmovisión de «falta de sentido» sin sustituir algunas suposiciones temporales acerca del sentido que sí permiten a una persona funcionar. Observe que incluso Coquette recomienda perseguir la felicidad y la felicidad de otros (arriba en cursiva) como una solución. Ella está esencialmente creando su propio sentido porque cree que no hay uno, lo cual nos lleva a la siguiente opción para abordar el gran misterio de nuestra existencia.

Opción 2: crear su propia historia

> Porque llegará el tiempo en que no van a tolerar la sana doctrina, sino que, llevados de sus propios deseos, se rodearán de maestros que les digan las novelerías que quieren oír. Dejarán de escuchar la verdad y se volverán a los mitos. (2 Timoteo 4.3–4)

Los verdaderos ateos, los que creen que no existe ninguna historia, en verdad son bastante raros. Mucho más comunes son las personas que fabrican sus propias teorías y luego viven de acuerdo a ellas. Crean visiones de la realidad que tienen sentido para ellos; desarrollan sistemas de valores coherentes con sus ideas y luego viven las realidades que ellos mismos han fabricado. Deciden no pensar en el misterio más grande, y casi nunca les importa exactamente cómo llegaron aquí o por qué están aquí. Crean sus propias historias acerca de lo que es importante y lo que aporta sentido.

Donald Miller, en su libro *Tal como el jazz*, dijo que se dio cuenta un día siendo joven de lo egoísta que había llegado a ser; que su vida era como una película en la que él era el protagonista principal de cada escena, y todos los demás eran solo un personaje en su película.

> La vida era una historia acerca de mí porque yo salía en todas las escenas. De hecho, yo era el único que salía en todas las escenas. Yo estaba dondequiera que fuese. Si alguien entraba a escena conmigo, yo me frustraba porque era una interrupción del tema general de la obra, a saber, mi comodidad o mi gloria.[6]

Dios usó esta revelación para llevar a Miller a un humilde camino a entender que «morir al yo» significaba poner las necesidades de otros por delante de las suyas.

Las personas dentro de esta categoría no son necesariamente egoístas o egocéntricas. Pueden ser bastante agradables e incluso admirables e inspiradoras. Esencialmente, son bastante prácticas: «Yo estoy aquí. Tengo una vida que vivir, así que voy a tomar algunas decisiones básicas respecto a lo que creo, cómo viviré y qué valores me guiarán mejor mientras camino por la vida». Estas son las personas que piensan que «lo que es correcto para ti quizá no lo sea para mí». Esencialmente inventan su propia verdad, pero no requieren ni esperan que otros necesariamente vivan por ella. A menudo comienzan frases con: «Yo pienso que...» o «Yo creo que...». Rellenan los espacios en blanco con su propia infusión casera. Estos son algunos de los «temas» fabricados que podrían afianzar las formas de ver la vida de esas personas:

- Deberías poder hacer lo que quieras mientras no hagas daño a otros.
- El que muere teniendo más cosas gana.
- Ganar no lo es todo; es lo único.
- Todos podemos encontrar a Dios en nuestro interior.
- Es un mundo salvaje y solo los más fuertes sobreviven.
- Yo pienso que todas las religiones son tan solo caminos distintos a la misma verdad.
- Todos deberían tener la misma oportunidad de perseguir sus sueños.

Observe que algunos de estos temas son bastante atractivos, mientras que otros son espantosos. Lo que tienen en común es que todos son creados y arbitrarios. Pueden ser verdad o no. Están hechos para crear sentido para las personas que realmente no creen que exista la verdad absoluta. Aquí es donde entra en escena nuestra Palabra del año 2006, *veracidadizo*.

veracidadizo, n.: dar una interpretación forzada o errónea a palabras o acontecimientos.[7]

Para resolver el gran misterio de sus vidas, las personas que han decidido crear sus propias historias lo hacen para crear el sentido y propósito que falta en sus vidas. Creo que esto también habla de algo innato en nosotros que nos lleva a buscar la verdad y el sentido. El hecho de que lo anhelemos tan universalmente me sugiere que debe de haber una verdad y un sentido que satisfaga ese anhelo, así como hay comida que satisface nuestra hambre.

Entonces, ¿quiénes son esas personas que han decidido crear sus propias historias acerca de la verdad? En efecto, abordar el misterio más grande de la vida con la idea de «fabricar su propia historia» puede producir tanto monstruos como santos. Podrían ser traficantes de droga o de seres humanos tan fácilmente como podrían ser amas de casa o maestros de escuela. Podrían ser estrellas de la Liga Nacional de Baloncesto (NBA, por sus siglas en inglés) o ejecutivos de *Fortune* 500. Por lo general, comparten el objetivo humano bastante universal de la felicidad. Es tan solo que algunos lo persiguen mediante la violencia y los delitos mientras otros lo hacen a través del trabajo duro y la educación. Algunos incluso lo encuentran ayudando a su prójimo y siendo generosos.

Las personas pueden vivir toda una vida persiguiendo la felicidad y la realización sin realmente preocuparse de si hay una verdad más profunda o una historia mayor de la que ellos podrían formar parte. Son las estrellas de sus propias películas, escribiendo sus propias historias y haciendo sus propias reglas. Durante setenta u ochenta años pasan de un evento a otro, como bolas en una máquina de pinball, rebotando contra los obstáculos con luces centelleantes y sonidos de campanas todo el tiempo. Están ocupados acumulando puntos y bonos hasta que la bola finalmente entra por el agujero, cesan los sonidos y las luces se apagan. ¡Fin del juego!

Después, está la tercera opción.

Opción 3: convertirse en parte de la historia de Dios

> Mas a cuantos lo recibieron, a los que creen en su nombre, les dio el derecho de ser hijos de Dios. (Juan 1.12)

Si lee una novela de misterio, hay una cosa que sabe de cierto: alguien la escribió; hubo un autor. El autor crea el escenario (el lugar donde todo se desarrolla), la trama y todos los personajes. El autor otorga a cada personaje rasgos particulares y personalidades, y un papel que desempeñar en la historia general. Y quizá el aspecto más significativo de esta metáfora es que cada personaje está diseñado para desempeñar un papel clave. Permítame subrayar esto una vez más. Si Dios es el Autor de la gran historia y usted es un personaje en ella, entonces se deduce que el Autor le creó para desempeñar un papel clave en su historia. Este es el tema que desarrollaré con más profundidad en los siguientes capítulos.

El Autor le creó para desempeñar un papel clave en su historia.

Probablemente haya visto la trilogía de *El Señor de los anillos*, y espero que haya leído también los libros. J. R. R. Tolkien, el autor de esos libros, creó un mundo increíble llamado Tierra Media. Era un lugar asombroso lleno de aventura, dragones, orcas y hobbits. Era una historia del bien contra el mal, de reyes y magos, hechiceros y magia. Y los personajes del libro —Frodo, Arwen, Gandalf, Sam y muchos otros— fueron situados en medio de una gran historia que se desarrolla a su alrededor y que se remonta a miles de años en el tiempo. Tolkien los creó para desempeñar algún papel en su épica historia. Y según leemos acerca de ellos, nos damos cuenta de que cada uno batalló para encontrar el significado de la historia y entender cuál debería ser su papel. No podían ver el cuadro completo desde el punto de vista del autor; solo podían ver la parte que estaba delante de ellos con destellos ocasionales de la narrativa más amplia. Pero cada uno de ellos tuvo que descubrir cuál era el papel que tenía que desempeñar, según la información que tenía ese personaje.

Bien, ¿acaso no es lógico que nuestra historia también tenga un autor, uno que creó el mundo y el universo en el que nacimos, uno que desarrolló la visión para la trama expansiva y la narrativa que se ha desplegado durante eras de tiempo, uno que comenzó la historia y que también la llevará a su término? ¿Acaso no se deduce también que este mismo Autor Creador diera vida a todos y cada uno de los personajes de su historia, a usted y a mí, y que nos creara a cada uno de nosotros con dones, talentos y personalidad única y que nos situara dentro de su historia tanto en el tiempo como en el espacio?

Quiero ser franco al decir que todo esto requiere un salto de fe significativo. Los filósofos han estado debatiendo acerca de la existencia de Dios durante miles de años, y no seré yo el que ponga fin aquí a ese debate, pero de nuevo quiero apelar a su sentido común, algo que los filósofos no siempre tienen en abundancia. ¿No es más lógico creer que nuestra historia tiene un Autor que creer que todo lo que vemos y experimentamos no tiene sentido ni propósito?

En la universidad me especialicé en neurobiología y conducta animal. Me emocionaba estudiar tanto la complejidad del cerebro humano como la increíble variedad y diversidad de los reinos animal y vegetal. En ese momento de mi vida yo era ateo... quizá agnóstico. No creía en Dios, no creía que nadie pudiera demostrar la existencia de Dios, así que opté por la opción 2. Decidí crear mis propias reglas; pero lo que me seguía molestando era que el mundo natural que estudiaba estaba lleno de tanta belleza, complejidad y maravillas que no podía dejar de especular sobre cómo había llegado a existir algo tan maravilloso. ¿Tenía algún sentido creer que todo esto apareciera por accidente, que el cuadro más bello que jamás había visto no tuviera un pintor? Yo podía haberle descrito los pasos detallados en el ciclo de la vida de la mariposa monarca y el dato increíble de que más de 100 millones de monarcas migran misteriosamente a miles de kilómetros cada año y encuentran su camino de vuelta al mismo bosque de pinos de Michoacán, México.[8] Pesan una fracción de una pizca, pero pueden navegar y volar varios miles de kilómetros al mismo pedacito de tierra cada año. Yo podía describir todo eso, pero me confundía al querer explicar por qué y cómo existía algo como las mariposas, por ejemplo. Si alguna vez ha visto programas de televisión como «Planeta tierra» o «El planeta helado» del canal de historia natural de la BBC, es imposible irse sin una sensación de asombro y perplejidad por la extraordinaria magia y arte de nuestro mundo. ¿Acaso no es lógico que los millones de plantas y animales que vemos hoy, la increíble música y el arte de los seres humanos, las asombrosas civilizaciones de Egipto, Roma, Europa Occidental, China y Japón, la tecnología que creó el televisor, los teléfonos celulares, las computadoras y las naves espaciales, y ciudades increíbles como Nueva York, París, Río de Janeiro y Tokio sencillamente *aparecieran*? E incluso si uno se pudiera tragarse todo eso, ¿cómo es posible que alguien crea que el incomprensiblemente vasto universo con sus miles de millones de galaxias, en el que flotamos como una mota de polvo, simplemente apareciera de la nada?

Sé que mi pequeño argumento no convencerá a los académicos que están estudiando todo esto en las universidades de todo el mundo, pero por lo general es sensato para la gente común que también puede ver nuestro maravilloso universo y llegar a conclusiones similares: tiene que haber un pintor, debe existir un Autor.

> Me explico: lo que se puede conocer acerca de Dios es evidente para ellos, pues él mismo se lo ha revelado. Porque desde la creación del mundo las cualidades invisibles de Dios, es decir, su eterno poder y su naturaleza divina, se perciben claramente a través de lo que él creó, de modo que nadie tiene excusa. (Romanos 1.19–20)

Se necesita más fe para creer lo que cree Coquette —que no hay Creador y que somos carbono químico girando en torno a un universo sin sentido—, que para creer sencillamente que «Dios, en el principio, creó los cielos y la tierra» (Génesis 1.1).

La Biblia nos dice que los logros más importantes de la creación de Dios, los personajes principales de su historia, son hombres y mujeres: seres humanos. Es más, la Biblia nos dice que Dios creó seres humanos a su propia imagen y semejanza con la capacidad de pensar y razonar, de crear música, arte y belleza, y con una naturaleza espiritual que les hace diferentes de todo lo demás creado (Génesis 1.27). Somos, en un aspecto real, los hijos de Dios.

> **La gran historia de Dios llegó a su punto álgido con la vida, muerte y resurrección de Jesús. Él es la verdad; él es la historia.**

Comenzamos este capítulo con la provocativa pregunta de Pilato: ¿qué es la verdad? Ahora es momento de escuchar de nuevo la sorprendente declaración de Jesús que provocó la pregunta de Pilato: «En realidad, yo nací y vine al mundo para dar testimonio de la verdad. Todos los que aman la verdad reconocen que lo que digo es cierto». La gran historia de Dios llegó a su punto álgido con la vida, muerte y resurrección de Jesús. Él es la verdad; él es la historia. «Yo soy el camino, la verdad y la vida», le contestó Jesús. «Nadie llega al Padre sino por mí» (Juan 14.6).

La verdad importa

> La tragedia del hombre moderno no es que conoce cada vez menos acerca del significado de su propia vida, sino que cada vez le importa menos.[9] —Vaclav Havel

Como dijo Jesús, todos tenemos la opción de edificar sobre la arena o sobre la roca de la verdad de Dios. Pero Jesús no dice que simplemente creyendo lo correcto se consiga el fundamento de roca. Dice que tenemos que creer *sus palabras* y ponerlas en práctica.

> Por tanto, todo el que me oye estas palabras y *las pone en práctica* es como un hombre prudente que construyó su casa sobre la roca. Cayeron las lluvias, crecieron los ríos, y soplaron los vientos y azotaron aquella casa; con todo, la casa no se derrumbó porque estaba cimentada sobre la roca. (Mateo 7.24–25, énfasis del autor)

La verdad ignorada no es mejor fundamento para nuestra vida que la falta de verdad. Jesús estaba diciendo que la verdad tiene implicaciones para la conducta. La verdad se convierte en el fundamento de nuestra cosmovisión, la que se convierte en la base de nuestras acciones y conducta. Mejor que estemos sobre un fundamento de roca porque vivimos en un mundo donde la lluvia arrecia, las aguas están subiendo y los vientos soplan contra nosotros. Es un mundo que asalta incesantemente nuestros sentidos y confronta nuestros valores. Es un mundo lleno de tentaciones: dinero, sexo, poder, fama y placer. Es un mundo caracterizado por el delito, la violencia, el racismo, la pobreza, la injusticia, la desigualdad y el engaño. Vivimos en un mundo que constantemente desafía nuestro entendimiento de la verdad y demanda que tomemos decisiones. Y esas decisiones importan.

Este es el mundo en el que despertamos todos y cada uno. Este es el mundo en el que todos estamos buscando significado y propósito. Este es el mundo que a nosotros, los cristianos, se nos ha ordenado ganar en el nombre de Cristo, armados con la verdad de Cristo y motivados por el amor de Cristo.

2

La gran historia de Dios

> Aunque solo haya una posible teoría unificada, es tan solo un conjunto de reglas y ecuaciones. ¿Qué es lo que sopla fuego a las ecuaciones y hace necesario un universo para describirlas?[1]
> —STEPHEN HAWKING, ASTROFÍSICO

> En el principio, Dios creó los cielos y la tierra.
> —GÉNESIS 1.1

Platillos voladores

Mientras me dirigía esta mañana al cuarto de invitados para comenzar a escribir, le dije a mi esposa que hoy intentaría explicar el sentido de la vida y el gran plan de Dios para el universo. Creo que eso le provocó una sonrisa entrecortada. Su consejo fue que lo hiciera práctico, centrado y que contara algunas historias. Buen consejo. La única razón por la que quiero hablar de estos conceptos mayores es porque estoy convencido de que los asuntos reales y prácticos que encontramos en nuestra vida deben entenderse en relación con los asuntos mayores de sentido y orden en el mundo. Como dije en el capítulo anterior, las decisiones que tomamos sobre la realidad importan. La verdad importa. Las creencias importan. Importa si Jesús era el Hijo de Dios; lo que nos enseñó acerca de la verdad es muy importante. La verdad tiene hondas implicaciones.

Cuando estaba terminando la secundaria, tuve una contienda con mi maestra de inglés. Para ser franco, yo era un poco antipático, y regularmente le complicaba la vida comportándome mal y llevándole la contraria en clase. Siempre lo hacía. Todos teníamos que escribir un trabajo de investigación ese año, y ella nos dijo que podíamos escoger cualquier tema que quisiéramos. Otros alumnos decidieron escribir acerca de grandes libros como *Moby Dick* o *Crimen y castigo*. Pero, claro, yo tenía que hacer las cosas difíciles. Así que cuando me reuní con ella para que aprobara mi tema, le recordé que nos dijo que podíamos escribir sobre cualquier tema, y le dije que yo quería escribir acerca de los platillos voladores. Sí, me ha oído bien: el tema de mi trabajo de investigación de la clase de inglés de último año fue los platillos voladores. Pude sentir que se quedó un poco picada con eso, pero lo único que dijo fue: «Stearns, mejor que sea bueno».

Durante los meses siguientes, leí todo lo que llegó a mis manos acerca de los OVNI. Revisé relatos de periódicos de observaciones y entrevistas con personas que afirmaban haberlos visto. Incluso escribí al gobierno de Estados Unidos para conseguir informes oficiales del libro Proyecto Azul, un estudio de diecisiete años realizado por la fuerza aérea estadounidense en el que se investigaron más de doce mil observaciones para determinar si los OVNI suponían una amenaza para la seguridad nacional. Realmente me apasioné con eso. Cuanto más leía y aprendía, más me preguntaba si realmente existiría la vida extraterrestre. Incluso recuerdo salir por la noche para mirar al cielo durante horas, con la esperanza de quizá ver uno de esos OVNI por mí mismo, porque si los OVNI eran reales, eso lo cambiaba todo. Cambiaría todo acerca de nuestra visión del mundo porque significaría que no éramos los únicos aquí y que algo mayor estaría ocurriendo. Pero, ¿por qué le estoy contando todo esto? Sea paciente.

Cinco años después terminé otro trabajo de investigación. Estaba saliendo con una joven llamada Reneé, a quien amaba mucho. El único problema era que se trataba de una cristiana comprometida y yo era ateo. Y para ella, la verdad importaba mucho; tanto, que no se casaría con alguien que no compartiera su misma visión de la verdad. Para ella, la verdad de que Dios había enviado a su Hijo Jesús para enseñarnos, perdonarnos y ofrecernos una nueva forma de vivir cambió su vida por completo, lo cual incluía, desgraciadamente para mí, su decisión de con quién casarse. La verdad tenía consecuencias e implicaciones para su vida que eran reales y serias.

> **La verdad tenía consecuencias e implicaciones para su vida que eran reales y serias.**

Ahora bien, yo no entendía eso del todo. Era uno de esos que dicen que «lo que es verdad para ti quizá no lo sea para mí». ¿Por qué no podíamos ser todos felices? Pero no podía creer en Jesús solo porque fue una buena persona y me hacía sentir bien. Como un chico que tenía su licenciatura en neurobiología, necesitaba evidencia de que el cristianismo realmente era cierto, porque a mí me parecía que Jesús no estaba pidiendo a las personas que creyeran en él, sino que edificaran toda su vida alrededor de él. Afirmó ser Dios, y si yo descubría que en efecto lo era, entonces eso lo cambiaría todo. No podía simplemente despertarme a la mañana siguiente, lavarme los dientes e ir a la escuela como si nada hubiera ocurrido.

Así que, impulsado por mi amor a la chica con la que algún día me casaría, decidí investigar las afirmaciones de todo ese asunto del cristianismo. Leí unos cincuenta o sesenta libros en los meses sucesivos, intentando aprender todo lo que podía. Leí todo, desde religión comparativa y filosofía hasta arqueología, ciencia, fe, apologética e historia. Mi mente se aceleraba al considerar, quizá por primera vez en toda mi vida, las preguntas fundamentales de nuestra existencia. ¿De dónde venimos? ¿Cómo llegamos aquí? ¿Existe Dios? ¿Qué ocurre cuando morimos? ¿Cómo debemos vivir? ¿Qué significa todo? Este no es un libro sobre apologética, así que no intentaré resumir todo lo que aprendí, pero compartiré mis conclusiones.

Llegué a creer que la explicación más plausible para el universo era que Dios era real y que había creado todo lo que vemos; que había un pintor detrás de este cuadro prodigioso, un autor detrás de esta asombrosa historia. También llegué a creer que Jesús de Nazaret fue realmente Dios encarnado, que Dios había tomado forma humana para inaugurar un nuevo tipo de relación más profunda con nosotros. Basé mi creencia tanto en la evidencia histórica de la resurrección como en la verdad inherente que encontré en las Escrituras. Parecía correcto y verdad. Tenía solidez y profundidad, una coherencia que casi hablaba por sí sola, algo parecido a lo que escribió Jefferson en la Declaración de Independencia, que «consideramos estas verdades como evidentes por sí mismas». La verdad de las enseñanzas de Jesús parecían de algún modo «evidentes por sí mismas». La evidencia de la historicidad de la resurrección de Jesús parecía tan intachable como la evidencia de que Julio César había sido el emperador de Roma. Así que me arrodillé ante el Dios del universo un día en West Philadelphia y dije: «¡Sí! Sí, soy tu hijo. Sí, quiero conocerte y aprender de ti, y sí, quiero vivir cada día de mi vida contigo, ¡sí!». Y también supe que mi vida nunca volvería a ser la misma porque Jesús lo cambió todo.

Bien, ¿entonces de dónde vienen los platillos voladores? En esos primeros meses después de entregar mi vida a la verdad del mensaje de Jesús, me volví incontrolable a la hora de hablar a otros acerca de lo que había descubierto. Estaba muy emocionado y hambriento de compartir lo que había encontrado con quienes no lo habían encontrado. Me sentía como si hubiera descubierto una cura para el cáncer y tuviera que darles a todos las increíblemente buenas noticias. Estoy seguro de que resultaba inaguantable estar a mi lado. Una noche, sostuve un largo debate acerca de todo esto con un amigo que no entendía por qué estaba tan alterado. Él era también uno de esos de «lo que es verdad para ti quizá no lo sea para mí». Así que encontré este ejemplo para intentar hacerle entender. Dije: «Quiero que se imagine que esta noche, mientras conduce de vuelta a casa, aparece en el cielo un OVNI, justo encima de usted. Detiene el automóvil, temblando en la presencia de ese asombroso e inexplicable suceso. Después, un ser extraterrestre sale y camina hacia su automóvil. Le dice de dónde es y por qué ha venido. Le dice que les des esa misma información a otros y que diga que algún día regresará. Después regresa a su nave, se eleva y desaparece en la oscuridad de la noche».

Le pregunté a mi amigo qué haría si le sucediera eso. Le dije que sería el momento sobresaliente de su vida y que probablemente pasaría el resto de ella contándoles a otros lo que había visto y oído, le creyeran o no. Le pregunté si eso lo cambiaría todo y me dijo que probablemente sí. «Entonces», le dije, «ahora sabe cómo me siento en cuanto a Jesucristo».

Una persona que hubiera tenido la experiencia de conocer a un extraterrestre así se habría convertido en una persona distinta. Ya no podría despertarse y lavarse los dientes e ir a trabajar como otras personas. Ya no podría sentarse en una oficina o una clase todo el día como si nada hubiera ocurrido. Realmente lo cambiaría todo. Cambiaría su entendimiento de la realidad, su cosmovisión fundamental y el propio significado, propósito y misión de su vida.

> No, después de tener un encuentro con Jesús no puede usted regresar a su antigua vida. Eso no es una opción. Lo cambia todo.

Así que si ver un OVNI tendría unas implicaciones tan hondas para la vida de alguien, ¿qué ocurre con la aparición en el tiempo y el espacio, en forma humana, del Creador del universo? ¿Qué tal si este mismo Dios-Hombre enseñó verdades increíbles, llevó una vida sin igual y resucitó de los muertos? ¿Acaso eso no tendría también algunas implicaciones para la vida tal como la conocemos? No, después de tener un encuentro con Jesús no puede usted regresar a su antigua vida. Eso no es una opción. Lo cambia todo. El apóstol Pablo tuvo un encuentro sobrenatural con Jesús en el camino a Damasco. Ese encuentro no solo cambió a Pablo; el Pablo cambiado entonces cambió el mundo. Su encuentro fue así de profundo.

Por cierto, recibí la mejor calificación en mi trabajo de investigación, y no creo que nadie se sorprendiera más de que me convirtiera en escritor que mi profesora de inglés de la secundaria.

Conozca al autor

> En resumen, creí siempre que el mundo tenía que ver con la magia: ahora pensé que quizá tiene que ver con un mago... Siempre sentí la vida primero como un cuento: y si hay un cuento, debe de haber un cuentacuentos.[2] —G. K. Chesterton

En el capítulo 1 bosquejé las tres distintas opciones que la gente puede tomar cuando es confrontada con el increíble misterio de nuestra propia existencia: creer que no hay historia, crear su propia historia o convertirse en parte de la historia de Dios. Si usted ha escogido una de las dos primeras, el resto de este libro no le será muy relevante. Así que permítame suponer que cree que Dios es el Autor de la gran historia. La pregunta entonces se convierte en esta: ¿cómo descubro más acerca de la historia que el Autor está escribiendo?

Y aquí tengo que dar un salto práctico. Me centraré en este capítulo en la narrativa de la fe y la historia cristiana. Este no es un libro acerca de religión comparativa, ni uno que intente demostrar la existencia de Dios. Hay muchos libros muy buenos acerca de estos temas que usted puede leer. En cambio, supondré que usted es una persona que ya ha aceptado la narrativa cristiana básica como cierta y quiere entender sus implicaciones para su vida de una manera más profunda. Si no ha aceptado la historia cristiana como verdadera, puede seguir leyendo, por supuesto, y quizá incluso aprenda algo acerca de la cosmovisión cristiana que no sabía antes.

Entonces, ¿cómo comenzamos a redondear la idea de la historia de Dios? Quizá haya oído la expresión: «No sabemos lo que no sabemos». Yo la he usado en un contexto empresarial durante años, básicamente significa que cuando nos encontramos ante un gran reto nuevo para el que nuestro entendimiento es tristemente inadecuado, no sabemos lo suficiente como para apreciar del todo lo que no sabemos. Es una expresión que confiesa modestamente la ignorancia en presencia de algo muy grande y muy complejo. Así es como me siento con Dios. El Dios que creó el universo es tan grande, tan poderoso y tan por encima de mi capacidad de entenderle, que no sé lo que no sé acerca de Dios. No puedo comprender los caminos de Dios más que mi perra Sophie los míos. Eso mismo lo dijo muy bien Dios a través del profeta Isaías:

> Porque mis pensamientos no son los de ustedes, ni sus caminos son los míos —afirma el Señor—. Mis caminos y mis pensamientos son más altos que los de ustedes; ¡más altos que los cielos sobre la tierra! (Isaías 55.8–9)

La verdad es que lo único que verdaderamente podemos saber acerca de Dios son las cosas que él ha decidido revelarnos de una forma o de otra. Podemos discernir cosas de Dios observando lo que creó. Cuando vemos el mundo que nos rodea, vemos magnitud, complejidad, poder, orden, belleza, creatividad, precisión y majestuosidad; y todas estas palabras dicen algo del Creador. Por supuesto, también podemos entender a Dios en formas espirituales al orar y meditar en su Palabra y buscar su compañía diaria. Pero las cosas más específicas que podemos aprender de Dios vienen de esas que él ha decidido revelarnos directamente a través de la historia que narran las Escrituras. Los sesenta y seis libros de la Biblia, desde Génesis a Apocalipsis, nos los dio Dios como un registro de los tratos suyos con la humanidad. Sin ellos, entenderíamos muy poco del carácter de Dios, sus motivos o su plan, que es exactamente por lo que Dios hizo que se escribiera para nosotros.

Un «pequeño secreto inconfesable» es que pocos cristianos han leído la Biblia de principio a fin. Algunas fuentes indican que menos del diez por ciento de los cristianos profesantes la han leído toda. Muchos han empezado con las mejores intenciones, pero se han salido del trazado en una niebla de confusión en alguna parte del libro de Levítico. Muchos más hemos leído el Nuevo Testamento entero, probablemente por lo ajustado de la trama, la accesibilidad de su estilo de escritura y la aparición dramática del héroe principal: Jesús. La mayoría hemos picoteado el Antiguo Testamento como lo haríamos en un bufet de comida: un poco de Salmos, unas cuantas historias de David, Moisés y quizá una pizca de Ester o Nehemías para acompañar. El resultado es que la mayoría de los cristianos no tienen un buen entendimiento de la trama global desde la creación hasta la consumación. Pero este es el problema que se nos plantea con eso: no podemos entender bien la misión de Jesús a menos que entendamos que él fue el cumplimiento de la historia de todo el Antiguo Testamento. Y si no entendemos la misión de Jesús, no entenderemos la que nos dio para que cumpliésemos. Debemos conocer la gran historia para entender dónde encaja nuestra propia historia.

En un momento intentaré resumir los puntos generales de la gran historia de Dios de una forma simple, pero antes de hacerlo es importante aclarar algunos puntos clave. Primero, siempre nos sentiremos tentados a preguntarnos: «¿Por qué decidió Dios hacerlo así?». Quizá nos preguntemos, por ejemplo: ¿por qué hizo el universo tan grande, o por qué la vida parece tan extraña en el universo conocido? Podríamos preguntar por qué él hizo que el cielo fuese azul y la hierba verde. Y también podríamos preguntarnos por qué decidió permitir que existiera el mal, por qué nos dio libre albedrío, por qué decidió revelarse de forma tan lenta durante miles de años en lugar de hacerlo de una vez. Siempre queremos saber por qué decidió hacer las cosas como las hizo. Hay un número infinito de guiones que podía haber escrito, pero por razones que solo Dios entiende, decidió escribir este. Y este es el punto: no importa qué guión escogiera él, nosotros siempre nos preguntaremos por qué no escogió otro, uno que quizá nos pareciera tener más sensatez. La única respuesta real es que él es Dios, y nosotros no. Nosotros nos parecemos mucho a los niños que siguen preguntando a sus padres: «¿Por qué?», y a veces los padres tienen que responder: «Porque yo lo digo». Así que a medida que lea más acerca de la gran historia de Dios, enfóquese menos en el por qué y más en el cómo: en cómo encaja usted en la extraordinaria historia del amor de Dios.

Este es mi intento de resumir la trama de los sesenta y seis libros de la Biblia. Obviamente, no puede incluirlo todo, pero espero que le ayude a ver la clara línea del asombroso amor de Dios por nosotros y a obtener una vislumbre de hacia dónde se dirige la historia después.

Historia de amor

La de la Escritura es la historia del amor de un Padre por sus hijos. Es la historia de un Padre que fielmente se acerca a los hijos que le rechazaron. Es la de un Dios amoroso que nunca se rinde.

En el comienzo Dios creó el universo y todo lo que en él hay. Y se deleitó en todo lo que había creado. Creó a Adán y Eva, hombre y mujer, a su propia imagen con mente, cuerpo y espíritu para disfrutar de una relación como un padre disfruta de sus hijos.

Dios estaba presente con ellos en el lugar especial que había hecho para que ellos vivieran, el Edén, y su deseo era que se desarrollaran disfrutando de la gran herencia que les había provisto. Él deseaba que sus hijos actuaran como compañeros suyos para supervisar y administrar el reino que había creado, para gestionar los negocios de la familia. Les dio su tarea y les explicó qué tipo de relación deseaba, la cual estaría marcada por el respeto y la obediencia que el Padre merece.

Pero cuando fueron tentados a desobedecer a Dios por el maligno —un ángel caído, cuya amargura le lleva a atacar todo aquello que el Padre ama—, se desviaron y tomaron una terrible decisión, la decisión de hacerlo a su manera, la decisión de la falta de respeto. No estaban satisfechos con la manera de Dios, querían más poder y más control. Rompieron la buena relación de fe con su propio Padre amoroso. Eso le partió el corazón a Dios porque sus acciones tendrían consecuencias terribles. Entenderían eso trágicamente al vivir apartados de Dios, y comenzaron a ver las implicaciones de su propio comportamiento voluntarioso.

Las consecuencias fueron espantosas: relaciones rotas con su Padre, relaciones rotas entre ellos y con sus hijos después de ellos, egoísmo, avaricia, riñas e incluso asesinato y muerte en la familia. Consiguieron lo que habían deseado: la oportunidad de hacerlo a su manera. Y todo lo que Dios había creado quedó quebrantado con ellos. Pero Dios seguía amándoles como un padre que siempre ama a sus hijos, y se quedó afligido.

Con el paso de los años, a pesar de su extendida desobediencia y maldad, Dios les ofreció a sus hijos muchas oportunidades para regresar a él y vivir bajo su amorosa autoridad una vez más. Llamó a un hombre, Abraham, y prometió que se convertiría en el padre de una nueva nación, Israel, una nación del propio pueblo de Dios, apartada del mal y de la rebelión que habían consumido a la raza humana como un virus. Y le prometió a Abraham que esa nueva nación algún día sería una bendición para todos los hijos de Dios. Israel pudo restablecer la bondad del reino de Dios y vivir como una nación de hijos de Dios bajo la autoridad de su Padre-Rey de nuevo, como una vez habían estado Adán y Eva. Pero Israel batallaba mucho, por lo que también se desviaron y tomaron la terrible decisión de hacerlo todo a su manera, una decisión irreverente.

Los hermanos de José, bisnieto de Abraham, le vendieron como esclavo en Egipto, e Israel pasó los siguientes cuatrocientos años en esclavitud en Egipto. Israel tendría que esperar si había de cumplir el deseo de Dios para ellos.

Entonces Dios escuchó su clamor y envió a otro hombre, Moisés, para liberar a su pueblo de la esclavitud. Moisés intervino a favor de ellos y les sacó a través de las aguas del Mar Rojo a un lugar seguro. Pero ellos seguían dudando, desobedeciendo y quejándose.

Al ver su confusión y saber que la nación de Israel necesitaría una constitución y unas leyes para guiarles a un buen comportamiento,

Dios les dio la ley, la Torá, en el monte Sinaí. Si querían convertirse en el pueblo del reino de Dios, tenían que entender la verdad y la justicia de Dios. Él les enseñó a diferenciar lo bueno y lo malo, la bondad y la verdad. Les enseñó simbólicamente, mediante sacrificios con sangre de becerros y corderos, que su pecado tenía consecuencias, y les mostró lo que eso significaba. Los delitos de sangre requerirían sacrificios con sangre. Eso les recordaría que debían tratar sus propios pecados si querían que su relación fuese restaurada. El pecado tiene consecuencias. Moisés después les guió por el desierto durante cuarenta años para enseñarles de nuevo a confiar, obedecer y apoyarse en Dios. Les llevó al borde de una nueva tierra prometida, donde podrían vivir seguros y prósperamente en relación con su Padre Dios. Pero incluso después de todo eso, Israel se alejó del amor de Dios, como habían hecho antes Adán y Eva, y prefirieron desobedecer y vivir según sus propios deseos.

Si querían convertirse en el pueblo del reino de Dios, tenían que entender la verdad y la justicia de Dios.

Después insistieron en tener un rey para poder ser como las demás naciones. Y Dios les dio uno, primero Saúl y luego David, el hijo de Isaí, que fue el más grande de los reyes de Israel. Pero después de cientos de años, la mayoría de sus reyes les apartaron de Dios. Otras naciones los conquistaron. De nuevo Dios estaba desconsolado por su terco proceder. Durante los años subsiguientes, Dios les envió profetas para advertirles y corregirles, pero ellos no escuchaban. Israel y sus reyes habían vuelto a no someterse a la autoridad de Dios, a no convertirse en el reino amado de Dios que restauraría el gobierno de Dios; por lo que se convertiría en la bendición de Dios para las naciones del mundo.

Así que Dios guardó silencio durante casi quinientos años. Él tenía un camino distinto, el cual revelaría a su debido tiempo.

> Porque mis pensamientos no son los de ustedes, ni sus caminos son los míos. (Isaías 55.8)

Él rompió el silencio con el llanto de un bebé, nacido en un pesebre en la ciudad de Belén, en el cénit del Imperio Romano, un imperio que representaba el paradigma del gobierno corrupto de la humanidad sobre la tierra, con su hambre de poder, violencia, codicia y opresión. Dios decidió que era el momento, el momento para una revolución, una revolución para derrocar, de una vez por todas, los reinos pervertidos concebidos por el egoísmo y la avaricia de la humanidad. Era el momento de revelar los valores de Dios, la justicia de Dios y los caminos de Dios. Era el momento de establecer el reino de Dios, de edificar el reino de Dios y de entronar de nuevo a Dios como rey. Era el momento de una misión de rescate para todos los hijos de Dios.

La de la Escritura es la historia del amor de un Padre por sus hijos. Es la historia de un Padre que fielmente se acerca a los hijos que le rechazaron. Es la historia de un Dios amoroso que nunca se rinde.

Y como acto de amor supremo, el propio Hijo de Dios, Jesús, realizaría el rescate, totalmente Dios y totalmente hombre. Dios hecho carne. Era demasiado importante como para encomendárselo a otro, demasiado vital para dejarlo en manos de otros. Nacido del Espíritu Santo, el bebé del pesebre rescataría a los hijos de Dios. Jesús cumpliría el destino de Israel de ser una bendición para las naciones.

> Porque tanto amó Dios al mundo, que dio a su Hijo unigénito, para que todo el que cree en él no se pierda, sino que tenga vida eterna. (Juan 3.16)

Jesús encabezaría la revolución. Pero no era una revolución respecto a tierras, poder y control, sino una revolución de amor, obediencia, paz y relaciones restauradas. Jesús modeló una forma distinta de vivir y una manera diferente de amar. Habló de un nuevo tipo de reino en el que la sabiduría convencional se pondría boca abajo. Las marcas del reino de Dios serían amor y perdón, sacrificio y servicio, justicia y equidad. El amor sería la moneda del reino y la gente amaría a su prójimo como Dios les amaba a ellos. Los pobres serían exaltados, los enfermos sanados, los débiles fortalecidos. Era una visión de un tipo de sociedad distinta gobernada por los valores de Dios, y todos, no solo Israel, estarían invitados a convertirse en sus ciudadanos. Su reino vendría ahora, su voluntad se haría ahora en la tierra como se hace en el cielo.

Eran las buenas nuevas de las que hablaron los profetas, las buenas nuevas de que un nuevo rey se levantaría de la raíz de Isaí, el linaje de David, que se sentaría sobre el trono de Israel y sería una bendición para las naciones. Dios mismo lo hizo enviando a su propio Hijo para tomar forma humana y sacarnos de nuestra oscuridad. Fue la oportunidad de un nuevo comienzo.

Jesús vivió, enseñó y maravilló hablando con verdad, mostrando compasión y haciendo señales milagrosas. Reunió con él a sus discípulos, los soldados de su revolución, doce hombres que dirigirían el mandato. Durante tres años vertió en ellos su vida, enseñándoles los caminos de ese nuevo reino. Eran doce hombres que representaban a las doce tribus de Israel. Los estaba preparando para proclamar su nuevo reino después de que él pagara el precio por el pecado y la maldad, después de que les dejara. Jesús mostró las marcas del nuevo reino de Dios: alimentar al hambriento, sanar al enfermo, cuidar de los pobres, echar fuera espíritus malignos y demostrar el amor incondicional de Dios a todo el que se encontrara. Ningún hombre había vivido o hablado jamás así. Y preparó a los doce para continuar después que se fuera.

Sin embargo, la humanidad estaba tan torcida en su rebeldía que incluso el propio Hijo de Dios fue rechazado, tanto por el mundo como por Israel. El maligno del huerto del Edén estaba de nuevo intentando torcer la bondad de Dios. Pero Dios sabía que eso ocurriría; sabía que su propio Hijo sería rechazado, pero ya había decidido hacía mucho tiempo que restauraría su relación con sus hijos a un alto costo, tomando el castigo de su rebelión porque no podía soportar que ellos sufrieran tan duro castigo. La justicia de Dios era pura y requería que los delitos de la humanidad se tratasen. Tomando el lugar de uno de los corderos sacrificados en el templo por los pecados de Israel, Jesús pagaría el terrible precio. Él sería el Cordero de Dios sacrificado una vez y para siempre en pago por los pecados de los hijos de Dios.

Así que Jesús se sometió a los que pedían su cabeza. Los propios líderes de Israel exigieron su muerte, y lo consintió. Ellos no podían saberlo, pero **era la única forma de quitar la horrible culpa de los hijos de Dios, pagar un alto precio y restaurar su relación con su Padre amoroso**. Incluso uno de los Doce le traicionó.

Después, sus discípulos contemplaron con horror cómo era arrestado, golpeado, juzgado, clavado a una cruz y brutalmente asesinado. Y cuando entregaba su espíritu, ellos perdían su esperanza. La revolución se había acabado, todo se había perdido.

La de la Escritura es la historia del amor de un Padre por sus hijos. Es la historia de un Padre que fielmente se acerca a los hijos que le rechazaron. Es la historia de un Dios amoroso que nunca se rinde.

Pero Dios... Dios no había terminado. La trama tomó un giro drástico. Las buenas nuevas de Dios irrumpían con todo su esplendor. Después de tres días en la fría tumba, la vida volvió a recorrer el cuerpo de Jesús. Con el castigo ahora pagado, la justicia satisfecha y la muerte derrotada, resucitó. La historia no terminaría aquí, la revolución no acabaría. Es más, acababa de empezar.

Reunió a los atónitos discípulos, explicó los increíbles acontecimientos y les mostró cómo todo lo que había ocurrido lo anticiparon los profetas. Las buenas nuevas de Dios eran que ahora podían proclamar y edificar el reino amado de Dios «como en el cielo, así en la tierra». Debían ir al mundo a establecer el reino de Dios anunciando las buenas nuevas del perdón divino e invitando a todo el mundo a entrar en esa nueva forma de vivir. Una nueva Israel, cumplida en la persona de Jesús, ahora se convertiría en una bendición para las naciones. Una revolución para derrocar los reinos de este mundo y expandir el nuevo reino de Dios estaba en marcha, y ellos la dirigirían. Un nuevo reino de los hijos de Dios ahora sería establecido, y demostraría una nueva forma de vivir, una nueva sociedad bajo la voluntad de Dios. Jesús le dio nombre: la iglesia.

Los once estaban emocionados por tener a Jesús dirigiéndoles de nuevo. Ahora todo volvía a ser posible. Pero no entendieron del todo lo que Dios había planeado. Solo cuarenta días después de resucitar de los muertos, Jesús volvió a irse. Pero antes de irse, les dejó una tarea. Les dijo que edificaran el nuevo reino de Dios hasta los confines de la tierra, que proclamaran las buenas nuevas del perdón de Dios, que demostraran el amor de Dios con sus vidas, sus palabras y sus hechos, y que hicieran nuevos discípulos en todas las naciones enseñando a otros todo lo que les había enseñado a ellos. Les indicó que extendieran la invitación a todos a aceptar sus buenas nuevas y a entrar en su reino. Les dijo que estaría con ellos siempre porque les enviaría su Espíritu como su consuelo, ayuda y guía, y dijo que regresaría cuando terminaran el trabajo. Después... se fue.

Por vez primera desde el huerto de Edén, la oscura sombra de pecado y de culpa había sido quitada, el rayo de luz de la gracia y el perdón de Dios brilló. Nuestro pecado y culpa fueron perdonados, borrados. La intervención de Dios quitó eso que nos había separado de nuestro Padre. Nuestra libertad fue ganada, nuestra salvación asegurada. Nosotros, como hijos de Dios, podíamos ir al mundo libres y sin culpa para proclamar las buenas nuevas de perdón, demostrar el amor del Padre a todos, e invitar a todos los hijos de Dios a regresar a casa para recibir el caluroso abrazo del Padre.

El reino de Dios había venido; la voluntad de Dios ahora era posible realizarla, como en el cielo, así también en la tierra.

Dos mil años después somos sus hijos en esta generación; somos su iglesia. Pero el trabajo que él nos dio aún está por terminar. Ahora es nuestro turno... nuestro momento de dirigir la revolución de Dios.

3

¿Por qué se fue Jesús?

> El nacimiento de Jesús es el amanecer en la Biblia.[1]
> —**HENRY VAN DYKE**

> Habiendo dicho esto, mientras ellos lo miraban, fue llevado a las alturas hasta que una nube lo ocultó de su vista. Ellos se quedaron mirando fijamente al cielo mientras él se alejaba. De repente, se les acercaron dos hombres vestidos de blanco, que les dijeron: Galileos, ¿qué hacen aquí mirando al cielo?
> —**HECHOS 1.9–11**

Una cuestión que ha cautivado a cada generación de cristianos desde el primer siglo es la pregunta de cuándo regresará Jesús. Prácticamente en todas las generaciones desde que Cristo ascendió, se han hecho predicciones específicas de la fecha concreta de su regreso, pero se intensificaron justo antes de los años 1000 A.D. y 2000 A.D., al final de cada milenio. La serie *Dejados atrás*, acerca de la historia de los últimos días y la Segunda Venida de Cristo, debutó en 1995 y se convirtió en un fenómeno editorial, vendiendo supuestamente más de 65 millones de libros. En 2011 hubo una actividad frenética en los medios por la predicción de Harold Camping de que el rapto[2] y el día del juicio ocurrirían el 21 de mayo de 2011. Como no ocurrió, Camping pospuso su predicción hasta octubre. El hecho de que usted esté leyendo este libro indica que Camping se equivocó de nuevo, algo por lo que parece que se disculpó sinceramente.

Aunque la pregunta de la Segunda Venida es emocionante, he llegado a creer que hay otra pregunta incluso más profunda que hay que responder primero. Es totalmente fundamental para el entendimiento de nuestra fe, pero es una pregunta que no creo que haya oído nunca a nadie hacer, y no recuerdo haber oído ningún sermón sobre ella. Esa pregunta no es cuándo volverá Jesús, sino más bien, ¿por qué se fue Jesús?

¿Por qué se fue Jesús?

Deténgase y piense en eso un instante. ¿Por qué se fue Jesús?

Si piensa en la extensa metahistoria de las Escrituras que describí en el último capítulo, culmina en el evento más espectacular de toda la historia: la encarnación de Dios en forma humana en Belén.

Conocemos muy bien la historia: el bebé en el pesebre, los pastores poblando los campos, los sabios y las huestes celestiales de ángeles declarando la tan anhelada promesa: «Miren que les traigo buenas noticias que serán motivo de mucha alegría para todo el pueblo. Hoy les ha nacido en la ciudad de David un Salvador, que es Cristo el Señor» (Lucas 2.10–11).

Este momento de encarnación se ha denominado como el mismo «eje de la historia»:[3] Dios viniendo a morar entre los hombres. Ningún otro evento ni persona ha afectado tanto la historia del mundo. La de Cristo se ha denominado correctamente «la historia más grande jamás contada».[4] Pero quizá no la conozcamos *tan bien*. La hemos oído tantas veces y la hemos visto comercializada de tantas maneras que nos resulta difícil oírla verdaderamente sin nuestros filtros del siglo XXI.

Permítame llevarle atrás en el tiempo para ayudarle a oír la historia como quizá la experimentaron los discípulos. Quiero que usted la experimente como si fuera un misterio que se está resolviendo. Recuerde que los discípulos no sabían cómo terminaría la historia como lo sabemos nosotros hoy, cuando recordamos el pasado. Quiero que vea el drama puro en esta historia con unos nuevos ojos.

La que una vez fue la gran nación de Israel fue aplastada por una sucesión de imperios y ahora vivían bajo la bota de lo que era el imperio más poderoso de todos: Roma. Durante siglos habían clamado a Dios pidiendo liberación de su opresión. Los profetas habían profetizado un salvador, un mesías, que sería un rey de nuevo en el trono de David. Algún día él liberaría y restauraría la caída nación del pueblo escogido de Dios, y habían estado esperando y anhelando durante cientos de años la aparición de ese mesías-rey. Entonces, justamente unos treinta años después de esa milagrosa noche en Belén, que muy pocas personas conocían, Jesús entró en escena, declarando públicamente en la sinagoga local de Nazaret que era el cumplimiento de esas profecías mesiánicas, que él era el Cristo que el pueblo judío anheló ver durante siglos. Él era el Rey que restauraría Israel. Era impactante; pero en vez de reaccionar con gozo, «se levantaron, lo expulsaron del pueblo y lo llevaron hasta la cumbre de la colina sobre la que estaba construido el pueblo, para tirarlo por el precipicio. Pero él pasó por en medio de ellos y se fue» (Lucas 4.29–30).

Para demostrar indiscutiblemente que sin duda era el tan anhelado Mesías, Jesús comenzó a realizar lo que se convertiría en un torrente de milagros: sanar a los enfermos, ciegos y cojos; alimentar a las multitudes; echar fuera demonios; caminar sobre las aguas; aplacar una tormenta; convertir el agua en vino e incluso resucitar a los muertos. Su enseñanza y sus sermones eran impactantes en cuanto a que asentaban la visión de una manera totalmente nueva de vivir para la gente, una nueva forma radical que sería agradable a Dios y atractiva para todos los hombres. Durante tres años recorrió los alrededores predicando, enseñando y sanando. Afirmó impactantemente tener poder para perdonar pecados, algo que solo Dios podía hacer. Aunque los fariseos y los principales sacerdotes se le opusieron y vieron su poder como una amenaza, Jerusalén y las ciudades vecinas estaban literalmente animadas con las noticias de esos eventos, por lo que miles comenzaron a buscarle y seguirle. Jesús incluso hizo la escandalosa afirmación de ser el Hijo de Dios. Impensable. Sin precedente alguno. Asombroso.

Escogió a doce hombres para que vivieran dentro de su círculo íntimo, para viajar con él y enseñarles. Estos doce tuvieron un lugar privilegiado para ver la serie de acontecimientos más increíble que el mundo jamás haya visto. Intente ponerse en su lugar. Ellos, a pesar de ser hombres comunes y corrientes —pescadores, recaudadores de impuestos, zelotes—, habían sido escogidos para ser discipulados por el Rabí Jesús. Fueron testigos de sus milagros y se enteraron de sus enseñanzas más privadas. Se imaginaban que Jesús ascendería al poder, derrocaría a Roma y liberaría a Israel de su cautiverio. Incluso discutieron acerca de quién de ellos tendría un mayor rango en el nuevo reino de Jesús. Pero no lo habían entendido bien.

Justamente cuando los discípulos estaban seguros de que Jesús liberaría a los judíos de Roma, ocurrió lo impensable. Se produjo un asombroso e inesperado giro en el desarrollo de la trama. Jesús, Mesías y Rey de los judíos, fue traicionado por uno de los Doce y arrestado una noche cerca del huerto de Getsemaní, a las afueras de la muralla de Jerusalén, donde había ido a orar. ¿Arrestado? ¿Cómo podía estar ocurriendo eso? ¿Por qué no usó sus poderes para escapar? ¿Qué ocurriría con la revolución para derrocar a los opresores romanos? ¿Qué les ocurriría a ellos, los discípulos? Confundidos y temerosos, se dispersaron. Después, para su creciente horror, en cuestión de horas Jesús fue brutalmente golpeado, sentenciado a muerte, clavado en una cruz y asesinado. ¡No es posible! No podía terminar así. Pero su cuerpo, muerto, frío y mutilado fue ungido con aceites y especias, envuelto y atado con lino, y sellado en una tumba de piedra. ¡Fin del juego!

No creo que podamos ni imaginar la profundidad de la agonía de los discípulos. Sus esperanzas y sus sueños se hicieron añicos. Su maestro y amigo estaba muerto. El Rey mesiánico de Israel fue apagado como la mecha de una vela. No habría libertad para los cautivos, ni día del favor del Señor, ni victoria sobre Roma, ni movimiento creciente de seguidores con Jesús al frente. Todo en lo que habían creído y habían esperado se esfumó para siempre. (No se me ocurre que haya existido otra historia más trágica.) Así que se escabulleron en su dolor. Temían por su propia seguridad, así que huyeron y se escondieron. Los malos ganaron. Se acabó.

Solo podemos conjeturar lo que debieron de haber sido los días siguientes. Pedro, el valiente, había negado conocer a Cristo, temiendo también ser arrestado y asesinado. Presumiblemente, los demás también se habían ido a esconder. Palabras como *devastados, dolidos, confundidos, asustados y desmoralizados* ni siquiera llegan a describir sus emociones. Todas sus esperanzas se habían ido. Pero no lo habían entendido bien.

Pasaron tres largos días, se produjo un último giro de la trama asombroso y totalmente inesperado. En el interior de la sombría tumba de piedra, el cuerpo frío del Mesías muerto se conmovió. La energía lo recorrió; se produjo una transformación y Jesús resucitó de la muerte asombrosamente aquella primera mañana de la Pascua. La piedra fue removida y surgió victorioso de la tumba: «¿Dónde está, oh muerte, tu victoria? ¿Dónde, oh sepulcro, tu aguijón?» (1 Corintios 15.55). Jesús había conquistado la propia muerte y regresado con sus discípulos.

No hay una historia más asombrosa en todo el mundo. ¿Puede intentar ver primero el asombro y luego el gozo que debieron de haber sentido los discípulos? Sería difícil exagerar la profundidad de su reacción emocional. Nunca había ocurrido algo así. Todas las esperanzas que se habían desvanecido de repente cobraron vida de nuevo. Jesús era verdaderamente el Mesías-Rey, su resurrección lo cambió todo. Y lo sigue haciendo.

La Escritura nos dice que durante los siguientes cuarenta días Jesús se les apareció continuamente y les habló acerca del reino de Dios. Dios estaba a punto de hacer algo totalmente nuevo y distinto. Su sentimiento de expectación por lo que podría venir después debió de haber estado creciendo hasta volverse casi locos. Jesús había vuelto, la revolución estaba de nuevo en marcha. Entonces ocurrió.

Cuarenta días después de su milagrosa resurrección, el Jesús resucitado llevó a los discípulos al lugar familiar del monte de los Olivos. Habló un poco acerca del Espíritu Santo prometido y acerca de cómo sus discípulos debían ser sus testigos hasta los confines de la tierra. Después, como nos dice Hechos 1.9: «Mientras ellos lo miraban, fue llevado a las alturas hasta que una nube lo ocultó de su vista». Así es. Sencillamente, se fue.

¿En serio? Después de todos esos increíblemente asombrosos acontecimientos —miles de años de profecía cumplida, la encarnación de Dios en forma humana, el ministerio público y la profunda enseñanza de Cristo, las maravillosas señales y milagros, y finalmente su brutal muerte seguida de la resurrección sin precedentes—, sencillamente ¿se fue? ¿Y ya? ¿Así es como termina la historia?

Yo no sé usted, pero yo habría escrito un final totalmente distinto. Habría esperado que el Cristo resucitado llevara ahora la historia a su término. La expiación había ocurrido; se había realizado el pago por nuestros pecados. ¿Acaso no dijo el propio Jesús: «Consumado es»? ¿Por qué no ir directamente a la escena del juicio que encontramos en Mateo 25? No pases por la casilla SALIDA; no cobres los 200 dólares. Reúne a las naciones, separa las ovejas de los carneros, toma tu juicio contigo y establece tu reino eterno para siempre, amén. Ahora bien, eso tiene sentido. ¿Por qué no atarlo todo con un bonito lazo y terminarlo de una vez?

Pero no. En vez de eso, Jesús decidió irse.

Quiero que se ponga en el lugar de los discípulos en ese momento. Intente de nuevo imaginarse su confusión. Esto es lo que nos dice Hechos 1: «Ellos se quedaron mirando fijamente al cielo mientras él se alejaba. De repente, se les acercaron dos hombres vestidos de blanco, que les dijeron: —Galileos, ¿qué hacen aquí mirando al cielo? Este mismo Jesús, que ha sido llevado de entre ustedes al cielo, vendrá otra vez de la misma manera que lo han visto irse» (vv. 10–11).

Estaban asombrados, atónitos, perplejos, desconcertados, de una pieza, pasmados y estupefactos. *¡No es posible que esté sucediendo esto!*

> **¿Por qué no atarlo todo con un bonito lazo y terminarlo de una vez? Pero no. En vez de eso, Jesús decidió irse.**

¿Qué haremos ahora? Tengo esta imagen de ellos mirando fijamente con la mirada perdida y sus bocas abiertas, mirando al cielo. ¿Acaso alguno de nosotros se hubiera quedado menos perplejo? Pero si somos del todo francos acerca de la iglesia hoy, dos mil años después, muchos seguimos perplejos y viendo fijamente con la mirada perdida al cielo, sin saber muy bien qué hacer.

¿Por qué se fue Jesús?

¿Cuándo volverá?

¿Y por qué nos dejó?

Quiero sugerir a todos los seguidores de Cristo que no solo la propia misión y propósito de la iglesia dependen de las respuestas a estas preguntas, sino también el propósito y sentido de nuestras vidas como individuos. Si no entendemos por qué se fue Jesús, nunca entenderemos el sentido de nuestra vida en Cristo hoy.

Ahora escuche bien, porque aquí está la respuesta: yo creo que Jesús se fue porque había algo vital que quería que sus discípulos hicieran. Había un trabajo por terminar que su iglesia tenía que realizar. Él fue muy específico respecto de lo que quería que se hiciera, y dijo que regresaría cuando se completara la tarea. No fue algo nuevo que no les hubiera dicho antes. Jesús había pasado tres años preparando a sus discípulos para esa misión crítica. Habló de ello constantemente; en sus últimos días con ellos les prometió que el Espíritu Santo, ayudador y consolador, vendría con poder para ser su guía.

Como dije anteriormente, «eso» que Jesús nos dejó de tarea conlleva *establecer y edificar el reino de Dios en la tierra*. Durante tres años, Jesús había expuesto su atractiva visión de un tipo de reino diferente, uno que no tenía que ver con territorio, control o poder. Era una visión de una nueva forma de vivir para el pueblo de Dios bajo la autoridad y el gobierno de Dios. Sería distinto a todos los demás reinos terrenales porque pondría los valores del mundo de cabeza. Significaba revolución; no una revolución de fuerza y violencia, sino una de valores e ideas. Al igual que la caída en el huerto había dado como resultado pecado, muerte y separación, la revolución de Jesús resultaría en paz, amor y reconciliación. Hombres y mujeres podrían ahora vivir en una relación restaurada, no solo con Dios, sino también los unos con los otros.

El reino de Dios lo compondría el pueblo de Dios, perdonado y capacitado, viviendo según los valores de Dios en las comunidades que llamó *iglesia*. Y el reino soñado de Jesús se extendería como una semilla de mostaza, la cual aunque comienza siendo «la más pequeña de todas las semillas, cuando crece es la más grande de las hortalizas y se convierte en árbol, de modo que vienen las aves y anidan en sus ramas» (Mateo 13.32). Creo que Jesús tuvo la visión de su nuevo reino transformando el mundo al igual que la llegada de la primavera transforma el paisaje helado después de un largo y crudo invierno; la nieve y el hielo se van, las aguas vuelven a fluir y surge nueva vida con un despliegue extraordinario de belleza, flores y frutos. El reino de Dios lanzaría un asalto pacífico a las estructuras de poder que gobernaban los imperios humanos, pero resistirían ese asalto con violencia. La revolución sería sangrienta, pero Jesús aseguró a sus discípulos que las mismas puertas del infierno no prevalecerían contra ella. Después de pasar tres años equipándoles para esa gran tarea y mostrándoles el camino, les llevó a la cima del monte de los Olivos y les dio sus órdenes de marcha:

> Por tanto, vayan y hagan discípulos de todas las naciones, bautizándolos en el nombre del Padre y del Hijo y del Espíritu Santo, enseñándoles a obedecer todo lo que les he mandado a ustedes. Y les aseguro que estaré con ustedes siempre, hasta el fin del mundo. (Mateo 28.19–20)

Después, Jesús se fue.

¿Cómo cambia esto al mundo?

> Una moneda pequeña ocultará la estrella más grande del universo si se la acerca lo suficiente a su ojo.[5] —Samuel Grafton

Así, ¿qué tiene que ver la repentina marcha de Jesús hace dos mil años con nosotros en el siglo XXI? ¿Cómo debería afectar a la forma en que vivimos y nuestro entendimiento del propósito y el sentido? La respuesta reside en nuestra cosmovisión. Como cristianos, debemos ver el mundo y nuestro propósito en él de forma distinta al resto. El teólogo brasileño Frei Betto hizo esta observación: «La cabeza piensa donde los pies pisan».[6] Esto es profundamente cierto. Si usted es estadounidense o europeo, piense en lo distinta que podría ser su cosmovisión si hubiera nacido y crecido en Afganistán, China, Gaza o Cisjordania, Rusia, Corea del Norte o Etiopía.

Diferentes culturas, diferentes economías, diferentes gobiernos, diferentes raíces religiosas, diferentes lenguajes, diferentes comidas, diferentes realidades. No es de extrañar que haya conflicto en nuestro mundo. Incluso dentro de Estados Unidos, alguien nacido y criado en

Beverly Hills va a tener una cosmovisión muy distinta a alguien que se crió en el Mississippi rural. Pero la geografía no es lo único que afecta a nuestra cosmovisión. Su etnia, estatus económico, género, salud y situación familiar afectan profundamente a su cosmovisión. Póngase en el lugar de otra persona y su cabeza pensará de otra manera. La idea de la cosmovisión se convierte en algo profundamente importante al intentar ver el mundo más como Dios lo ve. Esta es la definición:

Cosmovisión: la perspectiva general desde la que uno ve e interpreta el mundo.

Lo reconozcamos o no, todos tenemos una cosmovisión, e influencia casi cada dimensión de nuestra vida: nuestra actitud, nuestros valores, nuestras decisiones y nuestra conducta. Influencia la manera en que nos relacionamos con nuestros vecinos, comunidades e incluso otras naciones. Influencia nuestra educación, nuestras decisiones laborales y la forma en que usamos el dinero. Quizá más importante aun es que nuestra cosmovisión influencia la manera en que entendemos nuestra fe. Por eso el asunto vital de la verdad que tratamos en los capítulos 1 y 2 es tan importante.

Entonces, ¿qué nos dice ahora este «bosque» o gran cuadro de la historia de Dios y la misión de Jesús? ¿Cómo deberían moldear e informar a los cristianos en el siglo XXI? He intentado establecer que el sentido mismo de nuestra vida en última instancia depende de entender la gran historia que el Autor del universo está escribiendo. Si somos personajes en esta historia, creados específicamente para desempeñar un papel clave, entonces el sentido supremo de nuestra vida debemos encontrarlo discerniendo dónde se cruza nuestra historia con la de Dios. Los autores no crean a los personajes sin propósito alguno y sin papel que desempeñar. Vimos el espectro de lo que Dios ha estado haciendo en nuestro mundo desde la creación y la subsiguiente brecha entre él y sus hijos a través de sus muchas insinuaciones pacientes para conseguir reconciliarse con sus hijos.

Finalmente, vimos el dramático envío del propio Hijo de Dios, Jesús, en una misión de rescate para ofrecer perdón y una nueva manera de vivir en el reino de Dios y bajo el reinado de Dios. Pero increíblemente, Dios decidió no terminar la historia y atar todos los cabos sueltos con la muerte y resurrección de su Hijo. Aunque la obra expiatoria de Jesús fue completa y las fuerzas del mal recibieron un golpe mortal, la historia no terminó con la resurrección. Al contrario, el triunfo de Jesús sobre la tumba dio inicio a un nuevo capítulo. Y ese nuevo capítulo comenzó con la sorprendente decisión de Jesús de irse físicamente, dejando a todos sus seguidores. Su acto final fue darles una misión en el mundo, una tarea que quería que llevaran a cabo. Había tareas concretas que él quiso que ellos terminaran, y ellos podían tanto aceptar esa misión con todas sus consecuencias como alejarse y regresar a sus antiguas vidas como pescadores, obreros y recaudadores de impuestos. Él dejó que escogieran.

Y lo hicieron. Decidieron obedecer. Los discípulos que en un tiempo se habían dispersado y asustado regresaron a Jerusalén, se reunían y oraban constantemente; seleccionaron a Matías para reemplazar a Judas y esperaron el regalo del poder del Espíritu Santo que Jesús había prometido. Diez días después, como Jesús dijo, se produjo la venida del Espíritu Santo en Pentecostés. Desde ese día en adelante, como leemos en el libro de Hechos, los discípulos proclamaron el evangelio con fervor revolucionario por toda Jerusalén, Judea, Samaria y hasta los confines de todo el mundo conocido. Estaban decididos. Nada era más importante. Su cosmovisión fue estremecida por los increíbles eventos de la muerte y resurrección de Jesús, las nuevas verdades que enseñó acerca de Dios y la urgente misión que les había encomendado. El evangelio, las buenas nuevas de Jesús como Rey y Mesías, tuvieron implicaciones que ahora ellos entendían. Ninguno de ellos regresó a la vida que tenía antes de que Jesús le llamara; ¿cómo iban a hacerlo? Eso ya no era una opción. Todo había cambiado. La verdad tuvo implicaciones.

En los veinte siglos que han seguido, nada ha cambiado, y todo ha cambiado. La misión clave que Jesús dio a sus seguidores sigue en vigor. Cada enseñanza e instrucción sigue teniendo validez. La verdad no cambia, pero el mundo sí. Hoy, nuestra cosmovisión se ha visto asaltada por miles de influencias que compiten. Es muy fácil dejarse seducir y apartarse de la verdad de Dios, aunque hayamos intentado construir nuestro fundamento sobre la roca.

Como seguidores de Cristo, deberíamos querer abrazar su visión del mundo. Deberíamos querer ver el mundo como él debe de verlo, amarlo como él lo ama y vivir en el mundo como él quisiera que viviésemos. Deberíamos llorar por lo que él llora y valorar lo que él valora. Pero si queremos ver el mundo a través de los ojos de Dios, tenemos que ver a través de otros lentes. La verdad sigue teniendo implicaciones.

4

El reino mágico, el reino trágico y el reino de Dios

Vemos a las personas y cosas no como son,
sino como somos nosotros.[1]

—ANTHONY DE MELLO

La mayoría de los estadounidenses siguen sacando
agua del pozo cristiano. Pero un creciente número
está inventando su propia versión de lo que significa el
cristianismo, abandonando las tonalidades de la teología
tradicional a favor de religiones que acarician sus egos y
permiten o incluso celebran sus peores impulsos.[2]

—ROSS DOUTHAT

Al ver a las multitudes, tuvo compasión
de ellas, porque estaban agobiadas y
desamparadas, como ovejas sin pastor.

—MATEO 9.36

Dos iglesias, dos domingos

Jesús lloró. (Juan 11.35)

Domingo, 5 de diciembre de 2010, Puerto Príncipe, Haití

Salimos temprano esa mañana para realizar el enrevesado viaje por las calles llenas de escombros de Puerto Príncipe hasta una tienda de campaña a pocos kilómetros de la ciudad sacudida por el terremoto. El campamento Corail era uno de los lugares donde habían trasladado a los refugiados después de perder sus hogares en el devastador terremoto del 12 de enero. Más de doscientos mil habían muerto ese día.[3] Once meses después, esos refugiados eran los «afortunados».

Entramos en el campamento Corail justo antes de las 9:00 de la mañana. El lugar estaba lleno de tiendas de campaña desnudas esparcidas hasta donde nos permitían ver nuestros ojos. Quizá diez mil personas vivían ahora en ese terreno estéril de tierra y polvo, una ciudad de víctimas, una ciudad de dolor y pérdida. Observábamos mientras cientos de personas, vestidas con sus mejores camisas y blusas blancas caminaban entre el laberinto de tiendas hacia una más grande: una iglesia casera de trozos de madera, lata corrugada y toldos de las Naciones Unidas con una tosca cruz encima. Reneé y yo entramos en esa pequeña capilla con quizá trescientas personas reunidas para adorar. Y vaya sí adoraron. Estábamos a punto de aprender una lección transformadora acerca del poder del evangelio. Durante más de dos horas elevaron sus alabanzas, y su dolor, a aquel que fue traspasado por nuestras transgresiones y molido por nuestras iniquidades, por cuyas heridas fuimos nosotros curados.

Era difícil de entender. *¿Cómo*, pensé, *podían esas personas que habían perdido tanto entonar cantos en alabanza a Dios?* Sentados en la primera fila sobre toscos bancos de madera estaban, no una, sino seis personas amputadas. Hombres, mujeres e incluso una pequeña niña de seis años; cada uno de ellos había perdido algún miembro hacía once meses. Aun así cantaban alabanzas. Una mujer fuerte y solemne dirigía el coro; después supimos que se llamaba Demosi. Destacaba sobre los demás en su comportamiento, pasión y ferviente alabanza. Pero estaba de pie con una sola pierna y daba palmas solo con un brazo. Demosi había perdido un brazo y una pierna aquel día. Pero ahí estaba, dirigiendo el coro con energía y dando palmas con su única mano contra su hombro en alabanza al Señor. Qué ejemplo, qué luz para su gente. Ella, que había perdido más que todos, les mostraba cómo vivir en su nueva normalidad.

Después de dos sermones a cargo de dos pastores y un largo periodo de adoración y alabanza, regresamos caminando con Demosi a su pequeña tienda. Tres metros de larga por dos de ancha y quizá un metro setenta centímetros de altura, era la medida de la estructura donde esa madre soltera vivía ahora y criaba a sus dos niñas.

¿Cómo, pensé, podían esas personas que habían perdido tanto entonar cantos en alabanza a Dios?

Sintiendo que estábamos ante una de las grandes siervas de Dios, Reneé y yo intentábamos entender. Su sonrisa era contagiosa. Demosi había perdido más que solo dos miembros de su cuerpo ese día. También había perdido su hogar, su trabajo, y había pasado los siguientes once meses viviendo en esa tienda diminuta. ¿Cómo, entonces, podía sonreír? No fuimos capaces de detectar amargura ni depresión en ella. En vez de eso, estaba agradecida, agradecida con Dios porque le había permitido seguir viviendo. Le había dado una segunda oportunidad. Demosi estaba llena de esperanza, no de amargura. Esperaba recibir un brazo ortopédico como recibió una pierna ortopédica, para poder vender en el mercado, y quizá recibir uno de los hogares de losa de seis por seis que Visión Mundial estaba construyendo por allí cerca.

Ella estaba mucho mejor que los que habían muerto, nos dijo, porque le habían perdonado la vida y dado otra oportunidad de criar a sus hijas y servir al Señor. Demosi sabía que había trabajo que hacer, y estaba agradecida porque Dios le había dado la oportunidad de hacerlo. Ahora podía ser luz en ese lugar oscuro, dando esperanza a los que también lo habían perdido todo. Ahora podía usar su sufrimiento como una bendición para otros.

Mientras intentábamos entender a esa gran persona, Reneé le preguntó qué quería que les dijéramos a las personas de Estados Unidos acerca de ella. Demosi sonrió con su gran sonrisa y dijo: «Díganles que han conocido a Lázaro, ¡y que ha resucitado de los muertos!». De los muertos para servir al Dios que ella ama con la vida que ha recibido.

Domingo, 12 de diciembre de 2010, Seattle, Washington

Siete días después estábamos de regreso en Seattle, de camino a nuestra iglesia tan diferente.

Era Navidad, nuestro santuario estaba deslumbrante: adornado con guirnaldas y flores de Pascua, velas en todas las ventanas, banderas festivas colgando del techo y dos árboles de Navidad de ocho metros de alto en el frente, cada uno lleno de cientos de luces. Uno de los órganos de tubo más grandes de Estados Unidos colmaba la iglesia con bonitos himnos navideños: «Al mundo paz» y «Venid fieles todos». El adorable coro de niños llegó vestido con su mejor ropa y cantaron «Id, gritadlo en las montañas». Fue algo hermoso. Cualquier otro domingo, eso habría sido una bendición para mí y Reneé. Pero por alguna razón, siete días después del servicio de alabanza en Haití, nos pareció erróneo.

Al finalizar el servicio, con miles de sonrisas y mejores deseos de Navidad, la gente salía de la iglesia hacia sus automóviles. Sin duda alguna, muchos de nuestros compañeros de alabanza salieron ese día y fueron al centro comercial a terminar sus compras navideñas; otros fueron a casa a ver el partido de fútbol en sus grandes pantallas de televisión.

Dos iglesias distintas en dos domingos distintos. Algo no estaba bien, y me imaginé que una lágrima estaría cayendo por el rostro de Dios al mirar esas dos expresiones tan distintas de su iglesia. Eso no podía ser lo que Dios tenía en mente cuando nos envió al mundo a edificar un nuevo tipo de reino estableciendo su iglesia.

Reinos en conflicto

Si usted es cristiano o incluso si no lo es, no podrá evitar sentir alguna incomodidad moral al leer esta pequeña parábola acerca de dos domingos y dos iglesias. El sufrimiento humano siempre nos incomoda.

¿Qué pensará Dios? ¿Qué sentirá? ¿Cómo querrá Dios que respondamos? Seguro que mi ilustración suscita profundas preguntas para los que vivimos y adoramos en algo parecido a Seattle. Pero la mayoría estamos tan lejos de las Demosi de nuestro mundo que ya no las vemos. Nuestra cosmovisión se ha distorsionado por nuestros contextos. Verdaderamente, como observó Frei Betto, «La cabeza piensa donde los pies pisan».[4] ¿Cómo podemos compensar esta distorsión de cosmovisiones? ¿Cómo podemos tener en una mano la verdad de que Jesús ama a los pobres, las viudas y los huérfanos y al mismo tiempo tener en la otra los billetes para nuestras próximas vacaciones en Disneylandia? La disparidad nos incomoda, especialmente cuando sabemos que podríamos hacer algo al respecto. Por tanto, ¿qué significa nuestra fe ante este tipo de disparidad? Repito: si queremos edificar nuestra vida sobre el fundamento de la verdad de Dios, debemos aprender a ver el mundo como él lo ve. ¿No deberíamos llorar por lo que

> La disparidad nos incomoda, especialmente cuando sabemos que podríamos hacer algo al respecto.

él llora y valorar lo que él valora? ¿No deberíamos «buscar primero el reino de Dios y su justicia» (Mateo 6.33) en vez de reinos hechos por nosotros mismos?

El reino mágico

La prosperidad funde al hombre con el mundo. Siente que está «encontrando su lugar en él», cuando en realidad el mundo está encontrando su lugar en él.[5] —C. S. Lewis, *Cartas del diablo a su sobrino*

¡Tengan cuidado!, —advirtió a la gente—. Absténganse de toda avaricia; la vida de una persona no depende de la abundancia de sus bienes. (Lucas 12.15)

Como padre, a menudo mis cinco hijos me preguntaban cuándo iríamos todos a Disneylandia. Cada vez que uno de sus compañeros de clase iba allí de vacaciones familiares, esperábamos oír su apasionada súplica. Pensé que había sido bastante astuto en la forma que había tratado eso. Siempre prometía que nuestra familia iría en cuanto el menor de los hermanos o hermanas estuviera sin pañales. Les explicaba que no sería muy divertido tener que cuidar a un bebé todo el tiempo que estuviéramos allí. Claro, en cuanto el más pequeño cumplía tres y parecía suficientemente mayor para ir, teníamos otro bebé. Sarah, nuestra hija mayor, finalmente llegó a la conclusión de que nunca iría hasta que se casara y tuviera sus propios hijos. Pero cuando Sarah cumplió dieciséis, nuestra quinta y más joven, Gracie, estaba cumpliendo tres y finalmente era suficientemente mayor para ir. Así que fuimos.

A Disneylandia se le ha llamado «el lugar más feliz de la tierra», y a sus propietarios les cuesta mucho asegurarse de que todas las variables estén controladas para asegurar que su visita sea la mejor experiencia posible. Por supuesto, cuando usted entra por sus puertas, ingresa a un reino mágico que realmente supera sus más altas expectativas, especialmente si es niño. Es un mundo lleno de atracciones deslumbrantes: personajes disfrazados, aventuras y viajes emocionantes, experiencias entretenidas, fuegos artificiales nocturnos, comida tentadora, edificios asombrosos y estructuras que culminan con el castillo de Cenicienta. Incluso para un adulto es una experiencia muy emocionante. Dentro del parque todo está bajo control. Las calles están perfectamente dispuestas, todo está perfectamente limpio. Cada aspecto se ha creado con el disfrute en mente para que los «invitados» puedan dejar sus preocupaciones en la puerta y escapar de cualquier reto que hayan dejado fuera de las puertas del Reino Mágico. Es un pensamiento extraño: ¿cómo serían las personas si hubieran nacido y crecido dentro del parque Reino Mágico y nunca hubieran visto el mundo exterior? Como nuestra cosmovisión es moldeada por nuestro contexto, imagine qué cosmovisión tan distorsionada podrían tener.

Cualquier país rico puede producir fácilmente lo que yo llamo cristianos del reino mágico: cristianos que han sido amparados y moldeados por su próspera cultura. Los cristianos del reino mágico tienden a ver el mundo como un parque de atracciones gigante. Es un mundo lleno de todo tipo de viajes, atracciones y destinos para disfrutar. Viven en cómodas casas o apartamentos y poseen uno o más automóviles. Tienen doscientos canales de televisión. Disfrutan yendo al cine y saliendo a cenar. Los cristianos del reino mágico viven en un mundo razonablemente seguro, predecible y ordenado en el que su gobierno supervisa los intereses nacionales, las leyes por lo general se respetan y ejecutan, hay suficientes escuelas para todos los niños, y las necesidades básicas como alimento, agua y servicios médicos están disponibles. Con esas cosas resueltas, ahora pueden canalizar sus energías de manera entusiasta hacia «la búsqueda de la felicidad».

Quizá les gusta jugar golf, esquiar o jugar al tenis, y bien podrían pertenecer a un club de adinerados. A menudo pasan maravillosas vacaciones, a veces en un lago, en la playa o en la estación de esquí cercana, pero otras veces van a lugares como Hawái, París, Roma, Hong Kong o las Bermudas, emocionantes destinos con vistas encantadoras, exquisitos restaurantes, lujosos hoteles y fabulosos entretenimientos. Para los que les gusta más la aventura, hay safaris africanos, ecoturismo y otras expediciones exóticas. Todo está ahí para disfrutar.

El reino mágico es agradable. En efecto, es uno de los lugares más felices de la tierra.

Los cristianos del reino mágico viven en un mundo de arte, literatura y belleza... un mundo de cultura, conocimiento, logro humano y tecnología... un mundo de empresas, negocios, riqueza y capitalismo. Es un mundo de posibilidades. Sus hijos tienen cuartos llenos de juguetes, videojuegos, computadoras y iPhones. Juegan en equipos de fútbol, baloncesto o béisbol, dependiendo de la época, y a menudo reciben clases de piano, baile o kung fu. A los niños del reino mágico se les anima a soñar con lo que quieren ser y a perseguir su sueño.

En el reino mágico, la gente batalla con problemas del «primer mundo»: dónde ir a cenar, cómo decorar mejor sus hogares, dónde invertir su dinero extra, qué tipo de automóvil tener, dónde ir de vacaciones, qué dieta o régimen de ejercicio es el más efectivo y cuánto dinero dejar a sus hijos. El reino mágico es agradable. En efecto, es uno de los lugares más felices de la tierra.

Las iglesias del reino mágico pueden ser bastante atractivas también. A veces tienen fabulosos edificios, sistemas de sonido de vanguardia y sistemas de proyección de multimedia. Los domingos por la mañana pueden parecer un concierto glorioso o una producción de Broadway. Algunas incluso tienen cafeterías y restaurantes para seducir a la gente a entrar y pasar el resto del día. Sus grupos de jóvenes tienen campamentos de verano y fines de semana de esquí en invierno. Cada domingo, todo un desfile de automóviles nuevos brillantes llenan sus estacionamientos cuando los fieles llegan para adorar y alabar a Dios por toda su bondad. Las iglesias del reino mágico son buenos lugares para escapar de toda la fealdad de la que leemos en el mundo que nos rodea.

Sí, la vida en el reino mágico puede ser un viaje bastante dulce. Lo mejor del reino mágico es que está abierto para todos, es decir, mientras haya usted nacido en el país adecuado y pueda permitirse el precio de admisión. Vivir en la sociedad del reino mágico moldea profundamente la cosmovisión de la persona. Afecta la manera en que vemos cada dimensión de nuestra vida: nuestros valores, nuestras expectativas, nuestras prioridades, nuestro dinero, nuestra política y sí, incluso la forma en que vemos nuestra fe cristiana.

Cuando visitamos Disneylandia, entendemos que hemos entrado en una burbuja aislada que no refleja la realidad del mundo a las afueras de sus puertas. Los que vivimos en países del reino mágico necesitamos entender que también hemos vivido dentro de una burbuja aislada que no refleja la realidad del resto del mundo. Después de una o dos horas en Disneylandia, casi nos olvidamos de lo que existe fuera de sus puertas. Imagínese lo mucho que lo olvidaríamos si pasásemos allí el resto de nuestra vida.

El reino trágico

Había un hombre rico que se vestía lujosamente y daba espléndidos banquetes todos los días. A la puerta de su casa se tendía un mendigo llamado Lázaro, que estaba cubierto de llagas y que hubiera querido llenarse el estómago con lo que caía de la mesa del rico. (Lucas 16.19–21)

Fuera de los límites del reino mágico hay otra realidad. Demosi y sus dos hijas en Haití viven en lo que a veces llamo el reino trágico. Viven en los márgenes; cada día es una batalla por sobrevivir. Muchos de los que viven aquí también son seguidores de Cristo, adorando, orando al mismo Dios y leyendo las mismas biblias. Permítame darle un breve recorrido por el reino trágico.

Podemos comenzar con los estragos de los desastres naturales como el terremoto que sacudió a Haití en 2010 y devastó a la familia de Demosi. Si usted ve o lee las noticias, seguro que es consciente de que en los últimos años hemos sido testigos de grandes inundaciones, terremotos, hambrunas y tsunamis que han traumatizado a millones, sin mencionar las guerras, conflictos civiles e insurgencias que también causan estragos en la vida de las personas. Visión Mundial responde a más de ochenta desastres naturales y los causados por el hombre cada año, afectando entre 100 y 200 millones de personas. Pero esos números ni tan siquiera comienzan a describir el rango y la escala de la paralizante cantidad de sufrimiento humano en nuestro mundo.[6]

En el reino trágico, millones de personas se van a la cama hambrientos cada noche.[7] Es más, cerca de mil millones de personas hoy están crónicamente desprovistas de comida, y muchos de ellos mueren de hambre lentamente. Eso es tres veces la población de Estados Unidos. Más de uno de cada cuatro de los dos mil millones de niños en el mundo están bajos de peso o raquíticos.[8] Hoy, mientras escribo esto, hay severa escasez de alimentos en Somalia, Níger, Mali, Corea del Norte y Sudán, por nombrar solo algunos.

La falta de agua potable puede ser incluso un problema aun peor para los ciudadanos del reino trágico, ya que 783 millones no tienen acceso a ella aún. En cambio, caminan kilómetros cada día para llenar sus cubos de agua sucia y llenos de bacterias que les hacen enfermar y mata a sus niños.[9]

Añadamos a nuestra lista de males la violencia y la tensión en el Medio Oriente, las tensiones nucleares con Irán y Corea del Norte, el actual conflicto en Darfur, y la guerra de veinte años en el Congo, donde decenas de miles de mujeres han sido brutalmente violadas; una guerra que se ha cobrado cinco millones de vidas, pero la mayoría de los estadounidenses nunca han oído de ello.[10]

En el reino trágico, la gente lucha con las consecuencias de los odios y la violencia étnica y religiosa; la plaga del tráfico humano; las enfermedades pandémicas, como el SIDA, el cólera y la tuberculosis; los serios efectos del cambio climático y los problemas que afrontan los dieciocho millones de niños huérfanos.[11]

¿Siente ya la pesadez? No he terminado. Para apreciar del todo las claras dimensiones del sufrimiento en nuestro mundo, debemos entender cuál es la extensión del dolor. Más de un tercio de la población del mundo vive con menos de dos dólares al día, y más de tres cuartas partes viven con menos de diez dólares al día, ¡tres cuartas partes![12] Eso merece la pena repetirlo: el setenta y cinco por ciento de la gente de nuestro planeta sobrevive con menos de diez dólares al día. ¿Cómo altera esto su cosmovisión? Si usted tiene un sueldo de cuarenta mil dólares, gana más dinero que el noventa y nueve por ciento de las personas del mundo. Un sueldo de solo mil trescientos dólares le coloca a usted en el diez por ciento más alto.[13] El reino trágico es mucho más grande, mucho más, que el reino mágico.

Y finalmente, las estadísticas más terribles de todas: diecinueve mil niños menores de cinco años mueren cada día por causas en su mayor parte *evitables* simplemente porque son pobres.[14] Eso supone casi ocho millones de niños cada año, uno cada cuatro segundos. Esto es algo que Dios ve cada momento de cada día. ¿Es esto lo que usted ve?

Las iglesias en el reino trágico a menudo no tienen edificios ni biblias que leer, y mucho menos sistemas de sonido, pantallas con PowerPoint y cafeterías. Algunos pastores de las iglesias del reino trágico hacen más funerales que servicios de adoración, muchos de ellos para niños que han muerto de malnutrición, infecciones respiratorias, o increíblemente de una simple diarrea. En el reino trágico no hay vacaciones del duro trabajo de la supervivencia diaria. Enfermos, hambrientos, esclavizados y a menudo perseguidos y oprimidos, esos miembros de iglesias se reúnen cada semana al borde de la supervivencia para alabar a Dios mientras claman desesperadamente para que les mande ayuda.

No cabe duda de que algo anda mal en un mundo donde estas tragedias se suceden todos los días y con tanta frecuencia. Sin embargo, es el mismo mundo en el que la mitad de los niños nacerán, un mundo desgarrador que mata sus esperanzas y sueños. La mayoría de los cristianos del reino mágico no conocen mucho acerca del reino trágico; es más, se desvían para evitarlo. Porque es terriblemente desagradable, e incluso reconocerlo les hace salir de su zona cómoda. En los días en que Haití era un destino turístico, los autobuses de los hoteles iban al aeropuerto a recoger a los veraneantes. Los autobuses tenían las ventanas teñidas de negro para impedir que la gente mirara a través de ellas. Era demasiado molesto para los invitados ver la dolorosa pobreza de camino a sus residencias en la playa. La mayoría de los que vivimos en el reino mágico también hemos teñido nuestras ventanas.

El reino de Dios

> Yo he venido para que tengan vida, y la tengan en abundancia. (Juan 10.10)

> Como tú me enviaste al mundo, yo los envío también al mundo. (Juan 17.18)

Hay una tercera manera. La manera de Dios, la cosmovisión de Dios, el reino de Dios.

El mundo no tiene por qué ser así. En efecto, Dios no quiere que el mundo sea así. Hay una manera distinta de vivir, una visión diferente de la prosperidad humana. Jesús lo llamó el reino de Dios.

En los relatos de los evangelios, Jesús habló sin cesar acerca del reino de Dios o del reino de los cielos. Se podría decir que casi estaba obsesionado con este tema. Se menciona más de 125 veces en el Nuevo Testamento, y la mayoría de las menciones las hace el propio Jesús. Si ve su Biblia y lee solo los cuatro evangelios, buscando solamente versículos que hablen de la llegada del reino, quizá se tope con una conclusión sorprendente: la misión central de la encarnación de Jesús fue establecer el reino de Dios en la tierra.

Sermón tras sermón, parábola tras parábola, Jesús lanza una conmovedora visión de ese reino a todos los que escuchan. Fue la visión de Jesús de una nueva manera de vivir, un nuevo sueño para la sociedad humana que puso los valores del mundo patas arriba. Hombres y mujeres vivirían bajo la autoridad de Dios y serían gobernados por las reglas de Dios. Sería un reino sin fronteras, un reino dentro de los reinos, que sobreviviría, crecería y florecería aparte del alzamiento y la caída de los reinos humanos.

Cada ciudadano de ese nuevo reino sería igualmente amado y valorado: rico o pobre, esclavo o libre, judío o gentil, hombre o mujer, blanco o negro. Los ricos compartirían con los pobres; los sanos cuidarían de los enfermos; los fuertes protegerían a los débiles. Su reino se caracterizaría por los atributos y valores del propio Dios: integridad, misericordia, compasión, perdón, fidelidad, justicia y amor. Los seguidores de Jesús amarían a sus enemigos, serían generosos con su dinero y sus posesiones, vivirían en integridad y buscarían la justicia para todos. No sería un sueño con un castillo en el aire, un reino en las nubes; era una visión concreta con comunidades del pueblo de Dios establecidas en cada nación del mundo. El pueblo de Dios viviendo a la manera de Dios sería una bendición para sus vecinos, dando como resultado personas de todas las naciones atraídas al reino en expansión.

Jesús vino para cumplir el pacto que se estableció con Abraham, que a través de Israel todas las naciones serían bendecidas. El Mesías había venido para proveer un acceso abierto al reino de Dios, uno no basado en territorios, políticas, poder ni dominio, un reino basado en la verdad y los valores de Dios.

¿Qué importancia tuvo la idea del reino en el pensamiento de Jesús? En Lucas 4, después que hubiera hecho varios milagros, los habitantes de Capernaum intentaron hacer que se quedara con ellos, pero Jesús les reprendió diciendo: «Es preciso que anuncie también a los demás pueblos las buenas nuevas del reino de Dios, *porque para esto fui enviado*» (Lucas 4.43, énfasis del autor).

¿Ha visto eso? Jesús fue enviado para «anunciar las buenas nuevas del reino de Dios».

Escribiré mucho más acerca del reino de Dios y la invitación de Dios en los capítulos 5 al 7, pero permítame indicarle ahora dos versículos más. El primero es de Hechos 1: «Después de padecer la muerte, se les presentó dándoles muchas pruebas convincentes de que estaba vivo. Durante cuarenta días se les apareció *y les habló acerca del reino de Dios*» (Hechos 1.3, énfasis del autor).

Jesús resucitó de los muertos, pasó cuarenta días con sus discípulos, y el tema clave del que quiso hablarles fue del *reino de Dios*.

Después, como vimos en el último capítulo, antes de que Jesús se fuera, mandó a sus seguidores que llevaran esas buenas nuevas del reino de Dios a todo el mundo y que lo hicieran una realidad. Básicamente dijo: «Vayan, hagan lo que les he dicho que hagan, enseñen lo que les he enseñado que enseñen, actúen como les he enseñado que actúen y amen como les he mostrado que amen. Edifiquen mi reino en todas las naciones. Para esto fueron creados» (Mateo 28.19–20, paráfrasis del autor).

Permítame subrayar la gran importancia de esto. El Hijo de Dios, el Creador del universo, el Autor de la vida, dio esta tarea en concreto a todos sus seguidores justamente antes de irse. Y dijo que regresaría cuando esto

> **Así como Dios creó a los pájaros para volar y a los peces para nadar, nos creó a nosotros para vivir como ciudadanos de su reino emergente y para invitar a otros a unírsenos.**

se terminara. La implicación era que esta orden concreta de Jesús no solo se convertiría en la misión central de nuestras vidas, sino que también nos daría el propósito y sentido más hondo que buscamos. Así como Dios creó a los pájaros para volar y a los peces para nadar, nos creó a nosotros para vivir como ciudadanos de su reino emergente y para invitar a otros a unírsenos. Esa es la tarea que nos dio. El resultado es que si no nos involucramos plenamente en esta gran misión de Dios en nuestro mundo, nos perderemos aquello para lo que fuimos creados.

Jesús fue claro. No nos ordenó regresar a nuestra antigua vida como si nada hubiera ocurrido. No nos ordenó ser económicamente independientes ni retirarnos a Boca Ratón. No nos ordenó simplemente que fuéramos a la iglesia los domingos y cantásemos canciones. Nos llamó a ir al mundo y cambiarlo proclamando las buenas nuevas del reino de Dios, modelando una visión diferente de comunidad, e invitando a otros a unirse a ello. Fue nada más y nada menos que un llamado a asociarnos con Dios para establecer un nuevo orden mundial. Esa fue la misión.

Los primeros discípulos cambiaron el mundo. En efecto, ningún movimiento en la historia de la civilización humana ha alterado al mundo más profundamente que ese que nació de la pequeña banda de hombres y mujeres que siguieron al carpintero de Nazaret. En trescientos años, la revolución del evangelio conquistó al Imperio Romano y cambió al mundo conocido. Sus radicales estilos de vida estaban caracterizados por una sensación de urgencia y propósito divino. Nada era más importante, ningún precio era demasiado alto. Se establecieron iglesias dondequiera que el evangelio era predicado, y se nos dice que el número de creyentes creció de manera geométrica. La revolución se extendió por todo el Imperio Romano como un virus. La iglesia primitiva recibió la agresiva oposición de las autoridades judías y la brutal persecución de Roma. Como evidencia de ello, la historia narra que todos menos uno de los doce discípulos murieron como mártires por su fe. La revolución fue costosa, pero la exuberante expansión de la iglesia alteró drásticamente el curso de la historia del mundo al extenderse por todo el Medio Oriente, el este de Asia, Europa y el norte de África. El reino de Dios que Jesús imaginó se estableció en puestos fronterizos y penetrado en miles de grupos nacionales, tribales y étnicos por todo el planeta. Esos primeros discípulos lucharon la buena batalla, corrieron la buena carrera y pasaron el testigo a la próxima generación y esa generación a la siguiente.

Dos mil años después, somos nosotros los que tenemos el testigo. Pero la pasión y la visión parecen haberse esfumado. En grandes franjas de la iglesia el fuego se ha extinguido, las ascuas parecen haberse enfriado. Debería molestarnos que de algún modo esa misión central de Cristo, esa visión atractiva del reino de Dios avanzando, ese llamado a derrocar los valores que gobiernan la sociedad humana, ese llamado radical al discipulado, se haya amansado, domesticado y educado. En el siglo XXI, la revolución se ha disipado porque hemos desertado del frente y nos hemos retirado a la seguridad de nuestros trabajos, familias y nuestros servicios de una hora los domingos. ¿Qué habría ocurrido si Pedro y Andrés hubieran regresado a su pesca, Mateo a su recaudación de impuestos, Pablo a su prestigioso papel como fariseo? Muchas de nuestras iglesias ya no son campamentos de entrenamiento para equiparnos para la batalla; son spas espirituales diseñados para mejorar nuestro bienestar y darnos un empujón al comienzo de la semana. Cantamos unas cuantas canciones, estrechamos unas cuantas manos y escuchamos una agradable homilía. El llamado de Jesús a perder nuestras vidas, tomar nuestra cruz y participar de su sufrimiento raras veces se promulga desde el púlpito.

Nosotros, como seguidores de Jesucristo, hemos fallado a la hora de hacer lo único que se nos mandó. Hemos fallado en cuanto a obedecer el mandamiento de Cristo de llevar vidas radicalmente distintas, de edificar y establecer el reino de Dios, de hacer discípulos a todas las naciones y demostrar su amor a un mundo herido. Y al fallar en esas cosas, fallamos no solo a nuestro Señor, sino también a las Demosi de este mundo... y a nosotros mismos. Cristo no nos llamó a retirarnos del dolor del mundo, sino a entrar en él. Nos llamó a ir. La iglesia del siglo XXI tiene todo lo necesario para terminar la tarea: los recursos, el conocimiento y el mandato. Pero la gran misión que Cristo nos dio aún está *por terminar*.

Es la hora de relanzarla.

5

La misión de Dios

Y este evangelio del reino se predicará en todo el mundo como testimonio a todas las naciones, y entonces vendrá el fin.

—MATEO 24.14

Dios nos deja aquí porque tiene una misión para que la cumplamos. No estamos aquí por accidente; tampoco estamos aquí simplemente para disfrutar las cosas buenas que la vida nos ofrece. Estamos aquí porque Dios nos puso aquí y él tiene un propósito soberano al mantenernos aquí. Es cierto para nosotros como individuos y es cierto para su cuerpo, la iglesia, en toda su plenitud. Como oró Jesús justo antes de su arresto y juicio: «No te pido que los quites del mundo... Como tú me enviaste al mundo, yo los envío también al mundo» (Juan 17.15, 18).[1]

—BILLY GRAHAM

Se ha cumplido el tiempo —decía—. El reino de Dios está cerca. ¡Arrepiéntanse y crean las buenas nuevas!

—MARCOS 1.15

¿Cómo puede ser que tantos hayamos perdido de vista el mensaje central de Jesús: que el reino se ha acercado? Estas fueron las primeras palabras de Jesús narradas en el evangelio más temprano, el Evangelio de Marcos. Es primero un anuncio de un asombroso nuevo desarrollo (el reino de los cielos se ha acercado) seguido de la respuesta requerida (arrepentirse y creer las buenas nuevas). Solo cinco versículos antes de que Marcos nos dijera eso, inmediatamente después de que Juan bautizara a Jesús, «Jesús vio que el cielo se abría» (Marcos 1.10). De una forma muy real, Dios demostró que estaba irrumpiendo en la historia humana en un sentido tanto literal como espiritual; el reino de los cielos ahora estaba accesible, abierto, y su Hijo, Jesús, lo estaba haciendo posible. El llamado de Jesús al arrepentimiento fue más que meramente una convocatoria a sentir remordimiento o culpa por nuestros pecados; fue un llamado a cambiar nuestra mente, a intercambiar nuestro plan por el suyo; fue un llamado a reordenar nuestra vida en base a las impresionantes noticias de Dios de que su reino ahora estaba disponible para todos. Eugene Peterson parafrasea Marcos 1.15 de esta forma: «¡Se acabó el tiempo! El reino de Dios está aquí. Cambie su vida y crea el mensaje». Jesús nos llamó no solo a creer, sino también a cambiar nuestra vida.

Dije en el capítulo anterior que Jesús parecía estar obsesionado con esta idea de la venida del reino de Dios. Habló de ello incesantemente, ilustró sus características usando múltiples metáforas y literalmente declaró que la misión principal de su encarnación y muerte en la cruz fue abrir el camino para que hombres y mujeres tuvieran acceso al reino de Dios. Después, antes de irse, les encomendó a sus discípulos la misión de llevar su mensaje del reino hasta los confines de la tierra, hacer discípulos y establecer puestos fronterizos del reino llamados iglesias dondequiera que fueran. Entonces, ¿por qué el reino de Dios tiene un papel tan pequeño en el pensamiento de los cristianos del siglo XXI? En todos mis años como cristiano, he escuchado miles de sermones, y no recuerdo ni tan siquiera uno que me explicara bien que la misión central de Cristo y el propósito que dio a su iglesia fue proclamar, establecer y edificar el reino de Dios en la tierra. Ni tampoco he oído que el único propósito de mi vida como seguidor de Jesús es unirme a él en esa misión, que esa fue la razón principal por la que fui creado. De algún modo, ese bebé se fue con el agua de la bañera en mi educación cristiana.

> **La misión central de Cristo y el propósito que dio a su iglesia fue proclamar, establecer y edificar el reino de Dios en la tierra.**

Quiero ser muy cuidadoso aquí, para no ser demasiado duro en el celo y los esfuerzos sacrificiales de la iglesia por edificar, establecer y modelar el reino de Cristo, tanto ahora como en el pasado. En la actualidad hay más de dos mil millones de personas que se identifican como cristianos en nuestro mundo, haciendo de la fe cristiana la más grande de las religiones del mundo.[2] Sería prácticamente imposible sobrestimar el impacto acumulativo para bien en nuestro mundo que los seguidores de Cristo han tenido en su nombre durante los siglos. Y aunque se ve bien criticar a los cristianos por el mal cometido en nombre de Cristo, cualquier análisis verdaderamente objetivo de la influencia positiva de los cristianos en la sociedad humana empequeñecería grandemente la parte negativa. Pero también tenemos que ser francos y preguntarnos si la iglesia del siglo XXI está tan comprometida con la misión de edificar el reino de Cristo como lo estaba la del primer siglo. Vivimos en un tiempo único de la historia, en el que se ha avanzado prácticamente en cada dimensión del esfuerzo humano: comunicaciones, transporte, educación, soluciones médicas, agricultura, nutrición, desarrollo infantil, economía, e incluso el gobierno. Los cristianos mismos tienen más acceso a las Escrituras y la enseñanza bíblica en cientos de lenguajes que en ninguna generación previa. Hoy es posible más que nunca.

Entonces, ¿por qué se ha detenido el progreso, particularmente en las iglesias de la parte norte del globo? Quiero decir que hemos entendido mal uno de los principios clave de nuestra fe, la historia misma del evangelio, y que este mal entendimiento ha descarrilado el logro de la gran comisión de Cristo. No hemos entendido bien al creer que el evangelio es simplemente las buenas nuevas de que nuestros pecados pueden ser perdonados y que podemos entrar en la vida eterna creyendo en Jesucristo, punto. Y aunque ese es un elemento importante del evangelio, no es el evangelio completo.

El vacío en nuestro evangelio

En mi primer libro, *El vacío en nuestro evangelio*, dije que la mayoría de los cristianos estadounidenses han aceptado una visión disminuida de la plenitud del evangelio, o buenas nuevas, de la historia y mensaje de Cristo. Dije que si vemos el evangelio simplemente como una rápida transacción con Dios para que nos perdone nuestros pecados a fin de que podamos obtener nuestro pasaporte al cielo, no hemos abrazado el evangelio completo, sino uno con un vacío en sí, un vacío bastante grande. Sin embargo, así es exactamente como muchos cristianos ven el evangelio de Cristo. Yo tengo un trato con Dios, compro el seguro de incendios, lo pongo en mi cajón y sigo con lo mío. Claro, no sería mala idea ir a la iglesia de vez en cuando y mojarme un poco en las aguas espirituales, ni sería malo orar de vez en cuando, pero básicamente, con mi salvación asegurada, puedo continuar con mi propia vida. Esto es lo que Dallas Willard denomina el «evangelio del manejo del pecado».[3] Simplemente tenemos un problema personal con el pecado, y este evangelio ofrece una solución rápida y sencilla. Solo tome el antídoto y vuelva a vivir su propia vida. Yo soy un poco menos educado y lo llamo bajar el nivel del evangelio.

Scot McKnight habla acerca de la diferencia entre un *discípulo* y un *decisor*: «La mayoría de evangelismo hoy se enfoca en hacer que alguien tome una decisión; sin embargo, los apóstoles estaban obsesionados con hacer discípulos».[4] Jesús nos llamó a ser discípulos y a hacer discípulos, no solo a ser decisores.

Los decisores solo creen lo correcto; los discípulos intentan hacer lo correcto. Los discípulos están comprometidos a aprender las verdades de su Maestro para poder imitar la vida de este. Los discípulos buscan abrazar la misión de su Maestro y servir a los propósitos de este. Los discípulos intentan planificar toda su vida en base a la enseñanza y mandamientos de Jesús. Los decisores tienen sus propios planes para sus vidas e invitan a Jesús a que los bendiga. Jesús dijo cosas muy duras acerca de los decisores.

> ¿Por qué me llaman ustedes «Señor, Señor», y no hacen lo que les digo? (Lucas 6.46)

> No todo el que me dice: «Señor, Señor», entrará en el reino de los cielos, sino sólo el que hace la voluntad de mi Padre que está en el cielo. Muchos me dirán en aquel día: «Señor, Señor, ¿no profetizamos en tu nombre, y en tu nombre expulsamos demonios e hicimos muchos milagros?» Entonces les diré claramente: «Jamás los conocí. ¡Aléjense de mí, hacedores de maldad!». (Mateo 7.21–23)

Los decisores son como los de la parábola del sembrador que Jesús relató, que «oyen la palabra, pero las preocupaciones de esta vida, el engaño de las riquezas y muchos otros malos deseos entran hasta ahogar la palabra, de modo que ésta no llega a dar fruto» (Marcos 4.18–19). Los decisores han repetido la oración del pecador y simplemente han dicho: «Sí, quiero» o «Lo haré» a la invitación del Maestro. Pero el simple hecho de hacer la oración del pecador no produce una relación transformadora con Cristo, así como simplemente decir: «Sí, quiero» no produce un matrimonio exitoso.

Un matrimonio se consolida a base de miles y miles de expresiones diarias de amor y sacrificios hechos por la persona que amamos. En los matrimonios fuertes, reordenamos toda nuestra vida en base a los deseos y expectativas de nuestro cónyuge. Todo cambia. No podemos decir: «Sí, quiero» y luego hacer lo que nos apetezca. ¿Podemos ponernos en primer lugar, ser infieles siempre que queramos, emplear nuestro tiempo y dinero en satisfacer nuestros antojos, ignorar los deseos más íntimos de nuestro cónyuge, y seguir afirmando que hemos cumplido nuestros votos nupciales? Claro que no. Tampoco podemos decir «Sí quiero» a Jesús y luego vivir ignorando su deseo de que le obedezcamos y sirvamos. Hay serias y drásticas implicaciones al decir: «Sí, quiero» a nuestro cónyuge, y hay drásticas y serias implicaciones al decir: «Sí, quiero» al Señor del universo. No basta simplemente con ser un decisor; Jesús quiere discípulos.

No basta simplemente con ser un decisor; Jesús quiere discípulos.

Este mismo entendimiento del evangelio como una gestión del pecado también rebaja la gran comisión. Si el evangelio solo requiere que alguien tome una decisión, entonces la gran comisión se trata de hacer más decisores, no discípulos; se trata de vender más pólizas de seguro de incendios.

> Por tanto, vayan y hagan *decisores* de todas las naciones, bautizándolos en el nombre del Padre y del Hijo y del Espíritu Santo, enseñándoles que obedecer todo lo que les he mandado a ustedes es opcional. Y les aseguro que esta póliza de seguro de incendios valdrá para siempre, hasta el fin del mundo.

Es muy sencillo. No tenemos que preocuparnos con esa parte acerca de «hacer discípulos» y «enseñarles a obedecer todo lo que les he mandado a ustedes» (Mateo 28.19–20). Podemos aceptar a Jesús como Salvador, pero no tenemos que aceptarle como Señor. Este evangelio rebajado es mucho más fácil de digerir que la versión alta en fibra, con todo el grano. Es un evangelio bastante cómodo con el *status quo*. No exige ninguna demanda en nuestro estilo de vida o conducta, y nos deja hacer lo que queramos con nuestro dinero; alimentar a los hambrientos, vestir a los desnudos, cuidar de los enfermos o adoptar una postura firme a favor de la justicia en nuestro mundo: todo es totalmente opcional. Si los discípulos lo hubieran entendido así, seguro que no habrían tenido que entregar sus vidas por la causa. ¿Por qué ser tan radicales? Vender entradas baratas para la vida eterna no molesta a nadie. Lo único que tienen que hacer es simplemente decir: «Sí, quiero».

Hay solo un problema con este evangelio; no fue el que Jesús predicó, y carece de poder para cambiar el mundo y ganarlo para Cristo. ¿Qué ocurrió con la visión de Jesús acerca del reino de Dios que viene pronto, como en el cielo así también en la tierra? ¿Qué ocurrió con la gran misión de Cristo de transformar la sociedad humana, modelar los valores del reino de Dios, hacer discípulos a todas las naciones, amar a nuestro prójimo y cuidar de los pobres? ¿Y qué ocurrió con su declaración de que su iglesia derrumbaría las puertas del infierno? ¿Qué ocurrió con la revolución? Rendidos. Por eso es tan importante entender bien el evangelio, el evangelio *completo*, porque sin verdaderos discípulos, la revolución muere.

Sin verdaderos discípulos, la revolución muere.

Aquí tengo que hacer una confesión. Pasé la mayor parte de mi vida cristiana entendiendo muy poco acerca de la importancia del reino de Dios para la misión de la iglesia. También había reducido el evangelio a unas simples buenas noticias de que Cristo había muerto por mis pecados y que ahora podía ser perdonado. Y como había sido perdonado, al morir, sería admitido en el reino de Dios. Había reducido la gran comisión a la idea de que lo único que Cristo quería que hiciésemos era contarles a otros esas mismas buenas noticias. Había aceptado el llamado a tomar una *decisión* por Cristo en vez del llamado a convertirme en un *discípulo* de Cristo. A decir verdad, convertirse en un discípulo de Cristo comienza con una decisión, pero debe seguirle una manera radicalmente nueva de vivir bajo la autoridad de Dios, bajo la verdad de Dios y bajo los valores de Dios.

En otras palabras, las buenas noticias del evangelio no consisten en que puedo entrar en el reino de Dios cuando muera, sino que la muerte y resurrección de Cristo me abren las puertas del reino de Dios *ahora*. Por primera vez desde la caída, hombres y mujeres ahora tienen acceso directo a Dios y pueden vivir bajo el gobierno de Dios con el Espíritu Santo de Dios en sus corazones para guiarles y enseñarles. Las buenas noticias del evangelio son que las puertas del reino de Dios se han abierto de par en par, ¡y todos hemos sido invitados a entrar!

> Él nos libró del dominio de la oscuridad y nos trasladó al reino de su amado Hijo, en quien tenemos redención, el perdón de pecados.
> (Colosenses 1.13–14)

El evangelio completo

Entonces, si el evangelio es más que tan solo una póliza de seguro de incendios o una estrategia del manejo del pecado, ¿qué es? El evangelio es toda la historia de Jesús, que el reino de Dios ahora ha venido y que Jesús es el rey. Es la historia completa que conté en el capítulo 2:

> La de la Escritura es la historia del amor de un Padre por sus hijos. Es la historia de un Padre que fielmente se acerca a los hijos que le rechazaron. Es la historia de un Dios amoroso que nunca se rinde.

Desde el huerto de Edén y la ruptura de relación que provocó el pecado de Adán y Eva, Dios ha anhelado restablecer la comunión directa y la convivencia con hombres y mujeres. Ha deseado reconciliar y restaurar su relación con sus hijos. Si piensa en ello, cada proposición que ha hecho Dios a partir de ese momento ha sido una invitación, llamando a sus hijos a regresar a una relación con su Padre.

Desde el huerto de Edén... Dios ha anhelado restablecer la comunión directa y la convivencia con hombres y mujeres.

- Abraham fue llamado de entre las naciones para convertirse en el padre de un nuevo pueblo, Israel: un pueblo a quien Dios invitó a regresar a la comunión y que viviría de nuevo como hijos suyos.
- Moisés rescató a Israel de la cautividad y les llamó a salir de un reino, Egipto, para convertirse en un nuevo tipo de reino: el de los hijos de Dios, que viven según la verdad de Dios.
- Se les dio la ley en Sinaí, la cual constituía el sistema legal del nuevo reino de Dios y proveía las pautas morales y éticas que les gobernarían.
- Después Israel fue limpiada en el desierto y guiada a la tierra prometida, un lugar donde el nuevo reino de Dios prosperaría y florecería.
- Primero el tabernáculo, y después el templo, se establecieron para que Dios pudiera volver a habitar en medio de sus hijos.
- Se establecieron sacerdotes y sacrificios animales para recordar a los hijos de Dios que su pecado era un asunto serio y que era necesaria una expiación.
- Se ungieron reyes para gobernar a los hijos de Dios con justicia y equidad, para defender las leyes y los valores de Dios.

- Se enviaron profetas una y otra vez para llamar a los hijos de Dios a la obediencia, para advertirles acerca de las consecuencias de la desobediencia.

Quiero que vea que cada uno de esos gestos fue un intento de Dios por darles a sus hijos una segunda oportunidad, una tercera y una cuarta, para volver a vivir en armonía con su Padre, de una manera que enriqueciera sus vidas en cuanto a la forma en que deberían vivir. Cada proposición fue un llamado a apartarse de los reinos que los hombres habían establecido para gobernar el mundo y entrar en el reino que Dios intentaba establecer, en el que él reinaría con amor y justicia. Y cada vez, los hijos de Dios rechazaron su oferta.

No sé por qué Dios decidió hacer esto tantas veces durante tantos años. Seguro que sabía cuál sería el resultado. Imagino que lo hizo para que nos diéramos cuenta de la futilidad de nuestros esfuerzos por ganarnos nuestro camino de regreso a la comunión con él. Como padre, a veces permito que mis hijos hagan las cosas a su manera, para que aprendan por sí mimos que su forma no era la correcta o la mejor. A veces esas lecciones solo se aprenden por las malas.

Entonces, finalmente, después de cientos de años de intentos fallidos de los hijos de Dios por establecer un reino en el que pudieran vivir bajo el gobierno de Dios según los términos de Dios, notablemente, Dios intervino. La llegada del reino de Dios en Jesús fue como la de un gobierno en el exilio que irrumpe para establecer su legítima autoridad, para derrocar los regímenes establecidos y liberar a la gente que vive en esclavitud. Dios llevó a cabo una misión de rescate que ofrecería a sus hijos una oportunidad final para ser reconciliados. La misión de rescate no dejaría nada al azar. Dios la dirigiría tomando forma humana; enviaría a su propio Hijo para lograrlo. Y sería costosa.

> A la verdad, como éramos incapaces de salvarnos, en el tiempo señalado Cristo murió por los malvados. Difícilmente habrá quien muera por un justo, aunque tal vez haya quien se atreva a morir por una persona buena. (Romanos 5.6–7)

Así como Moisés antes que él, Jesús sacaría a su pueblo de la cautividad. Su sangre, derramada en la Pascua, les protegería del ángel de la muerte como la sangre del cordero con los primogénitos de Israel en la primera Pascua. Y al igual que Moisés, Jesús guiaría a su pueblo a la tierra prometida, donde finalmente podrían establecer un reino bajo el gobierno de Dios. Pero esta vez el resultado sería diferente.

La invitación de Dios a entrar en su reino fue algo con lo que los profetas judíos habían soñado y anhelado. Fue algo nuevo, algo imposible anteriormente. Por primera vez desde la caída en el huerto, había una oportunidad para reconciliarse verdaderamente con Dios. Pero no fue posible hasta que Dios lo permitió. Todos los intentos previos de reconciliación fallaron porque habían confiado en los esfuerzos del hombre. Esta vez podría tener éxito por tres razones. Primero, Dios retiró la barrera divisoria que nos separaba de su amor en el pasado, ofreciendo un perdón total por nuestros pecados y entregando a su Hijo para pagar nuestro castigo. Segundo, la vida y las enseñanzas de Jesús modelaron cómo hombres y mujeres podían entrar en su reino y vivir de manera distinta a como lo habían hecho antes. Y tercero, el Espíritu de Dios ahora moraría literalmente dentro de nosotros, dándonos el poder para vivir de esa forma.

Este tercer punto no es cosa de poco. Desde la caída, la relación entre Dios, los hombres y las mujeres se había roto. Ya no habíamos vuelto a tener acceso a Dios sin trabas. En el Antiguo Testamento, la presencia de Dios se limitaba simbólicamente al Lugar Santísimo, detrás de una gruesa cortina dentro del templo. Se estableció un sacerdocio para que hubiera un intermediario entre Dios y el hombre. Y solo el sumo sacerdote de Israel, el día de la expiación cada año, después de sacrificar un cordero perfecto, podía entrar en ese lugar en la presencia de Dios para obtener el perdón de pecados para la nación.

Tal y como Dios había anunciado en el bautismo de Jesús que el reino de los cielos ahora se había abierto, así también la muerte expiatoria de Jesús por nuestros pecados abre y restaura el acceso a Dios quitando la barrera que nos separaba: nuestros pecados. Así que en el mismo momento de la muerte de Cristo en la cruz —el sacrificio perfecto—, algo asombroso ocurrió en el templo de Jerusalén:

> Desde el mediodía y hasta la media tarde toda la tierra quedó sumida en la oscuridad, pues el sol se ocultó. *Y la cortina del santuario del templo se rasgó en dos.* Entonces Jesús exclamó con fuerza: —¡Padre, en tus manos encomiendo mi espíritu! Y al decir esto, expiró. (Lucas 23.44–46, énfasis del autor)

La cortina, el templo, sus sacerdotes y los sacrificios ya no eran necesarios. Ahora nada separaba a Dios de sus hijos. El sacrificio perfecto se había realizado y el pago por el pecado se había hecho por completo. Ahora, hombres y mujeres podían entrar libremente en la presencia de Dios y vivir seguros bajo su autoridad. En Pentecostés, solo

Ahora nada separaba a Dios de sus hijos. unas semanas después, descendió con poder el Espíritu Santo de Dios. Ahora Dios moraría dentro de cada uno de sus hijos. Nuestros cuerpos, no el templo, se convertirían en la nueva morada del Espíritu de Dios, y así podríamos entrar totalmente en el reino de Dios en una nueva relación con él, para vivir de nuevo en armonía con sus propósitos. Fuimos rescatados. Ahora nada separaba a Dios de sus hijos.

> Por lo tanto, ustedes ya no son extraños ni extranjeros, sino conciudadanos de los santos y miembros de la familia de Dios, edificados sobre el fundamento de los apóstoles y los profetas, siendo Cristo Jesús mismo la piedra angular. (Efesios 2.19–20)

El evangelio del reino, por tanto, es la historia completa de Jesús:

- el Mesías, el rey de Israel, enviado por el Padre, ha llegado
- él cumplió la promesa de Dios de que a través de Israel serían benditas todas las naciones
- ha muerto para perdonar nuestros pecados
- ha resucitado, así que la muerte ha sido derrotada
- nos ha dado acceso directo al reino de Dios, el gobierno de Dios en nuestra vida a través del Espíritu Santo
- nos ha enseñado cómo vivir
- nos ha ordenado obedecer
- nos ha invitado a unirnos a él para proclamar y establecer su reino en todo el mundo:
- anunciando el perdón de Dios,
- demostrando el amor de Dios,
- defendiendo la justicia de Dios, e
- invitando a otros a unirse a su reino
- nos ha ordenado: «vayan y hagan discípulos de todas las naciones» (Mateo 28.19).

El evangelio no es solo una parte de esta historia; es la historia completa. Es la historia completa de Jesús como el cumplimiento de la promesa que Dios hizo a Abraham de que su descendencia sería una bendición para todas las naciones. El «evangelio», o «buenas nuevas» del reino, es la historia de que el rey vino y que ahora el reino está abierto y disponible para todos. No podemos escoger las partes que nos gustan e ignorar las que no nos gustan. El perdón y la salvación son partes cruciales de la historia completa de Jesús, pero no son la historia completa. No podemos limitar a Jesús haciéndolo nuestro Salvador pero no nuestro Señor y Rey. Cuando decimos sí a Jesús, decimos sí a su perdón, pero también decimos sí a sus mandamientos y sí a su reino. Fusionamos nuestras historias con la suya y nos unimos al plan que Dios está desplegando para establecer y desarrollar su reino: «Venga tu reino. Hágase tu voluntad, como en el cielo, así también en la tierra» (Mateo 6.10, RVR60). Debemos renunciar a nuestra ciudadanía en este mundo y entrar irrevocablemente en su reino.

El evangelio... es la historia completa de Jesús como el cumplimiento de la promesa que Dios hizo a Abraham de que su descendencia sería una bendición para todas las naciones.

6

La invitación de Dios

> Puede que para un huevo sea difícil convertirse en pájaro, pero será muchísimo más difícil para él aprender a volar mientras siga siendo un huevo. Por el momento todos somos como huevos. Y no podemos seguir siendo meros huevos comunes y decentes indefinidamente. Hemos de romper el cascarón o estropearnos.[1]
>
> —C. S. LEWIS

> ¿Dónde se halla un mayordomo fiel y prudente a quien su señor deja encargado de los siervos para repartirles la comida a su debido tiempo? Dichoso el siervo cuyo señor, al regresar, lo encuentra cumpliendo con su deber. Les aseguro que lo pondrá a cargo de todos sus bienes.
>
> —LUCAS 12.42–44

En Filipenses, Pablo habla de los seguidores de Jesús como ciudadanos del cielo: «Sobre todo, deben vivir como ciudadanos del cielo, comportándose de un modo digno de la Buena Noticia acerca de Cristo» (Filipenses 1.27, NTV). Esta metáfora es útil para entender las expectativas que Dios tiene con nosotros a medida que intentamos vivir como buenos ciudadanos de su reino. Las personas que solicitan la ciudadanía de Estados Unidos toman primero la *decisión* de querer dejar sus países de origen y convertirse en ciudadanos de ese nuevo país llamado Estados Unidos. Tras cumplir todos los requisitos de la ciudadanía, se les entrega un certificado de ciudadanía, el cual les otorga el libre acceso no solo a su nuevo país, sino también a todos los derechos y privilegios de sus ciudadanos con la expectativa de que se esfuercen por cumplir las responsabilidades que deben tener los ciudadanos. Entre ellas están vivir según las leyes de la tierra, pagar los impuestos para sufragar los costos del país y contribuir al bien colectivo; por ejemplo, trabajando, colaborando como voluntario, educando niños responsables y siendo buenos vecinos. Pero imagínese por un momento que una persona, habiendo decidido convertirse en ciudadano de Estados Unidos, nunca entra en el país, nunca reside, nunca se aprovecha de los muchos derechos y privilegios de la ciudadanía y nunca lleva a cabo ninguna de las tareas de la ciudadanía. Tiene su certificado, pero ha decidido no usarlo. Tal persona, verdaderamente, está viviendo como ciudadano de su anterior país. Técnicamente, se ha convertido en un estadounidense, pero solo de manera nominal.

Respecto a la entrada en el reino de Dios, la muerte de Jesús en la cruz para expiar nuestros pecados hizo posible que obtuviéramos nuestro «certificado de ciudadanía» de su reino; pero él espera que no solo vayamos a vivir allí, quiere que renunciemos a nuestra anterior ciudadanía, que nos involucremos del todo como ciudadanos, disfrutando de nuestros nuevos derechos y privilegios, viviendo según las leyes de su reino, contribuyendo a su crecimiento y prosperidad, e incluso convirtiéndonos en sus embajadores para aquellos que viven fuera del reino de Dios. Jesús quiere que entremos en una nueva forma de vivir en este aquí y ahora, capacitados por el Espíritu Santo, viviendo bajo el gobierno y la autoridad de Dios, renunciando la influencia de otros reinos y asumiendo todas las responsabilidades de nuestra ciudadanía. Trágicamente, muchos cristianos toman la decisión, consiguen su certificado, pero nunca dan el paso para convertirse en verdaderos ciudadanos del reino de Dios.

Quizá una metáfora incluso mejor sea la de alistarse en el ejército durante un tiempo de guerra. Cuando un soldado se alista, se compromete a entregar su vida a una autoridad superior. A partir de ese momento, toda su vida está gobernada por esa autoridad. Ya no decide dónde vivirá, cómo pasará sus días o cuáles serán sus prioridades. Todos los derechos anteriores se entregan en el momento de alistarse. Ahora irá donde el ejército le envíe, vestirá lo que el ejército le dé, será entrenado según los propósitos del ejército, aceptará los objetivos y la misión del ejército. Su misión es ganar la guerra y estar dispuesto a morir por la causa si es necesario.

Cuando alguien se alista en el ejército, entrega sus derechos en todo lo tocante a su carrera, tiempo, dinero, prioridades e incluso su familia e identidad. Imagínese a alguien que se alista y luego informa a sus superiores que ha decidido vivir en Hawái, trabajar como corredor de bolsa, unirse a un club rural y tomarse un mes de vacaciones cada año para viajar por el mundo. ¿Puede usted decir *consejo de guerra*?

> Comparte nuestros sufrimientos, como buen soldado de Cristo Jesús. Ningún soldado que quiera agradar a su superior se enreda en cuestiones civiles. (2 Timoteo 2.3–4)

¿Cuánto más serio es entonces nuestro compromiso de seguir a Jesucristo, de aceptar su misión en el mundo y de tomar nuestra cruz todos los días al servir y obedecer a aquel que entregó su vida para que nosotros pudiéramos vivir en su reino? No nos es suficiente con alistarnos, sino que estamos llamados a unirnos a la batalla.

Por tanto, veamos ahora dónde nos hemos alistado. ¿Qué conlleva esta nueva empresa de edificar y establecer el reino de Dios? Hay tres dimensiones que debemos considerar para responder a la pregunta de qué espera Dios de nosotros como seguidores de Jesucristo comprometidos con su misión en el mundo. Estas son las cosas que diferencian a los *decisores* de los *discípulos*:

No nos es suficiente con alistarnos, sino que estamos llamados a unirnos a la batalla.

1. Someterse al gobierno de Dios en nuestra vida

> El que encuentre su vida, la perderá, y el que la pierda por mi causa, la encontrará. (Mateo 10.39)

Eso comienza con nuestra propia transformación personal. Jesús nos enseñó una forma muy distinta de vivir basada en su verdad, sus valores y sus prioridades. Comenzamos sometiéndonos, reemplazando nuestra voluntad por la de Dios en nuestra vida. Nos consagramos al proceso constante de ser más como Cristo. Hacemos de ese compromiso de ser su discípulo la mayor prioridad de nuestra vida, organizando todos los demás aspectos para apoyar ese objetivo.

Cuando entregué mi vida a Cristo a los veintitrés años de edad, entendí que si Jesús era en verdad el Hijo de Dios, nada en mi vida podía seguir siendo igual. Entendí que esa nueva comprensión requería de mí que ordenara toda mi vida en base a la verdad de Dios. Jesús no podía ser solamente otra persona que yo admiraba, como Martin Luther King, Abraham Lincoln o el Obispo Desmond Tutu. No, el Hijo de Dios está en una categoría totalmente distinta. Él no solo dice la verdad, sino que es la verdad. No solo vivió una vida admirable, sino que modeló una vida perfecta y también nos dio las instrucciones que necesitábamos para vivir como Dios quería. Él no solo nos conoce íntimamente en nuestros niveles más profundos, sino que literalmente nos hizo existir y escribió el manual del fabricante. Él me pidió convertirse en mi Estrella Polar en mi viaje por la vida, proveyéndome del sentido y del propósito para todo lo que hago ahora. Me invitó a convertirme en su colaborador para ofrecer mi vida en el reino de Dios a otros. Así es como Pablo describió a aquel que nos ha invitado a vivir en su reino bajo su gobierno:

> Él es la imagen del Dios invisible, el primogénito de toda creación, porque por medio de él fueron creadas todas las cosas en el cielo y en la tierra, visibles e invisibles, sean tronos, poderes, principados o autoridades: todo ha sido creado por medio de él y para él. Él es anterior a todas las cosas, que por medio de él forman un todo coherente. Él es la cabeza del cuerpo, que es la iglesia. Él es el principio, el primogénito de la resurrección, para ser en todo el primero. Porque a Dios le agradó habitar en él con toda su plenitud y, por medio de él, reconciliar consigo todas las cosas, tanto las que están en la tierra como las que están en el cielo, haciendo la paz mediante la sangre que derramó en la cruz. (Colosenses 1.15–20)

Por tanto, debemos obviar toda idea que nos indique que podemos aceptar a Jesús según nuestros propios términos, que podemos simplemente añadirle a la estructura de nuestra vida, encajarle en nuestros planes, adorarle una vez por semana durante una hora más o menos, y ofrecerle una oración siempre que necesitemos algo. No, Jesús demanda el compromiso total de nuestra vida con su servicio. Estamos llamados a alistarnos en su ejército y dejar a sus pies todas las demás prioridades de nuestra vida. Nuestras ambiciones, nuestras carreras, nuestras relaciones, nuestras posesiones, incluso nuestras familias deben quedar a sus pies para que haga lo que quiera con ellas.

John Stott, el eminente teólogo y líder de la iglesia, cuyo libro *Cristianismo básico* fue clave en mi camino de fe, llegó a esa misma conclusión en el último libro que escribió antes de morir:

Quiero decirle cuáles son mis pensamientos al acercarme al final de mi peregrinaje en la tierra. Son estos: Dios quiere que su pueblo se parezca más a Cristo, porque ser semejantes a Cristo es la voluntad de Dios para su pueblo.[2]

Ese fue su sencillo resumen del único propósito de la humanidad. Sin duda, cuando entendemos que Jesús vino para inaugurar el reino de Dios en la tierra y que nos ha invitado a unirnos a él, hay profundas consecuencias para todos los seguidores de Jesús. Dicho de forma simple, vivir en el reino de Dios significa que debemos intentar vivir como Jesús, amar lo que Jesús amó y obedecer lo que Jesús enseñó.

2. Formar comunidades gobernadas por los valores de Dios

No dejaban de reunirse en el templo ni un solo día. De casa en casa partían el pan y compartían la comida con alegría y generosidad, alabando a Dios y disfrutando de la estimación general del pueblo. Y cada día el Señor añadía al grupo los que iban siendo salvos. (Hechos 2.46–47)

Cada reino está organizado en comunidades: estados, condados, ciudades, pueblos, vecindarios. La iglesia es el principio organizador del reino de Dios. La iglesia local crea el marco para que los seguidores de Jesús se reúnan para la adoración, el discipulado y la misión. Estas comunidades eclesiales, como intentan vivir bajo el gobierno de Dios y según la verdad de Dios, deberían ser ejemplos resplandecientes de una manera totalmente distinta de vivir para la gente.

Jesús lanzó una visión en cuanto a cómo podían vivir los hombres y las mujeres en esta nueva realidad del reino. El Sermón del Monte, por sí mismo, representa quizá la visión más revolucionaria que jamás se haya lanzado para la prosperidad de la sociedad humana y para que viva en armonía con Dios. Junto al resto de las Escrituras, sirve como un plano para esa nueva manera de vivir en el reino de Dios.

En su discurso, Jesús comienza animando a los destituidos, los que sufren y lloran, los mansos, los misericordiosos que tienen hambre y sed de justicia, los perseguidos y los pacificadores. En su iglesia, estas personas excluidas, los insignificantes, son ahora incluidos; no solo los ricos, los poderosos y los prominentes, como es típico de los reinos establecidos por los hombres. Él sigue redefiniendo lo correcto y lo incorrecto, sugiriendo que no solo es malo el asesinato, el adulterio, el divorcio y la venganza, sino que las actitudes de ira, lujuria y egoísmo que subyacen tras las acciones también son pecado. Jesús establece una nueva norma de pureza que requiere que no solo estemos limpios por fuera (legalismo), sino más bien que estemos puros por dentro (santificados). No es solo la acción externa lo que importa para Dios, sino también la actitud interna del corazón y del espíritu. Él nos dice que tenemos que amar no solo a los que nos aman, sino también a nuestros enemigos. Tenemos que caminar la milla extra, poner la otra mejilla y orar por los que nos persiguen. Él aplica la generosidad y la compasión. Jesús nos enseña a almacenar el verdadero tesoro en el cielo no acumulando fortunas en la tierra. Tenemos que ser generosos con nuestro dinero y cuidar de los necesitados.

Finalmente, se nos dice que no nos preocupemos, sino que confiemos en Dios, que no juzguemos a otros, sino que primero examinemos nuestra propia vida. Él resume todo eso diciendo que toda la ley y los profetas se pueden resumir en esto: «En todo traten ustedes a los demás tal y como quieren que ellos los traten a ustedes» (Mateo 7.12). Jesús termina su discurso con la historia que vimos en los capítulos previos, del hombre que edifica su casa sobre la roca porque oye las palabras de Jesús *y* las pone en práctica: «Cayeron las lluvias, crecieron los ríos, y soplaron los vientos y azotaron aquella casa; con todo, la casa no se derrumbó porque estaba cimentada sobre la roca» (Mateo 7.25). El Sermón del Monte resume el corazón de las buenas nuevas del reino de Dios, una nueva visión del desarrollo humano en el que hombres y mujeres pueden edificar un tipo distinto de comunidad basados en el fundamento de la verdad de Dios, gobernados por los principios de Dios, unidos por el Espíritu de Dios y comprometidos a ser embajadores de Dios en el mundo.

> Pondré mi ley en su mente, y la escribiré en su corazón. Yo seré su Dios, y ellos serán mi pueblo. (Jeremías 31.33)

Las iglesias auténticas verdaderamente viven de modo diferente en su forma de ofrecer una alternativa radicalmente distinta y seductoramente atractiva a todos los demás modelos de comunidad humana. Sin duda, se nos dice que la iglesia del primer siglo era irresistiblemente atractiva:

> Se mantenían firmes en la enseñanza de los apóstoles, en la comunión, en el partimiento del pan y en la oración. Todos estaban

asombrados por los muchos prodigios y señales que realizaban los apóstoles. Todos los creyentes estaban juntos y tenían todo en común: vendían sus propiedades y posesiones, y compartían sus bienes entre sí según la necesidad de cada uno. No dejaban de reunirse en el templo ni un solo día. De casa en casa partían el pan y compartían la comida con alegría y generosidad, alabando a Dios y disfrutando de la estimación general del pueblo. Y cada día el Señor añadía al grupo los que iban siendo salvos. (Hechos 2.42–47)

3. Ir al mundo como embajadores de Dios

Así que somos embajadores de Cristo, como si Dios los exhortara a ustedes por medio de nosotros. (2 Corintios 5.20)

La tercera dimensión que debemos considerar es cómo la gente del reino, organizada en comunidades del reino, debe recibir ahora la misión del reino. Quiero subrayar de nuevo que toda la historia de las Escrituras trata de una misión de rescate: Dios intentando reconciliar y restaurar la comunión con sus hijos. La propia encarnación de Cristo y su decidida marcha a la cruz, Dios lo concibió únicamente como una misión para rescatar a toda la humanidad de una vez y para siempre de su esclavitud al pecado y a la rebelión. Al abrir el reino del cielo y rasgar el velo del templo, Cristo literalmente dejó abiertas de par en par las puertas del reino de Dios; después invitó a entrar en él a las personas. Y los que hemos respondido a la invitación de Cristo, los que hemos sido rescatados y convertidos en sus discípulos, los que hemos decidido vivir bajo el gobierno de Dios en comunidades del reino llamadas iglesias, ahora somos llamados a ir e invitar a otros a entrar también. Como le encantaba decir al difunto presidente de Visión Mundial, Ted Engstrom: «Nuestra tarea es simplemente poblar el reino de los cielos».

Nosotros... ahora somos llamados a ir e invitar a otros a entrar también.

Por tanto, regresemos a la pregunta: «¿Por qué se fue Jesús?». La respuesta es que se fue para que pudiéramos ir a todo el mundo e invitar a la gente a entrar, a expandir su misión de rescate. Justo antes de ir a la cruz, Jesús oró por sus discípulos:

> No ruego sólo por éstos. Ruego también por los que han de creer en mí por el mensaje de ellos, para que todos sean uno. Padre, así

como tú estás en mí y yo en ti... y así el mundo reconozca que tú me enviaste y que los has amado a ellos tal como me has amado a mí. (Juan 17.20–21, 23)

Así que, en un sentido real, los versículos que conocemos como la gran comisión nos mandan que nos unamos a la misión de rescate de Dios e invitemos a todas las personas de todas las naciones a convertirse en ciudadanos del reino en expansión de Dios.

Finalmente, veamos con más detalle este último mandato que Jesús encarga a sus seguidores en el contexto de su mensaje general acerca del reino venidero de Dios. Se encuentra en diversos pasajes, pero con mayor frecuencia se cita el de Mateo 28.19–20. También he incluido Mateo 24.14, que habla con más claridad del «evangelio del reino»:

Y este evangelio del reino se predicará en todo el mundo como testimonio a todas las naciones, y entonces vendrá el fin... Por tanto, vayan y hagan discípulos de todas las naciones, bautizándolos en el nombre del Padre y del Hijo y del Espíritu Santo, enseñándoles a obedecer todo lo que les he mandado a ustedes. Y les aseguro que estaré con ustedes siempre, hasta el fin del mundo. (Mateo 24.14; 28.18–20)

La comisión implica:

- **anunciar** el evangelio, o las «buenas nuevas» del reino, la historia completa de Dios, que el rey ha venido, que nuestros pecados han sido perdonados y que una nueva manera de vivir bajo el gobierno de Dios como ciudadanos del reino de Dios está ahora disponible para todos;
- **invitar** a las personas a entrar en el reino de Dios creyendo en Cristo y su reino y arrepintiéndose, reordenando sus vidas en torno a los valores y prioridades del reino;
- **disciplinar y enseñar** a esos nuevos ciudadanos del reino en cuanto a cómo vivir de forma distinta y cómo obedecer las enseñanzas de Cristo;
- **bautizarles** en el nombre de Jesús para que ellos también puedan ser llenos del Espíritu Santo, conectándoles directamente con Dios en una relación y guiándoles en esta nueva manera de vivir; y
- **establecer** puestos fronterizos del reino (iglesias), comunidades de ciudadanos del reino por todas las naciones

del mundo, que también recibirán e implementarán el reino venidero.

Incluso cuando leemos quizá la declaración más fuerte de las Escrituras de salvación solo por fe y no por obras, encontramos en el versículo contiguo el bosquejo de nuestra misión del reino en cuanto a ir y hacer buenas obras:

> Porque por gracia ustedes han sido salvados mediante la fe; esto no procede de ustedes, sino que es el regalo de Dios, *no por obras*, para que nadie se jacte. Porque somos hechura de Dios, *creados en Cristo Jesús para buenas obras, las cuales Dios dispuso de antemano a fin de que las pongamos en práctica*. (Efesios 2.8–10, énfasis del autor)

Somos salvos *por* fe y salvos *para* obras. Dios mismo ha preparado un pueblo específico para buenas obras específicas. Él nos escoge para una misión y escoge una misión para nosotros.

Él nos escoge para una misión y escoge una misión para nosotros.

Lo único que necesita es amor

> Ahora, pues, permanecen estas tres virtudes: la fe, la esperanza y el amor. Pero la más excelente de ellas es el amor. (1 Corintios 13.13)

Una vez hice esta declaración bastante poco convencional a un grupo de donantes de Visión Mundial en una gran conferencia: «El deseo más profundo de Dios no es que ayudemos a los pobres», hice una pausa, sabiendo que eso captaría su atención, y continué: «el deseo más profundo de Dios es que amemos a los pobres; porque si los amamos, ciertamente los ayudaremos».

Más que ninguna otra cosa, Jesús amaba a la gente. Él no les veía solamente como objetivos de su predicación y su sanidad. Todo lo que hizo fluía de su increíble amor. Y el amor, por supuesto, no se puede demostrar si no se expresa de formas tangibles. Pregúntele a su cónyuge cómo se sentiría si la única expresión de su amor fueran las palabras.

Todo lo que Jesús hizo fue una expresión de su amor por el Padre y su amor por la gente. Él personificó el amor como nadie lo ha hecho jamás. Es importante ver, pues, que la gran comisión requiere mucho más que una repetición mecánica de las doctrinas de salvación para cualquiera que escuche. Conlleva mucho más que convencer a las personas para que reciten la oración de arrepentimiento. Requiere mucho más que tan solo predicar y evangelizar. Comienza con el amor a las personas; después pasa a preocuparse por todas las dimensiones de la vida de las personas: cuidar, compartir, ayudar, sanar, dar, consolar; hablar a las personas de las buenas nuevas de Dios después de mostrarles el gran amor divino.

Cuando Juan el Bautista envió a sus discípulos desde la prisión a preguntar: «¿Eres tú el que ha de venir, o debemos esperar a otro?», Jesús les respondió: —Vayan y cuéntenle a Juan lo que están viendo y oyendo: Los ciegos ven, los cojos andan, los que tienen lepra son sanados, los sordos oyen, los muertos resucitan y a los pobres se les anuncian las buenas nuevas» (Mateo 11.3–5). Aunque Jesús amaba a todas las personas, tenía una preocupación especial por los pobres, los enfermos, los débiles, los perseguidos y los oprimidos —«los últimos»—, y lo demostró por medio de sus acciones. Sí, proclamó las buenas nuevas, pero también se preocupó por la persona en su conjunto y les demostró tanto su amor como su compasión:

> Jesús recorría todos los pueblos y aldeas enseñando en las sinagogas, anunciando las buenas nuevas del reino, y sanando toda enfermedad y toda dolencia. Al ver a las multitudes, tuvo compasión de ellas, porque estaban agobiadas y desamparadas, como ovejas sin pastor. (Mateo 9.35–36)

En efecto, si hubiera que resumir cómo se acercaba Jesús a otras personas, se podría resumir solo con una palabra: *amor*. Él les amaba y nos dijo que hiciéramos lo mismo: «Así como yo los he amado, también ustedes deben amarse los unos a los otros» (Juan 13.34). Juan da la definición más simple de Dios en toda la Biblia: «Dios es amor» (1 Juan 4.8, 16). Y esto es totalmente coherente con mi caracterización del relato de las Escrituras como una historia de amor que presenta a un Padre que va en busca de sus hijos. Jesús fue un embajador del amor del Padre. El versículo más citado en la Biblia es acerca del amor, el amor de Dios: «Porque tanto amó Dios al mundo, que dio a su Hijo unigénito, para que todo el que cree en él no se pierda, sino que tenga vida eterna» (Juan 3.16). Esto nos dice que Dios amó tanto al mundo que actuó (que hizo algo), y que ese algo llevaba implícito un gran sacrificio. El amor de Dios tuvo como resultado acción y sacrificio. Y cuando le preguntaron cuál era el mayor de los mandamientos, les dio dos, ambos acerca del amor:

Ama al Señor tu Dios con todo tu corazón, con todo tu ser y con toda tu mente —le respondió Jesús—. Éste es el primero y el más importante de los mandamientos. El segundo se parece a éste: «Ama a tu prójimo como a ti mismo». De estos dos mandamientos dependen toda la ley y los profetas. (Mateo 22.37–40)

Las expectativas que Dios tiene puestas en nosotros se pueden resumir simplemente en amarlo a él y amar a nuestro prójimo. La enseñanza y el ejemplo de Jesús y el brillante hilo de compasión por otros que recorre toda la Escritura destacan el deseo de Dios de que los seguidores de Jesús sean reconocidos por la tangible expresión de su amor por todas las personas:

Las expectativas que Dios tiene puestas en nosotros se pueden resumir simplemente en amarlo a él y amar a nuestro prójimo.

Si alguien que posee bienes materiales ve que su hermano está pasando necesidad, y no tiene compasión de él, ¿cómo se puede decir que el amor de Dios habita en él? Queridos hijos, no amemos de palabra ni de labios para afuera, sino con hechos y de verdad. (1 Juan 3.17–18)

Hermanos míos, ¿de qué le sirve a uno alegar que tiene fe, si no tiene obras? ¿Acaso podrá salvarlo esa fe? Supongamos que un hermano o una hermana no tienen con qué vestirse y carecen del alimento diario, y uno de ustedes les dice: «Que les vaya bien; abríguense y coman hasta saciarse», pero no les da lo necesario para el cuerpo. ¿De qué servirá eso? Así también la fe por sí sola, si no tiene obras, está muerta. (Santiago 2.14–17)

El Rey les responderá: «Les aseguro que todo lo que hicieron por uno de mis hermanos, aun por el más pequeño, lo hicieron por mí». (Mateo 25.40)

En otras palabras, el amor siempre demanda una expresión tangible. Necesita manos y pies. Como seguidores de Cristo, nosotros también podemos fácilmente agobiarnos con la complejidad y profundidad de nuestra fe cristiana, y quizá nos confundimos con la doctrina y la teología. Pero la hermosa simplicidad de nuestra fe es lo que destila hasta lo fundamental, exactamente igual tanto para el teólogo brillante como para el niño de cinco años: amar a Dios y a amar al prójimo, punto. Todo lo demás se deriva de eso.

Músculos espirituales

Si usted está leyendo este libro, probablemente significa que se considera un cristiano «serio». Lee libros cristianos porque quiere aprender más acerca de las Escrituras y quiere convertirse en un mejor discípulo. Tal vez asista a una iglesia periódicamente, sea parte de algún grupo de estudio bíblico de manera asidua, escuche música cristiana y pase tiempo diario o semanalmente leyendo las Escrituras y orando. Todas esas actividades son buenos ejercicios que nos ayudan a desarrollar los músculos espirituales, pero ¿qué va a hacer con los músculos que está desarrollando?

Mi hijo Pete trabaja como pastor de jóvenes en una iglesia grande en los suburbios de Chicago. Como papá, he estado orgulloso del llamado de Pete al ministerio y de su compromiso a ser el hombre que Dios le ha llamado. Pete tiene un truco para explicar las verdades espirituales a los niños para que lo entiendan fácilmente. Tenía una idea particularmente buena acerca de los cristianos que pasan mucho tiempo desarrollando sus músculos espirituales. Este es un extracto de uno de sus mensajes, titulado «Fisicoculturistas espirituales»:

> Cuando medito en los fisicoculturistas, pienso en grandes músculos y bronceados brillantes. Esas personas dedican toda su vida a ponerse enormes. Escuché una entrevista que le hicieron a uno que admitía comer dieciocho veces al día. ¡Eso es increíble! Ese individuo está dedicando todo lo que tiene —su salud, su dinero, sus energías y su tiempo— a convertirse en el hombre «más fuerte» del mundo. ¿Por qué lo hacen?, se preguntará. Es una pregunta difícil de resolver. No juegan un deporte, no usan sus músculos para arrastrar camiones y levantar automóviles, como hacen en la competición del hombre más fuerte del mundo. No son guardias de prisión, bomberos ni rescatistas; no, esos hombres usan sus músculos solo para vestir un Speedo (una marca de artículos deportivos) y pavonearse por una plataforma, flexionando sus músculos siguiendo una rutina coreográfica de música hip-hop. Todo es puro espectáculo. Qué pérdida de fuerza, es increíble, qué pérdida de tiempo y esfuerzo.

Pete continúa diciéndoles a sus chicos que eso es exactamente lo que hacen los cristianos cuando desarrollan todos sus músculos espirituales, solo como espectáculo, pero nunca los usan para hacer algo significativo. Qué pérdida, sin duda. Pero esos cristianos seguro que se ven bien y se sienten bastante satisfechos con sus impresionantes físicos espirituales.

Como seguidor de Cristo, usted puede caer en la trampa de creer que un conocimiento más profundo de Cristo automáticamente le hará ser un mejor discípulo de él. Puede leer toneladas de libros cristianos, asistir a conferencias y participar en varios estudios bíblicos para fortalecer y ampliar su entendimiento, pero el conocimiento teórico de la teología no le hace ser un discípulo eficaz más de lo que el hecho de conocer las reglas del tenis le hará convertirse en Roger Federer o Serena Williams. Es solo cuando usted toma ese conocimiento teórico y lo lleva al terreno de juego e invierte miles de horas practicando lo aprendido, que llega a convertirse en alguien más parecido a la persona que desea imitar. «No se contenten sólo con escuchar la palabra, pues así se engañan ustedes mismos», dijo Santiago. «Llévenla a la práctica» (Santiago 1.22).

Estamos invitados

Entonces, como embajadores del reino de Dios enviados a todo el mundo, ¿cómo debería ser nuestro proceder? ¿Cómo debemos poner en práctica lo que sabemos que es cierto? Somos llamados por encima de todo a amar a la gente en el nombre de Jesús y, si les amamos, demostraremos ese amor a través de...

- **la proclamación**: explicándoles las buenas nuevas de que sus pecados pueden ser perdonados y que el reino de Dios ahora está abierto para ellos mediante la muerte de Jesús en la cruz;
- **la compasión**: preocupándonos por sus necesidades físicas, emocionales y relacionales;
- **la justicia**: adoptando una postura contra la persecución y toda forma de explotación, y
- **la restauración**: haciendo discípulos, enseñándoles cómo vivir de forma distinta al entrar en el reino de Dios.

El poder revolucionario del evangelio está arraigado en el hecho de que son buenas nuevas para cada dimensión de la vida. No es simplemente un sistema de creencias para que las estudiemos y luego las proclamemos; es una forma distinta de vivir que estamos llamados a adoptar y demostrar. Meras palabras sin obras que las acompañen tienen menos poder que ambas cosas juntas. Como dijo enfáticamente Juan: «El que afirma que permanece en él, debe vivir como él vivió» (1 Juan 2.6). Debemos vivir como Jesús vivió, amar como Jesús amó y proclamar las buenas nuevas del reino de Dios al ser enviados al mundo como sus embajadores.

Las últimas palabras de Jesús a sus discípulos se resumen en la gran comisión y, como tal, está llena de importancia. Aporta la visión de Jesús para el crecimiento humano dentro del reino emergente de Dios. Fue la obra completa del evangelio y toda la misión de Dios. Dirigió a todos los seguidores de Cristo a aceptar una misión específica —ir, hacer discípulos, bautizar y enseñar—, para así extender este nuevo reino de Dios. Nadie quedó exento. «Como el Padre me envió a mí», dijo Jesús, «así yo los envío a ustedes» (Juan 20.21). El mensaje del evangelio de Jesús no fue tan solo una oferta de perdón; fue su llamado a alistarse; fue un reclutamiento para unirse a la gran misión de Dios en cuanto a reclamar su mundo de la ocupación del enemigo. No fue un llamado a recluirnos en nuestras iglesias con nuestra salvación asegurada, a esperar nuestro rescate de este mundo caído. No, fue un llamado a las armas en una revolución para derrocar los otros reinos que controlan las vidas de los hijos de Dios; fue un llamado a rescatarlos de su cautividad. Fue una invitación a convertirnos en colaboradores de Dios para restaurar, reformar y redimir todas las dimensiones de la vida humana.

Pero las invitaciones hay que aceptarlas. Dios nos invita, pero no nos obliga. Usted puede decidir rechazarla. Puede decidir quedarse al margen como un observador de la gran misión de Dios, la misión de restaurar su reino y rescatar a sus hijos. Puede dejar que el gran propósito de Dios para su vida pase por su lado. Pero qué triste es vivir como observador.

7

Se ruega contestación

> Mandó a sus siervos que llamaran a los invitados, pero éstos se negaron a asistir al banquete.
>
> —MATEO 22.3

> La verdad no es que Dios nos está encontrando un lugar para nuestros dones, sino que Dios nos ha creado tanto a nosotros como nuestros dones para un lugar que ha elegido; y solo seremos nosotros mismos cuando finalmente estemos ahí.[1]
>
> —OS GUINNESS

Una invitación demanda una respuesta. Reneé y yo hemos sido anfitriones de bastantes fiestas y reuniones durante los años. En las últimas dos o tres décadas, dondequiera que hemos vivido, hemos tenido una comida al aire libre anual para celebrar el 4 de julio y hemos abierto nuestra casa en Navidad para invitar a un grupo de buenos amigos y pasar un rato con ellos. También, al ser directores de diferentes organizaciones, hemos tenido muchas actividades para empresas, hemos organizado eventos para diversos grupos de personas con las que he trabajado. Una de las cosas que siempre nos asombra es que, invariablemente, hay unos invitados que nunca responden. Probablemente, todos estaremos de acuerdo en que es un poco maleducado no responder a una invitación de alguien a quien uno conoce bien. Es especialmente desconcertante para mí que algunas personas no respondan a una invitación personal de su jefe. Peor aún es la persona que dice que sí y nunca aparece. Aunque decir no a una invitación es una cosa bastante simple y solo requiere una nota o un correo electrónico, decir sí a una invitación requiere más. Requiere tanto una decisión como un compromiso: la decisión de aceptar los términos de la invitación —fecha, hora, lugar y cantidad de tiempo y esfuerzo requerido para asistir—, y el compromiso de dejar libres de conflictos nuestros itinerarios, apartar el tiempo e ir al lugar donde se desarrollará el evento.

En 2009, el presidente Obama me invitó a ser miembro del Center for Faith-Based and Neighborhood Partnerships (un centro que promueve las asociaciones de vecinos y comunidades basadas en credos) de la Casa Blanca. Este consejo se formó para darle al presidente recomendaciones acerca de cómo el gobierno puede asociarse mejor y relacionarse con organizaciones basadas en la fe y otras sin ánimo de lucro. Cerca de veinticinco líderes clave, tanto seculares como religiosos, fueron invitados. Recuerdo claramente que la invitación llegó vía llamada telefónica inmediatamente después del término del partido de la final de la Super Bowl. Me dijeron que el compromiso duraría un año y que tendría que asistir al menos a cuatro o cinco reuniones en persona y muchas más por teléfono. Como las reuniones se celebraban en Washington, D.C., cada una requería dos largos viajes de ida y vuelta desde Seattle, así que cada una demandaba unos tres días de mi tiempo. También me dijeron que el presidente necesitaba una respuesta en el plazo de una semana, para poder invitar a otra persona en el caso de que yo no aceptara la invitación. Fue un honor que me invitaran, e incluso aunque sabía que sería demandante y requeriría algo de sacrificio, acepté.

Aún recuerdo la reacción de un amigo políticamente conservador que, después de oír que había decidido aceptar, me preguntó por qué colaboraría con un consejo formado por un presidente tan «liberal». Mi respuesta: «Cuando el presidente de Estados Unidos me pide usar mis habilidades y experiencia para servir a mi país, la respuesta es sí, punto». A fin de cuentas, es el presidente.

Jesucristo nos ha invitado a unirnos a su gran misión en el mundo de proclamar las buenas nuevas de su reino y de invitar a otros a unirse. Él es el Creador del universo. De todas las invitaciones que podamos recibir en nuestra vida, seguro que una de Dios debería llevar consigo la máxima prioridad. Jesús espera un «Se ruega contestación».

En Mateo 22, Jesús cuenta la parábola de una invitación de un rey. Compara su invitación a unirse al reino de Dios con un banquete de bodas que un rey ha preparado para su hijo. Lea sus palabras:

> El reino de los cielos es como un rey que preparó un banquete de bodas para su hijo. Mandó a sus siervos que llamaran a los invitados, pero éstos se negaron a asistir al banquete. Luego mandó a otros siervos y les ordenó: «Digan a los invitados que ya he preparado mi comida: Ya han matado mis bueyes y mis reses cebadas, y todo está listo. Vengan al banquete de bodas». Pero ellos no hicieron caso y se fueron: uno a su campo, otro a su negocio. Los demás agarraron a los siervos, los maltrataron y los mataron. *El rey se enfureció.* (Mateo 22.1–7, énfasis del autor)

Quizá lo más impactante aquí sea que alguien rechace una invitación del rey. En la antigua Roma, una invitación del César hubiera sido una gala real de las más altas. Sin embargo, el insultado rey aquí fue lo suficientemente misericordioso como para darles una segunda oportunidad. Pero ellos ignoraron la invitación la segunda vez, y se nos dice que uno se fue a su campo y otro a su negocio. Aparentemente tenían prioridades más altas en su vida que obedecer al rey. Después llevaron su negativa al máximo nivel maltratando y matando a los siervos del monarca. No deberíamos sorprendernos al leer en el versículo 7 que «el rey se enfureció».

Pero incluso con nuestro mayor entendimiento, seguimos insultando al Rey, yendo en pos de nuestras propias prioridades, nuestras carreras, nuestros estilos de vida, nuestra vida social y nuestra felicidad, incluso aunque nos lo ruega.

Es importante notar a quién le estaba contando Jesús esa parábola. Se nos dice en el capítulo anterior que estaba enseñando en los atrios del templo y que los sacerdotes y ancianos le desafiaron. Esa era la religión establecida de los judíos, el pueblo que debía estar más consagrado al Rey. Por supuesto, el punto más profundo que Jesús estaba estableciendo es que el pueblo escogido de Dios estaba rechazando al Mesías y su invitación a unirse al reino de Dios: «El reino de Dios está cerca. ¡Arrepiéntanse y crean las buenas nuevas!» (Marcos 1.15).

Aunque esos líderes religiosos no habían entendido aún la verdadera identidad de Jesús, hoy dos mil años después, no tenemos excusa para no contestar. Tenemos el privilegio de saber quién es Jesús, que resucitó de los muertos para perdonar nuestros pecados y que nos ha invitado a unirnos a él en su gran misión de invitar a personas de toda nación al banquete de bodas del Rey. Pero incluso con nuestro mayor entendimiento, seguimos insultando al Rey, yendo en pos de nuestras propias prioridades, nuestras carreras, nuestros estilos de vida, nuestra vida social y nuestra felicidad, incluso aunque nos lo ruega. No tengo duda de que nuestro Rey también está enfurecido... y afligido.

> Luego dijo Jesús a sus discípulos: —Si alguien quiere ser mi discípulo, tiene que negarse a sí mismo, tomar su cruz y seguirme. Porque el que quiera salvar su vida, la perderá; pero el que pierda su vida por mi causa, la encontrará. (Mateo 16.24–25)

Lo más valioso que usted posee

¿Qué es lo más valioso que usted posee? ¿Estaría dispuesto a ofrecérselo a Jesús? Me gustaría que realmente se detuviera a pensar en ello un momento, porque la respuesta a esta pregunta tiene hondas implicaciones para su caminar con el Señor. Esta posesión tan valiosa podría ser algo que usted posee: una casa, una empresa o un objeto muy valorado. Podría ser su riqueza acumulada o un sueldo de seis cifras. También podría ser su carrera, su posición, sus logros o sus credenciales. Podría ser su reputación, su autoimagen o su identidad. Los cristianos pueden caer fácilmente en la trampa del robo de la identidad espiritual, dejando que nos defina lo que hacemos o lo que tenemos en vez de dejar que sea aquel a quien seguimos. Jesús entendía los ídolos del corazón humano: «Porque donde esté tu tesoro, allí estará también tu corazón» (Mateo 6.21). El llamado a seguir a Jesús es a dejar nuestras vidas y todo lo que hay en ellas que pudiera competir con nuestro compromiso a seguirle. Es un llamado sacrificial a dejar las cosas más valiosas que poseemos a los pies de Jesús.

Conocí a una joven que me enseñó una gran lección acerca del amor sacrificial. Reneé y yo viajamos a Camboya en febrero de 2012 para ver el trabajo que Visión Mundial estaba haciendo en cuanto al tráfico humano y lo que llamamos *protección infantil*. Miles de niños en Camboya, a menudo porque son pobres, son dirigidos al comercio del sexo para convertirse literalmente en esclavos. Es difícil que olvide a la mujer de veintidós años que Reneé y yo conocimos allí. La llamaré Rosa, que no es su nombre real, para proteger su identidad. Rosa había pasado tres años atrapada en un burdel camboyano antes de ser rescatada y enviada al centro de recuperación de traumas de Visión Mundial en Phnom Penh. Es ahí donde esas niñas destrozadas se llevan para que sanen y sean restauradas. Los consejeros de trauma de Visión Mundial intentan recomponer a esas chicas de una en una, como vasos hermosos que han sido hechos añicos. Había más de treinta de ellas en recuperación cuando visitamos el lugar, algunas con solo ocho años de edad.

La historia de Rosa fue tanto sobrecogedora como inspiradora. Como la mayor de tres hijos, Rosa creció en una familia extremadamente pobre. Su padre los había abandonado y cuando Rosa tenía trece años, su madre se enfermó gravemente y necesitaba cuidado médico. Pero no tenían dinero. Rosa tenía una vecina que conocía al propietario de un burdel, el cual pagaría mucho por una joven virgen. La vecina se acercó a Rosa y a su madre con una terrible proposición: vende tu virginidad y salva a tu madre. Mire, hay hombres, por lo general estadounidenses o europeos, que pagarían mucho por tener sexo con una chica jovencita, especialmente una virgen. La virginidad es el precio más caro en el negocio del comercio sexual. Una noche con una virgen podría costar más de mil dólares, mientras que una noche con una mujer que no es virgen cuesta solo cinco dólares.

Mientras Rosa nos contaba su historia ese día, dijo algo que nunca olvidaré: «Mi virginidad era la posesión más valiosa que tenía mi familia». ¿Puede intentar imaginar tener tal pobreza y desesperación que le haga tener la virginidad de una hija como el bien más preciado de su familia? Con tan solo trece años, Rosa se vio ante una terrible decisión. Estas fueron literalmente sus palabras: «Finalmente decidí vender mi virginidad porque quería que mi madre se curase y quería ayudar a mejorar las condiciones de vida de mi familia, para poder tener comida suficiente. Mis dos hermanos menores eran muy pequeños, yo era la hija mayor, y tenía que hacer cualquier cosa por ayudar a mi familia».[2]

Así que Rosa se vendió por cuatrocientos dólares y pasó los siguientes tres años en un burdel, practicando sexo con más de setecientos hombres al año. Sentí una gran conmoción ante la historia de una joven niña que amaba tanto que se entregó a sí misma para salvar a su madre y sus hermanos. Es el mismo tipo de amor con que Cristo nos inundó: «Porque ni aun el Hijo del hombre vino para que le sirvan, sino para servir y para dar su vida en rescate por muchos» (Marcos 10.45).

¿Qué es lo más valioso que usted posee? ¿Estaría dispuesto a ofrecérselo a Jesús? Este llamado a seguir a Cristo requiere que primero pongamos nuestras valoradas posesiones a su servicio.

Rosa fue rescatada y restaurada mediante lo que yo describiría como una brigada del cubo de amor cristiano. Primero fue rescatada por la International Justice Mission en un asalto al burdel. Después le recibió inicialmente otra organización cristiana llamada World Hope, antes de ser transferida al centro de recuperación de traumas de Visión Mundial. Tras dos años de cuidado y sanidad de su trauma en un entorno seguro con buenos consejeros, Rosa estaba preparada para seguir con su vida. Hoy tiene un pequeño apartamento y un trabajo como niñera. Ahora está criando a su hermano y su hermana menores, aquellos por los que sacrificó su posesión más valiosa. También ha entregado su vida a Cristo y está siendo discipulada en una iglesia bautista. Rosa es un ejemplo de la gran «misión de rescate de Dios» en acción, aquella a la que hemos sido invitados a unirnos. Para esa joven, el reino de Dios se ha acercado, y ella se ha convertido en uno de sus nuevos ciudadanos.

El llamado de Dios

Raras veces la invitación a unirse a la misión rescatista de Dios es tan directa y pública como lo fue para mí en 1998. En ese entonces estaba viviendo mi versión del sueño americano siendo director de Lenox, la venerada empresa estadounidense de porcelana. Tenía uno de esos trabajos con los que sueña la mayoría de la gente, liderando una prestigiosa compañía con miles de personas trabajando para mí, un salario enorme y otras muchas ventajas. Me había costado veinticinco años y muchas largas horas de duro esfuerzo y trabajo llegar hasta ahí. Y el día que recibí esa espectacular invitación de Dios, ciertamente no estaba pensando en cambiar el mundo ni edificar su reino. Lo que más me preocupaba era mi propio éxito: mi familia, mi carrera, mi reputación y mi estilo de vida. Claro, yo era cristiano. Era uno de esos decisores que había tomado la decisión de aceptar a Cristo como mi Salvador en la universidad. Pero no puedo decir que verdaderamente me había convertido en un discípulo. Aún no había dejado a los pies de Jesús mi posesión más valiosa. Yo desempeñaba el papel: voy a la iglesia todos los domingos, asisto a un grupo de estudio bíblico semanal, estoy en la directiva de una escuela cristiana y tengo una gran Biblia en mi gran mesa de director para que todos la vean. Tenía algunos músculos espirituales brillantes. Tenía mi póliza de seguro de incendios y ahora estaba disfrutando de la buena vida. Realmente no había entendido que Jesús me llamó a alistarme, a reemplazar mi plan por el suyo, a arrepentirme y a seguirle, hasta que sonó el teléfono una mañana.

La llamada era de un reclutador de ejecutivos contratado por la enorme organización cristiana de ayuda y desarrollo Visión Mundial para encontrar a su nuevo presidente. No contaré la historia en detalle aquí, ya que está completa en *El vacío en nuestro evangelio*. Pero el punto que quiero establecer es que esa mañana de 1998, en una llamada de teléfono de un reclutador, Jesús me estaba invitando de nuevo a seguirle, a convertirme en discípulo suyo. Me estaba dando la oportunidad de asociarme con él para cambiar al mundo proclamando las buenas nuevas a los pobres de que «el reino de Dios se ha acercado». Visión Mundial, con su plantilla de cuarenta y cinco mil miembros en casi cien países, representa uno de los escuadrones más grandes en el avance del reino de Dios. Me estaban ofreciendo el increíble privilegio de un puesto de mando en las primeras líneas de batalla. Solo había un problema: yo no quería unirme a la batalla. Estaba disfrutando de una vida de civil demasiado buena, no quería dejar lo que estaba haciendo, dejar mi trabajo, reducir mi salario, vender mi casa, mudar a mi familia e irme al frente de batalla. Parecía que Jesús me estaba pidiendo que le diera las cosas más valiosas que yo poseía.

¿Recuerda una «llamada de teléfono» similar hace unos dos mil años, la cual recibieron Simón Pedro y Andrés cuando estaban pescando en el mar de Galilea?

> Pasando por la orilla del mar de Galilea, Jesús vio a Simón y a su hermano Andrés que echaban la red al lago, pues eran pescadores. «Vengan, síganme —les dijo Jesús—, y los haré pescadores de hombres» (Marcos 1.16–17).

Intento imaginarme a Pedro y Andrés diciendo algo como esto a Jesús: «Nos encantaría ir, Jesús, pero tienes que entender que la empresa de pesca está empezando a despegar. Hemos encontrado algunos inversores y estamos a punto de ampliar nuestra flota a cuatro barcos. Hemos alquilado un espacio de venta al por menor y estamos planeando expandirnos a diez nuevos puestos en mercados. Además, Andrés acaba de conseguir una casa nueva y tiene dos hipotecas. Nos encantaría seguirte, Jesús, pero no es un buen momento. Creo que lo entenderás». Eso resume bastante bien lo que yo quería decirle al reclutador esa mañana. En efecto, dije algo bastante similar: que no estaba interesado o

Solo había un problema: yo no quería unirme a la batalla. Estaba disfrutando de una vida de civil demasiado buena y no quería dejar lo que estaba haciendo, dejar mi trabajo, reducir mi salario, vender mi casa, mudar a mi familia e irme al frente de batalla.

disponible. Pero eso no es lo que dijeron Pedro y Andrés. Se nos dice que Pedro y Andrés inmediatamente dejaron sus redes y le siguieron. No hubo ni dudas ni más preguntas. «Jesús, aquí nos tienes. Tan solo dinos qué quieres que hagamos».

Como vimos en la parábola del banquete de bodas del rey, Jesús sabía que muchos rechazarían su invitación. Cuando Jesús invitó al joven rico en Mateo 19, diciendo: «Anda, vende lo que tienes y dáselo a los pobres, y tendrás tesoro en el cielo. Luego ven y sígueme» (v. 21), el joven no pudo hacerlo. No podía dejar su posesión más valorada si eso era lo necesario para seguir a Jesús. En cambio, leemos: «Cuando el joven oyó esto, se fue triste porque tenía muchas riquezas» (19.22). Gracias por la invitación, Jesús, pero el costo es demasiado elevado.

En Lucas 9, Jesús invitó a otro hombre a seguirle:

—Señor —le contestó—, primero déjame ir a enterrar a mi padre.
—Deja que los muertos entierren a sus propios muertos, pero tú ve y proclama el reino de Dios —le replicó Jesús. Otro afirmó: —Te seguiré, Señor; pero primero déjame despedirme de mi familia. (Lucas 9.59–61)

Ambos tenían buenas excusas.

Yo también tenía infinidad de excusas. Tenía que pagar estudios universitarios a cinco hijos. Reneé y yo vivíamos en la casa de nuestros sueños. Mi carrera iba muy bien y me habían prometido una gran recompensa económica en los siguientes cinco años. Además, mi identidad, mi seguridad y mi reputación estaban atadas a ese trabajo y ese estilo de vida. «Me encantaría unirme a ti, Jesús, pero no es un buen momento; creo que lo entenderás». Jesús entiende con bastante claridad. Siempre es una cuestión de prioridades: «Nadie puede servir a dos señores, pues menospreciará a uno y amará al otro, o querrá mucho a uno y despreciará al otro» (Mateo 6.24).

Aunque no mostré el entusiasmo inmediato de Pedro y Andrés, finalmente tomé la difícil decisión de seguir a Jesús. Reticentemente dejé mi trabajo. Vendimos nuestra casa, sacamos a nuestros hijos de la escuela, nos mudamos a otro lugar del país y comenzamos lo que se convertiría en la mayor aventura de nuestra vida. Después de decirle sí a Dios, tuve el privilegio de servir en la primera línea del reino, la satisfacción de unirme a la gran misión de Dios, la maravilla de descubrir dones y talentos que nunca antes había usado, y el gozo de sentir por primera vez en mi vida que estaba haciendo aquello para lo que fui creado. Aunque es algo trivial decirlo, me había «encontrado a mí mismo», me había encontrado a mí mismo al perderme sirviendo a Dios: «Porque el que quiera salvar su vida, la perderá; pero el que pierda su vida por mi causa, la salvará» (Lucas 9.24).

A menudo me pregunto qué ocurrió con los dos hombres que le dijeron a Jesús que aún no podían seguirle. No se dice nada más de ellos, pero sabemos que Simón Pedro y Andrés fueron a cambiar al mundo. No eran hombres extraordinarios en nada, ni tampoco ninguno de los doce discípulos. Se describe a Pedro y a Juan en el libro de los Hechos como «gente sin estudios ni preparación» (Hechos 4.13). Creo que Jesús los seleccionó precisamente porque eran comunes para demostrar las cosas tan asombrosas que podía lograr a través de personas promedio. Pero aunque eran personas comunes, estaban dispuestos. Estuvieron disponibles. Dejaron sus redes y siguieron a Jesús sin dudarlo. Estuvieron dispuestos a ser usados por Dios. Eran discípulos, no solamente decisores, y eso marcó la diferencia.

Eran discípulos, no solamente decisores, y eso marcó la diferencia.

8

Hagamos un trato

> Porque el que quiera salvar su vida, la perderá; pero el que pierda su vida por mi causa y por el evangelio, la salvará.
> **—MARCOS 8.35**

> Y todo el que por mi causa haya dejado casas, hermanos, hermanas, padre, madre, hijos o terrenos, recibirá cien veces más y heredará la vida eterna.
> **—MATEO 19.29**

Al igual que el joven rico y los muchos otros que pusieron excusas cuando se vieron ante el llamado de Cristo a negarse a sí mismos, tomar su cruz y seguirle, puede que nosotros veamos que nuestra primera reacción es defensiva: ponemos excusas. En casi todos los casos, nuestras excusas surgen del hecho de que no queremos ceder el control de nuestra vida. Incluso cuando nuestra vida no va muy bien, seguimos queriendo hacerlo a nuestra manera. Sin embargo, Jesús nos dice que si queremos encontrar nuestra vida, primero debemos perderla. En el capítulo 1 dije que la única manera de poder encontrar el significado más hondo de nuestra vida es entendiendo la gran historia que Dios está escribiendo y luego viendo cómo nuestra historia individual encaja en la de Dios. Pero hay una consecuencia en esta verdad: si queremos encontrar nuestra historia en la de Dios, primero debemos entregar nuestro derecho a hacer lo que queremos o a escribir nuestra propia historia. En *El Señor de los anillos*, Sam y Frodo tuvieron que olvidarse de sus cómodas vidas en La comarca para llevar a cabo el gran llamado que había en sus vidas. Tuvieron que correr riesgos y salir de su zona cómoda. Pedro y Andrés tuvieron que dejar la seguridad económica de su empresa pesquera. Jesús le pidió al joven rico que hiciera lo mismo. Pero el joven se dio media vuelta y se fue porque no estuvo dispuesto a abandonar lo que tenía para conseguir lo que Jesús le estaba ofreciendo.

¿Alguna vez ha visto el programa de concursos *Let's Make a Deal* [Trato hecho]? Este programa cobró un nuevo significado para la familia Stearns este año, ya que nuestra hija Hannah apareció en él como concursante. Estudiante de tercer año de derecho, Hannah esperaba ganar un poco de dinero para ayudar con sus gastos de matriculación. Así que consiguió entradas para el programa y para aumentar sus oportunidades de que la escogieran como concursante, se vistió como un libro de leyes, un libro legal, para ser preciso. Se sintió un tanto boba, pero funcionó, y la eligieron para salir de la audiencia y concursar. Hannah lo hizo bien. Terminó ganando una motocicleta, una computadora portátil y un par de bonitas mochilas. Para alivio de sus padres, vendió la motocicleta para conseguir dinero y pagar sus facturas.

Trato hecho es una pequeña metáfora muy buena para las decisiones que Dios nos pide que tomemos. En el programa, sacan a los concursantes al estrado y les ofrecen una gran variedad de premios, tanto buenos como malos. Pero la esencia real del programa, y lo que le hace tan atractivo, son las angustiosas decisiones que obligan a realizar a los concursantes. El presentador quizá ofrece a alguien mil dólares en efectivo, sin tener que hacer nada. El concursante puede terminar ahí mismo su participación e irse a casa con mil dólares más. Pero entonces comienza lo divertido. Ofrece un intercambio del dinero por un premio desconocido que hay detrás del telón. Desde luego, el concursante no sabe lo que hay detrás del telón. Podría ser un automóvil nuevo; unas vacaciones de dos semanas con todos los gastos pagados a Hawái; o una lata de pepinillos en vinagre. El concursante tiene que decidir: cambiar lo que ya ha ganado por la promesa de algo mejor, o jugar a lo seguro y quedarse con lo que ya tiene. El drama del programa va aumentando a medida que a los ganadores se les ofrecen constantemente oportunidades de mejorar sus premios, pero siempre con el riesgo de llevarse la caja de pepinillos en vinagre.

De una forma real, la decisión de seguir a Cristo y entregar nuestra vida para seguirle es bastante parecida. Jesús estaba jugando a *Trato hecho* con el joven rico: «Ve, y vende todo lo que tienes y dáselo a los pobres, y tendrás tesoro en el cielo. Después ven y sígueme. Te estoy ofreciendo la gran aventura de tu vida. Te estoy invitando a unirte a mí en mi gran misión del reino. Te prometo que encontrarás tu propósito más profundo y tu mayor satisfacción en la vida al hacer aquello para lo que te creé. Lo único que tienes que hacer es renunciar a lo que ya has ganado, y yo lo reemplazaré por tesoros inimaginables» (Mateo 19.21, paráfrasis del autor).

La parte difícil de esto es esa última frase: «renunciar a lo que ya has ganado».

«¿Puedo tenerlo todo, Jesús?».

«No, hijo mío, porque nadie puede servir a dos señores, ya que o bien odiarás a uno y amarás al otro, o te entregarás a uno y menospreciarás al otro» (Mateo 6.24, paráfrasis del autor).

En mi propio caso, me gané la posición de director de Lenox, el gran salario y la casa de mis sueños. Había ganado seguridad económica, prestigio y comodidad. Había escrito mi propia historia y me gustaba cómo iban las cosas. «Renuncia a todo eso, Rich. Sígueme, y te llevaré a la mayor aventura de tu vida. Déjame enseñarte cómo es la persona que yo creé en ti. Confía en mí, Rich». Mi propia madre, cuando la llamé para decirle que había decidido aceptar el trabajo con Visión Mundial, dijo: «¡Pero ya lo tienes todo hecho! ¿Por qué vas a dejar todo eso para trabajar por una organización caritativa?». Intenté explicarle que como seguidor de Cristo, ya no se trataba de mí y de mi vida, sino de Jesús y de la vida que él quería que yo viviera. Pero es muy difícil confiar, muy difícil renunciar y muy fácil aferrarse a cualquier cosa que hayamos atrapado en nuestra mano.

¿A qué se está usted aferrando? Hay muchas cosas que compiten con Dios en nuestra vida. Quizá una carrera que haya tardado décadas en formar o quizá un negocio que comenzó. ¿Seguro que no hay nada de malo en perseguir una carrera o poner un negocio? Podría ser el dinero, las riquezas y la capacidad de crear riqueza lo que le tiene atrapado, o quizá las muchas cosas que puede comprar el dinero. Cuanto más tiene, más difícil es venderlo y dárselo a Jesús. Ese podría ser el motivo por el que tanta gente entrega su vida a Cristo cuando no tiene nada que perder.

> ¿Le encanta su casa, sus amigos, su comodidad y la familiaridad de su vida? Nada de eso es malo, a menos que lo ponga por delante de Dios.

Quizá se esté aferrando a una relación insana o a una identidad que usted ha creado. Quizá tiene una adicción que no ha podido dejar.

Muchas personas se aferran a un lugar físico. ¿Vive en algún lugar que a usted le gusta y no está dispuesto a irse? ¿Le encanta su casa, sus amigos, su comodidad y la familiaridad de su vida? Nada de eso es malo, a menos que lo ponga por delante de Dios.

El tema común detrás de todos esos apegos es el control. Queremos controlar nuestra vida y nuestras decisiones, y no nos gusta nadie que amenace con quitarnos eso. ¿Recuerda mi comparación entre seguir a Jesús y alistarse en el ejército? Cuando usted entrega su vida para seguir a Jesús, él le pide que le entregue el control. Como muy bien dice un eslogan: «Si Dios es su copiloto... ¡cámbiele el sitio!». Jesús quiere ser el conductor; él quiere liderar, pero no puede a menos que usted «pierda su vida» por su causa para que él pueda darle la vida que siempre quiso que viviera. ¿Cuáles son las cosas más preciadas que posee? ¿Está dispuesto a ofrecérselas a Jesús?

Ahora bien, aquí hay algo realmente importante que debemos entender. Si entrega todas esas cosas al servicio de Cristo y su reino, no necesariamente se las va a quitar. Él no nos pide a todos que dejemos nuestros trabajos, dejemos nuestro hogar y vendamos todas nuestras posesiones. No, solo nos pide que le entreguemos todas esas decisiones. Si usted ha montado un negocio que puede generar gran riqueza, quizá él le deje ahí para que el negocio se pueda usar para su gloria y para lograr sus propósitos. Si usted es un inversor de banco en Goldman Sachs, quizá él quiera que se quede y se convierta en un constructor del reino ahí donde está dejando que su luz brille, un lugar donde se necesita desesperadamente una luz brillante. Si le encanta su comunidad, quizá él le use para ayudar a transformarla y reclamarla para su reino. Quizá incluso use su adicción como un testimonio poderoso de su poder restaurador para transformar vidas humanas. Pero él requiere que le transfiera los certificados de titularidad. Él se convierte en el propietario, y nosotros en sus administradores, no de nuestras posesiones, sino de las del Maestro. Conozco a muchos seguidores de Cristo que le están sirviendo de formas poderosas, y que no han sido llamados a vender, dejar, olvidar o abandonar las vidas que han edificado, sino a usar las vidas que han construido para Cristo y su reino. A veces él toma las cosas que hemos puesto a sus pies, pero, a diferencia del presentador del programa concurso de *Trato hecho*, él siempre las reemplaza por algo mejor.

Como postdata final de mi decisión de dejar Lenox y unirme a Visión Mundial, Dios me dio una oportunidad extraordinaria al ver un destello de la vida que podría haber tenido. Diez años después de irme, regresé. Viajaba por el área de Philadelphia y le envié un correo electrónico a un viejo colega de Lenox para preguntarle si podía pasar por allí y saludar a algunos de los antiguos compañeros que se acordaran de mí. Casi una docena de antiguos amigos nos reunimos en una sala de conferencias ese día para «ponernos al día» en todo lo que había ocurrido en la década desde que me fui de ese lugar, me contaron una historia horrible de tristeza y dolor. Aunque Lenox había tenido récord de ventas y beneficios los primeros dos años después de irme, las cosas comenzaron a desenredarse en los años siguientes. En esos diez cortos años, Lenox tuvo una sucesión de cinco directores debido a la reducción del mercado, la caída de las ventas y la pérdida de los beneficios. Se vieron forzados a cerrar cinco de sus seis fábricas en Estados Unidos y a despedir a miles de empleados. Finalmente, su empresa matriz les despidió y se fusionaron con una compañía más pequeña. Había sido una pesadilla de cambios y reducciones para los que habían soportado y sobrevivido a esa década. No tengo duda de que, de habermo quedado en Lenox, yo hubiera sido una de las bajas de ese desastroso torbellino económico.

Cuando me llegó el turno de hablar, les conté la asombrosa oportunidad que había tenido de viajar por el mundo, ayudando a niños y comunidades. Les hablé acerca de un consejo de directores que oraba por mí y un equipo de liderazgo que había aceptado una enorme reducción de su salario para unirse a lo que Dios estaba haciendo en el mundo. Expresé lo que se siente al despertarse cada mañana sabiendo que Dios me estaba usando para hacer del mundo un lugar mejor. Al oír la emoción en mi voz, uno de mis antiguos colegas dijo: «Parece el cielo. ¿Hay alguna vacante de trabajo ahí?». El cielo, no cabe duda; el reino del cielo, en efecto. Dios me había invitado a unirme a esa visión por la mejoría humana. Me había invitado al frente de batalla de su revolución para cambiar el mundo y, por fortuna, dije sí. Al pensar en esa decisión ahora, me doy cuenta de que podría haber dicho que no; podría haberme alejado. Jesús no me estaba obligando, me estaba invitando. Pero primero tenía que soltar las cosas que tenía tan aferradas con mis manos para que él pudiera reemplazarlas por algo mucho más precioso. Tuve que dejar mi antigua vida por la nueva que había detrás del telón *antes* de saber realmente lo que el telón dejaría ver. Estoy bastante seguro de que si hubiera dicho que no, él habría llamado a otro. Otra persona hubiera recibido la increíble oportunidad de asociarse con Jesús para servir en Visión Mundial. «Los que siguen a ídolos vanos abandonan el amor de Dios» (Jonás 2.8).

Dos semanas después de mi visita, Lenox se declaró en bancarrota. Unas semanas después recibí una carta diciendo que la pensión ejecutiva de Lenox que había estado recibiendo durante varios años se había cancelado. En caso de que aún tuviera alguna duda, Dios me estaba mostrando con gran rotundidad que debía confiar solo en él para mi seguridad.

Rancho Moria

> También se parece el reino de los cielos a un comerciante que andaba buscando perlas finas. Cuando encontró una de gran valor, fue y vendió todo lo que tenía y la compró. (Mateo 13.45–46)

Hace un par de años, me encontraba en Michigan, y un buen amigo del ministerio Visión Mundial, Stu Phillips, se ofreció para llevarme desde Grand Rapids al aeropuerto de Detroit para tomar mi vuelo a casa. Durante el viaje, Stu me sorprendió con una frase asombrosa. Dijo: «¿Sabes?, no eres muy querido en el entorno de los Phillips últimamente». ¡Vaya! ¿Qué habría hecho yo? No recordaba nada que hubiera dicho que me hiciera no ser querido en casa de Stu. Stu entonces sonrió y me explicó. Supe que Stu y Robin tenían un rancho de catorce mil acres en las montañas de Laramie en Wyoming. Era un «pedacito de cielo» muy especial que significaba mucho para toda su familia. En ese magnífico trozo de la creación de Dios, Stu y sus hijos, Jordan y Stephen, habían pasado muchísimas horas cuando los chicos eran adolescentes, pescando truchas y cazando alces de la manada que merodeaba por su rancho. Robin, una ávida pintora, había usado el rancho como su tema más hermoso. Stu y Robin habían edificado un hogar especial allí como retiro familiar.

Stu me explicaba que él y Robin habían leído mi libro *El vacío en nuestro evangelio*, y les había convencido mucho acerca de la preocupación de Dios por los pobres y su responsabilidad de amarlos como él. Dijo que él y Robin habían pasado unos días en el rancho y que al estar orando y leyendo mi libro por segunda vez, sintió claramente que Dios le estaba hablando.

Le pregunté a Stu y Robin si querrían contar su historia privada para animar a otros. Reticentemente accedieron, y primero lo contaron en un evento de Visión Mundial. Estas son las palabras de Stu:

> Entonces oí una voz calmada y bajita: Oí a Dios hablándome. Fue una voz que había oído antes. Dios me hizo dos preguntas. Primero: *¿qué es lo que más valoras?* No estaba hablando de mi familia ni de

mis amigos. La pregunta fue qué *posesión* era la que más valoraba. Uno de los aspectos más difíciles de cuando Dios nos habla es que él sabe las respuestas, incluso cuando nosotros no las sabemos o no queremos admitir que las sabemos. La respuesta fue clara; era el rancho.

Entonces me hizo la segunda pregunta: En base a tu conocimiento actual de las necesidades de los pobres, ¿cómo equilibras eso con los cuatro meses al año que pasas en el rancho y los recursos que has acumulado aquí? Conocía la respuesta al instante. Estaba atónito.

Mi siguiente reacción fue dudar de lo que había oído. Quizá me lo había imaginado. Entonces intenté negociar con Dios. Ya dábamos bastantes recursos a programas caritativos. Ya usábamos el rancho para *buenos* propósitos: recibíamos a grupos universitarios de la iglesia, pasábamos tiempo con amigos que necesitaban soledad y apreciaban la obra manual de Dios. Quizá podíamos aumentar nuestro compromiso de usar el rancho para esos propósitos. Quizá eso satisfaría a Dios. Y quizá podría ser, pero no era su plan; no era su petición. Robin y yo pusimos el rancho en venta.[1]

> **Uno de los aspectos más difíciles de cuando Dios nos habla es que él sabe las respuestas, incluso cuando nosotros no las sabemos o no queremos admitir que las sabemos.**

Ahora entendía por qué Rich Stearns no era un tema muy agradable de conversación en la sobremesa de los Phillips. Estaba impactado.

«Stu», le dije, «¿estás seguro de que quieres hacer eso?». Stu dijo que Dios había sido claro, por lo que estaba decidido. Dijo que él y Robin pretendían usar todas las ganancias para hacer «la obra del reino de Dios». Si cree que por alguna razón fue fácil para Robin y Stu renunciar a su posesión más valiosa, tiene que volver a pensarlo. Toda la familia tuvo sus luchas y angustias con la decisión.

Nos costó algún tiempo, a mí y a todos, digerir lo que había ocurrido. Después de oír nuestros planes, Stephen, nuestro hijo menor, lo dijo así: «Quizá Dios te dijo que vendieras el rancho, pero a mí no me ha dicho nada». De igual modo, las preguntas que Dios me había hecho ese día estaban en conflicto directo con todos nuestros planes como familia. Pero Dios entonces se hizo cargo de la situación como solo él sabe. En la peor recesión desde la Gran Depresión, recibimos una oferta seria la primera semana, doblando el precio original de compra.[2]

No escuché más acerca del rancho durante meses hasta que un día recibí un correo electrónico de Stu y Robin con una foto adjunta. Era de Stu, Robin, uno de sus hijos y el gobernador de Wyoming sentados en su despacho y firmando el contrato de compra del Rancho Moria. El trato se cerró en abril de 2012. Lo más destacado quizá de esta historia de fidelidad y obediencia es que el mayor sacrificio de Stu y Robin se convirtió en su mayor bendición. Habían intercambiado su voluntad por la voluntad de Dios, sus planes por los planes de Dios.

> En nuestra mente, el rancho ahora tenía incluso más valor, y el potencial para dedicar más recursos a ayudar a los pobres con más intensidad. *Nuestros corazones habían cruzado; Robin y yo ahora estábamos más emocionados al ver lo que Dios haría con esos recursos que tristes por la pérdida del rancho.*
>
> Es importante ser claros: «A Dios sea la gloria». No deberíamos tener ilusiones con respecto a la importancia espiritual de nuestras ofrendas. Dios nos ha dicho lo que le impresiona y nuestros cheques, independientemente del tamaño, no lo consiguen. Sin embargo, nuestra obediencia sí. A Dios no le impresiona un joven que renuncie a un lujo que vaya más allá de lo que ningún pobre pudiera imaginar. A Dios le impresiona la mamá soltera que comparte de lo poco que tiene para ayudar a su vecina, o la viuda con un ingreso fijo que amadrina a un niño. Sus ofrendas son más generosas y sacrificiales que la nuestra.[3]

Stu y Robin habían aprendido a amar lo que Jesús ama, atesorar lo que Jesús atesora, y a valorar lo que Jesús valora. Habían jugado a *Trato hecho* con Dios. Cuando les preguntaron si cambiaban su posesión más valiosa por lo que había detrás del telón de Dios, ¡dijeron sí! Mire, no fue un presentador de un programa de concursos buscando reírse a su costa. Fue el Hijo de Dios que había dado su vida para que ellos pudieran vivir. Fue aquel que dijo que había venido para sanar a los enfermos, liberar a los cautivos, sanar a los afligidos de corazón y predicar las buenas nuevas a los pobres. Era el Señor del universo, invitándoles a unirse a él en su gran misión del reino de llegar al dolor del mundo con las buenas nuevas del amor de Dios. ¡Respondieron a la invitación con un sí rotundo!

Pasado cierto tiempo, Dios puso a prueba a Abraham y le dijo:
—¡Abraham!
—Aquí estoy —respondió.

Y Dios le ordenó: —Toma a tu hijo, el único que tienes y al que tanto amas, y ve a la región de Moria. Una vez allí, ofrécelo como holocausto en el monte que yo te indicaré.

Abraham se levantó de madrugada y ensilló su asno. También cortó leña para el holocausto y, junto con dos de sus criados y su hijo Isaac. (Génesis 22.1–3)

No puede ser coincidencia que el rancho de Stu y Robin se llamara Rancho Moria. Por supuesto, el monte Moria fue el lugar donde Dios le pidió a Abraham que sacrificara su posesión más preciosa: su hijo Isaac. Para Abraham, fue una prueba para ver si confiaría en Dios o en sí mismo; si se aferraría a su relación con Dios o la dejaría. Stu y Robin también fueron probados. Dios había recompensado la fidelidad de Abraham con una gran promesa; gracias al sacrificio de Abraham, sus descendientes serían tan numerosos como las estrellas y se convertirían en una bendición para todas las naciones. No tengo duda de que Stu y Robin también serán bendecidos cuando Dios use su sacrificio para convertirlo en una bendición para muchos.

El ángel del Señor llamó a Abraham por segunda vez desde el cielo, y le dijo: —Como has hecho esto, y no me has negado a tu único hijo, juro por mí mismo —afirma el Señor— que te bendeciré en gran manera, y que multiplicaré tu descendencia como las estrellas del cielo y como la arena del mar. Además, tus descendientes conquistarán las ciudades de sus enemigos. Puesto que me has obedecido, todas las naciones del mundo serán bendecidas por medio de tu descendencia. (Génesis 22.15–18)

9
Fuimos creados para algo más

Algunos hombres llevan sus vidas con una quieta desesperación.[1]
—**HENRY DAVID THOREAU**

Ay de aquellos que nunca cantan, sino que mueren con toda su música guardada en su interior.[2]
—**OLIVER WENDELL HOLMES**

Por lo tanto, si alguno está en Cristo, es una nueva creación. ¡Lo viejo ha pasado, ha llegado ya lo nuevo!
—**2 CORINTIOS 5.17**

¿Cómo ve usted su vida? ¿Tiene a veces la sensación de recorrer el patrón diario de responder al despertador, ir al trabajo o la escuela, regresar a casa, y volver a hacer todo eso otra vez al día siguiente, tan solo para poder poner alimentos en la mesa y tener un tejado sobre su cabeza? ¿Está atrapado en un torrente de facturas que parecen no tener fin? ¿Siente a veces que su vida es sencillamente una serie interminable de problemas y luchas puntuada por el alivio ocasional de un día libre, un partido de golf o unas vacaciones? ¿Se siente insignificante tan solo como uno de los siete mil millones de seres humanos que experimentan la misma batalla diaria que usted? ¿Ha llegado a entender que los sueños que tenía cuando era más joven han muerto? Tristemente, muchas personas, incluso seguidores de Cristo, podrían describir sus vidas precisamente de esta manera. Como Henry David Thoreau escribió en una ocasión, se han resignado a vivir «vidas con una quieta desesperación».

O quizá sea usted mucho más optimista. Puede que básicamente sea feliz, tenga un estupendo círculo de amistades y familiares, y un empleo que le gusta. Puede que tenga una perspectiva optimista y gratitud por todo lo que Dios le ha dado; pero le sigue faltando ese sentimiento de un propósito mayor y significado. Es más, podría sentir que se está perdiendo algo, tan solo marcando el tiempo que pasa, intentando disfrutar de la vida que Dios le ha dado, pero sin tener la sensación de que tiene un llamado más elevado. Muchos de los cientos de personas que conozco por todo el mundo inevitablemente comparten conmigo algo parecido a eso, y me preguntan cómo pueden realmente encontrar el propósito de Dios para ellos. Aunque son felices, sienten como si faltase algo, como si estuvieran en las bandas, entre los espectadores, mirando el juego, anhelando que el entrenador les pusiera en el partido.

> **Aunque son felices, sienten como si faltase algo, como si tan solo estuvieran en las bandas, mirando el juego, anhelando que el entrenador les pusiera en el partido.**

Hablé a unos ochocientos hombres en 2012 en el retiro anual de New Canaan Society, una organización nacional masculina cuyo objetivo es establecer relaciones entre sus miembros y equiparlos para producir un potente impacto para Cristo en sus familias, sus comunidades, sus lugares de trabajo y el mundo en general. El tema de su retiro fue: «Fuimos creados para algo más». Me encanta esa frase porque capta muy bien el mensaje del reino de Dios. El Dios que creó el universo, el Autor de la gran historia en la cual todos estamos viviendo, nos creó a usted y a mí de manera única. No hay ningún otro ser humano que haya vivido jamás y que sea exactamente como usted y como yo; cada uno de nosotros es único. No fuimos creados para llevar vidas con una quieta desesperación o solamente para pasar el tiempo mientras arrastramos los pies nuestros ochenta años de vida en la tierra. Dios nos creó con un propósito divino, para desempeñar un papel en el desarrollo de su historia. Somos hijos del Rey, fuimos creados para algo más.

La frase «fuimos creados para algo más» capta verdaderamente el significado de la transformación que se produce cuando una persona se arrepiente y cree cuando responde al evangelio. Jesús dijo: «El reino de Dios está cerca. ¡Arrepiéntanse y crean las buenas nuevas!» (Marcos 1.15). Nuestras vidas han de ser transformadas en todos los aspectos mediante el poder de la historia del evangelio. Nuestras historias individuales se unen a la historia mayor de Dios a medida que nos convertimos en ciudadanos de su reino. Y al igual que Pedro ya no pudo sencillamente regresar a su trabajo como pescador después de su encuentro con Jesús, nosotros tampoco podemos regresar a la vida tal como la conocíamos. La esencia de lo que nos enseña la Escritura sobre nuestra transformación como seguidores de Cristo es: «Por lo tanto, si alguno está en Cristo, es una nueva creación. ¡Lo viejo ha pasado, ha llegado ya lo nuevo!» (2 Corintios 5.17). Somos una nueva creación a la que se le ha dado un nuevo propósito, una nueva misión y un nuevo llamamiento: «Como el Padre me envió a mí, así yo los envío a ustedes» (Juan 20.21). Jesús nos envía al mundo para continuar la obra que comenzó. Él nos llama a estar en la primera línea de la revolución del evangelio para ocupar las barricadas a medida que nos unimos a la gran misión de rescate que el Padre ha lanzado para invitar a todos sus hijos a regresar a la comunión de su inextinguible amor. No existe tal cosa como un seguidor de Cristo común con una vida normal; cada uno de nosotros fue creado para algo más.

Saber a dónde se dirige

He tenido el privilegio de poder hablar en varias graduaciones universitarias, he asistido a las de mis cinco hijos. Son momentos emocionantes en las vidas de los jóvenes. Se tiene la sensación de que todos estamos reunidos en torno a ellos apoyándoles mientras están en la línea de salida de sus vidas como adultos. La graduación marca el comienzo del largo viaje de la vida; no de una carrera de velocidad, sino de una maratón. En ningún otro momento existen tantas posibilidades abiertas para él o ella. Es verdaderamente una de las ocasiones trascendentales.

En los discursos que doy en ceremonias de graduación, normalmente pregunto a los graduados sobre sus objetivos. Las personas que comienzan una carrera o un viaje necesitan tener una línea de meta o un destino en mente antes de comenzar. Y nosotros como padres, familiares y amigos siempre les hacemos estas preguntas sobre el destino: ¿qué harás después de graduarte? ¿Hacia dónde te diriges? ¿A qué aspiras? ¿Qué quieres llegar a ser? Muchos graduados aborrecen las preguntas porque en realidad aún no conocen las respuestas.

En uno de mis discursos de graduación, hice hincapié en lo importante que es que ellos tengan la meta o el destino correcto en mente para sus vidas, ya que tendrán que invertir mucho tiempo, energía y esfuerzo en su persecución. ¿Puede imaginar correr una maratón solamente para descubrir que después de todo su entrenamiento, sacrificio y esfuerzo, usted cruzó la línea de meta equivocada? Pero eso es exactamente lo que hacen muchas personas. Yo les pregunté: «¿No sería estupendo si tuvieran cierto tipo de GPS [localizador global satelital] que pudiera guiarles en el viaje de su vida, dándoles indicaciones de conducción explícitas a lo largo de todo el camino?».

Un GPS es un aparato estupendo que se puede tener; no sé cómo solíamos llegar desde un punto A hasta otro B sin él. Sé que antes de que tuviera el mío, normalmente empleaba mucho tiempo conduciendo en círculos hasta que mi esposa me reprendía para que me detuviese a preguntar. Así es como funciona un GPS: lo primero que necesita hacer es establecer un punto de partida y un destino. El punto de partida es bastante fácil; generalmente es donde usted está situado en ese momento. Yo normalmente sé dónde estoy; sencillamente no sé cómo llegar a donde me dirijo. La segunda información es la más importante: el destino. Cuando el GPS tiene un punto de partida y un destino, proporciona una larga lista de indicaciones de conducción, mapeando cada giro y cada curva a lo largo del camino. ¡Qué invención tan estupenda! Ahora no podemos perdernos. Pero aquí está el truco: si usted proporciona el destino equivocado, todos los pasos a lo largo del camino también serán equivocados. En otras palabras, el GPS le dará indicaciones precisas y detalladas de los giros y las curvas hacia el destino equivocado. Por tanto, saber hacia dónde vamos es la decisión crítica que necesitamos tomar al principio.

La vida funciona de la misma manera. Si seleccionamos el destino equivocado, las metas equivocadas, es muy probable que pasemos la vida tomando decisión tras decisión en un camino que nos conduce precisamente al lugar equivocado. La mayoría de las personas son capaces de articular algunos de los objetivos de su vida, y a primera vista esos parecen bastante elevados y deseables. Permita que enumere algunos de los objetivos que se expresan normalmente:

1. **Llegar a ser un exitoso** _____. (Llene el espacio: maestro, abogado, político, pastor, carpintero, ama de casa, doctor, soldado, piloto, dueño de un negocio, fisioterapeu-

ta, paisajista, etc.) Este objetivo aparentemente admirable de éxito en la carrera se acepta casi universalmente. ¿Quién no quiere ser exitoso? ¿Acaso no es ese el motivo por el cual los graduados van a la universidad en un principio?

2. **Alcanzar comodidad y seguridad.** Normalmente, uno de los principales beneficios de llegar a ser exitosos es que podemos llegar a tener comodidad y seguridad. Para algunos, este es realmente su objetivo más importante, y el éxito es solamente un medio para lograrlo. Para otros es sencillamente un bonito subproducto del éxito. No queremos tener que preocuparnos por si podemos pagar la renta o ir al cine, y queremos tener suficiente para llevar una vida cómoda cuando nos jubilemos.

3. **Llegar a ser rico.** Muy bien, admítalo. ¿Acaso no quiere en realidad ser rico? ¿No siente una punzada de envidia cuando sale cada año en la revista *Forbes 400* la lista de las personas más ricas de Estados Unidos? ¿Por qué si no las ventas en billetes de lotería en Estados Unidos sobrepasan los 50 mil millones de dólares? A un dólar por billete, eso supone una media de aproximadamente 175 billetes por persona al año.[3] La riqueza es un sueño muy popular. Claro que el dinero no lo es todo, pero puede comprar casi cualquier cosa. La mayoría de nosotros no diríamos en voz alta que queremos llegar a ser ricos, pero sin duda alguna pensamos en ello.

4. **Llegar a ser famoso.** Este es otro objetivo que pocas personas admiten, pero está en la mente de muchos. Obsesivamente seguimos las vidas de las personas ricas y famosas en nuestra cultura, desde atletas hasta estrellas de cine y líderes de negocios. Es bien sabido que Andy Warhol predijo en la década de 1960 que en el futuro todo el mundo tendría sus «quince minutos» de fama.[4] Ciertamente, la proliferación de medios de comunicación y los increíbles fenómenos de Twitter, YouTube, Facebook y otras redes sociales han hecho que al menos la fama efímera esté a disposición de las masas.

5. **Ser feliz.** ¿Quién puede discutir contra este? Supongo que ser feliz es lo que las personas esperan cuando logran sus otros objetivos de comodidad, riqueza, éxito o fama. La felicidad podría considerarse un objetivo, pero con mayor frecuencia es un derivado de todas las otras decisiones que las personas toman en la vida.

Podría enumerar muchos más. Los objetivos de cualquier persona bien podrían contener una combinación de los anteriores. A primera vista, la mayoría de ellos son aspiraciones engañosamente atractivas. Vivimos en una cultura que recompensa a los exitosos, envidia a los ricos y afirma a los ambiciosos. Si los programas de telerrealidad han revelado algo con respecto a nuestra naturaleza, ha sido el deseo humano casi universal de fama, riqueza, éxito e importancia. ¿Por qué si no aparecería alguien en programas como *Supervivientes*, *American Idol* o *The Bachelor*? Pero me estoy desviando del tema.

Lo que quiero que vea es lo que nos sucede cuando introducimos destinos como los enumerados en el GPS de nuestras vidas. Esencialmente, obtenemos indicaciones de conducción que de manera firme y metódica nos dirigen hacia el logro de nuestros objetivos. Por tanto, digamos por un momento que hemos introducido algo como *éxito* o *riqueza* en nuestro GPS. ¿Qué indicaciones de conducción podríamos obtener?

- Buscar ser el número uno.
- Conducir duro, rápido y permanecer en la autopista a toda costa.
- Volverse adicto al trabajo.
- Descuidar a la familia y los amigos cuando las demandas del éxito lo requieran.
- No detenerse para ayudar a personas quebrantadas que están al lado de la carretera: pobres, enfermos y necesitados; que cada hombre se ocupe de sí mismo. Ellos sencillamente le distraerán.
- Gastar su dinero para obtener todas las cosas que quiere porque se las ha ganado.
- Mantener su fe en la zona de seguridad. No permitir que le desvíe.
- Apagar su brújula moral; puede ser muy molesta e inconveniente.
- Permitir que el fin justifique los medios.

Todos hemos visto la ruina en las vidas de personas que han introducido el destino equivocado y después lo han seguido decididamente sin considerar ninguna de las señales de advertencia. Leí una historia en línea de un hombre en Bedford Hills, Nueva York, que siguió fielmente su GPS hasta ciertas vías de tren sin mirar a la derecha ni a la izquierda. El vehículo se quedó atascado, y el tren golpeó al auto a una velocidad de sesenta millas (96 kilómetros) por hora, convirtiéndolo en una gigantesca bola de fuego y enviándolo a treinta metros de las vías. Afortunadamente, el hombre escapó justo antes de que el vehículo fuese golpeado. Pero quinientos pasajeros del tren sufrieron horas de retraso, y casi ochenta metros de vías quedaron destruidos.[5]

A veces, las personas que persiguen obsesivamente sus objetivos a toda costa causan daños colaterales a otros. El apóstol Pablo hizo esta misma advertencia a su joven protegido, Timoteo:

> Los que quieren enriquecerse caen en la tentación y se vuelven esclavos de sus muchos deseos. Estos afanes insensatos y dañinos hunden a la gente en la ruina y en la destrucción. Porque el amor al dinero es la raíz de toda clase de males. Por codiciarlo, algunos se han desviado de la fe y se han causado muchísimos sinsabores. (1 Timoteo 6.9–10)

Pablo estableció el punto de que la riqueza, y podríamos añadir fama, éxito e incluso felicidad, son objetivos ilusorios, y que la ardiente búsqueda de ellos es, en el mejor de los casos, dañina; y en el peor catastrófica, que nos aparta de Dios y nos lleva a la ruina. Solamente necesitamos mirar la mayoría de los matrimonios de Hollywood para ver lo que la búsqueda de la fama puede hacer, o leer las historias de personas que ganaron la lotería para ver lo que el logro de su objetivo de riqueza les hizo. Pero si seguimos leyendo, Pablo pasó a decirle a Timoteo lo que debía seguir:

A veces, las personas que persiguen obsesivamente sus objetivos a toda costa causan daños colaterales a otros.

> Tú, en cambio, hombre de Dios, huye de todo eso, y esmérate en *seguir la justicia, la piedad, la fe, el amor, la constancia y la humildad*. Pelea la buena batalla de la fe; haz tuya la vida eterna, a la que fuiste llamado y por la cual hiciste aquella admirable declaración de fe delante de muchos testigos. (1 Timoteo 6.11–12, énfasis del autor)

En otras palabras: «Timoteo, tú fuiste creado para algo más».

Por tanto, ¿y si introdujéramos un destino diferente en la vida, no el éxito, la felicidad ni la comodidad, sino en cambio un destino que implique el plan de Dios? ¿Y si, como Pablo recomendó, hiciéramos nuestra la vida eterna, a la que fuimos llamados (1 Timoteo 6.12) cuando nos comprometemos a ser seguidores de Jesucristo? A la luz de los últimos capítulos, ¿y si introdujéramos este destino en nuestro GPS: *seguir a Cristo, vivir como Jesús, amar como Jesús y proclamar las buenas nuevas del reino de Dios a medida que somos enviados al mundo como embajadores de él*? ¿Acaso no es esto, después de todo, el objetivo en la vida dado por Dios mismo a cada seguidor de Cristo? Con este nuevo destino, el GPS probablemente arrojaría un conjunto muy distinto de indicaciones de conducción:

- Poner las necesidades de los demás por delante de las propias.
- Tomar desvíos cuando alguien necesite su ayuda.
- Salir de la autopista para pasar tiempo con la familia y los amigos, aunque eso amenore su paso.
- Recoger a autoestopistas.
- Usar su dinero para edificar el reino de Dios, no el propio.
- No confundir éxito en la carrera con ser una persona exitosa.
- Considerar su trabajo como un medio hacia el fin de servir a Dios, no como un fin en sí mismo.
- Invertir su tiempo, talento y tesoro en ser rico con Dios en lugar de llegar a ser rico usted mismo.
- Detenerse para ayudar a quienes están quebrantados al lado de la carretera y que necesitan un poco de ayuda en su viaje.
- Prestar mucha atención a su brújula moral.
- Mantener su relación con Dios como su Estrella Polar.

Hay una verdad muy importante en esta pequeña metáfora, y es la siguiente: como seguidores de Jesús se espera de nosotros que... bueno, que le sigamos. Debemos ponerle a él en primer lugar en nuestras vidas y no simplemente intentar hacerle encajar en nuestros propios objetivos y prioridades. El llamado de Jesús no es meramente hacerle encajar en nuestros planes; es *sustituir* nuestros planes por los de él, introducir el destino suyo en nuestro GPS. El plan de él no es nada menos que una revolución que cambiará el mundo y rescatará a sus hijos. Su plan es invitar a las personas a una nueva manera de vivir dentro del reino de Dios. Dios está obrando en nuestro mundo y nos manda programar nuestro GPS para unirnos a él.

> He sido crucificado con Cristo, y ya no vivo yo sino que Cristo vive en mí. (Gálatas 2.20)

El fin contrariamente a los medios

Por tanto, la pregunta obvia es: *¿qué significa esto realmente para su vida?* ¿Qué significa para un graduado que ha estudiado duro para llegar a ser ingeniero, contable o maestro? ¿Qué significa para alguien que ha trabajado durante veinte o treinta años como ingeniero, contable o maestro? La respuesta está en la diferencia entre *fin* y *medios*. Si su objetivo en la vida es llegar a ser un exitoso _____, entonces quiero argumentar que tiene el objetivo equivocado en la vida. Su objetivo en la vida y en la mía debería ser el mismo: seguir a Cristo, vivir como Jesús, amar como Jesús y proclamar las buenas nuevas del reino de Dios al ser enviados al mundo como embajadores suyos. Pero ser ingeniero, contable o maestro bien podría ser un medio muy bueno para ese fin. Todo lo que tenemos y todo lo que somos puede ser utilizado en el servicio al Señor y para hacer avanzar los objetivos de su reino. Es importante recordar que él nos creó precisamente con los dones y talentos que nos capacitan para llegar a ser buenos ingenieros, contables y maestros. Si la misión del reino de Dios es demostrar una manera totalmente nueva de desarrollo humano gobernado por la verdad y los valores de Dios, y somos llamados a ir al mundo para mostrar a otros cómo es eso, entonces es importante mostrar cómo es un ingeniero, contable o maestro del reino. El reino de Dios necesita cada destreza y capacidad que necesita cualquier otro reino: agricultores, abogados, constructores, plomeros, economistas, políticos, banqueros y peluqueros.

Para el seguidor de Cristo, no existe diferencia alguna entre lo sagrado y lo secular. Todo trabajo es sagrado si no viola las leyes de Dios y si se ofrece en el servicio de edificar su reino. Cuando hablamos de llamado de Dios a nuestra vida, es un llamado a alejarnos de nuestros propios planes, a dejar atrás nuestras esperanzas y sueños para seguir las esperanzas y los sueños de él con nuestras vidas. Es dar muerte a nuestros propios propósitos y prioridades, y al mismo tiempo es cobrar vida para los propósitos y prioridades de Dios. Puede que sigamos siendo ingenieros, contables y maestros, pero ahora lo somos del reino. Puede que sigamos teniendo una estupenda riqueza económica, pero ya no somos dueños sino administradores, no de nuestra fortuna sino de la de Dios, la cual se nos ha confiado para utilizarla en la edificación de su reino. Y puede que sigamos siendo madres y padres, pero ahora somos madres y padres del reino, que criamos a nuestros hijos para que ocupen su lugar en la gran misión de rescate de Dios.

> **Para el seguidor de Cristo, no existe diferencia alguna entre lo sagrado y lo secular. Todo trabajo es sagrado si no viola las leyes de Dios y si se ofrece en el servicio de edificar su reino.**

¿Estás seguro, Andy?

El año pasado, mi hijo Andy, que tenía veintinueve años entonces, me llamó y me dijo que tenía intención de correr en la maratón de Nairobi para recaudar dinero y levantar conciencia para las necesidades de los niños. Andy trabaja para American Express, y su esposa, Kirsten, trabaja en Visión Mundial, coordinando nuestro programa Team World Vision, que moviliza a personas en todo el país para correr maratones o triatlones a fin de recaudar dinero para ayudar a los niños. Team World Vision había organizado un grupo especial de corredores para ir a Kenia a la maratón de Nairobi en el año 2011. Pero a fin de participar, cada corredor tenía que comprometerse a conseguir apadrinar a cincuenta niños. Después de la carrera, los corredores irían a visitar proyectos de Visión Mundial y a conocer a algunos de los niños a quienes estaban ayudando. Por tanto, Andy y Kirsten tuvieron que acercarse a todos sus amigos para pedirles que apoyasen el compromiso de Andy de correr apadrinando a esos cincuenta niños. Me enorgullecí como padre al escuchar la emoción en la voz de Andy mientras hablaba de su determinación para hacer que eso sucediera. Pero entonces me dijo algo que me sorprendió. Me dijo que él y Kirsten habían decidido que ofrecerían un incentivo a cada uno de sus amigos que apadrinase a un niño; igualarían el patrocinio de cada amigo con una importante donación de su propio dinero. Yo hice la cuenta y me sorprendió el tamaño de su compromiso.

Antes de tener tiempo para permitir realmente que aquello calase en mí, dije: «¿Andy, estás seguro de que quieres hacer eso? Es mucho dinero, y Kirsten y tú aún no tienen ni treinta años. ¿No quieren ahorrar algo de dinero para algún día comprar una casa? ¿No es esto un poco imprudente?».

Nunca olvidaré la respuesta de Andy: «Papá, ¿no es esto lo que *tú* nos enseñaste?». ¡Vaya! Desde luego, Reneé y yo *habíamos* enseñado a nuestros hijos que nuestro dinero no es nuestro para hacer con él lo que queramos, sino que somos administradores de lo que Dios nos ha confiado, y que necesitamos ser generosos a la hora de acercarnos a los pobres y apoyar la obra del reino de Dios. Intentamos establecer ese ejemplo cuando los niños eran pequeños, incluso hasta el punto de involucrarlos en nuestras decisiones. Creo que lo que me sorprendió es que Andy y Kirsten estuvieran demostrando un compromiso que era bastante radical. Ellos confiaban tanto en Dios, que francamente me hizo sentir un poco incómodo. Andy siguió diciendo: «Papá, no necesitamos ese dinero. Tenemos todo lo que necesitamos y, además, ¿cómo podemos permitir que ese dinero se quede en una cuenta bancaria cuando hay tantos niños en circunstancias desesperadas? Nosotros podemos ganar más dinero, pero esos niños necesitan ayuda ahora». ¡Caramba!

Unos meses más tarde, después de que él y Kirsten hubieran logrado apadrinar a sus cincuenta niños, Andy volvió a llamarme. Me dijo: «Bien, papá, hoy mandamos por correo el gran cheque a Visión Mundial. Tengo que decirte que rellenar un cheque con una cantidad tan importante duele. Pero ha de doler, ¿no es así, papá?». Sí, Andy, creo que debe doler un poco. Como ve, Andy y Kirsten estaban siguiendo su GPS interior. Ellos habían introducido su destino de llevar sus vidas en servicio al reino de Dios, no para la riqueza, el éxito o mayores cuentas bancarias. Y las indicaciones de conducción que estaban siguiendo les decían que ese era exactamente el camino correcto que debían tomar. Así es una joven pareja del reino.

Andy y Kirsten son solamente un ejemplo del modo en que los seguidores de Cristo, que trabajan en empleos seculares a jornada completa, pueden ser soldados para el reino de Dios justamente donde están plantados. Es más, varios de aquellos niños fueron apadrinados por colegas de Andy en American Express. Y como he sugerido, si pensamos en el reino de Dios venidero como una revolución con intención de derrocar los sistemas de valores que prevalecen en nuestro mundo, ¿no tiene sentido que necesitemos soldados de la revolución situados precisamente en los lugares donde esas batallas se libran: en los negocios, en escuelas y universidades, en las artes, en los medios de comunicación, en Hollywood, en organizaciones sin ánimo de lucro, en hospitales, en las ciudades, en los suburbios, en las prisiones, en Wall Street, en los ayuntamientos y en los pasillos del Congreso?

En mis once años en puestos de liderazgo en Lenox, intentaba comenzar cada día con una oración para que Dios me utilizase en ese lugar para amarle, servirle y obedecerle, para poder ser su embajador, y dejar que mi luz brillase en ese lugar. Por ningún medio fui un embajador perfecto, tuve muchos momentos en que sentía que había fallado en representar bien al Señor, pero intentaba hacer que el servicio a Cristo en ese lugar fuese mi principal prioridad. Vender porcelana fina y cristal era secundario; era un medio hacia un fin. Quizá la mayor afirmación que recibí llegó unos seis meses después de haber dejado mi puesto en Lenox. Llegó en una llamada telefónica de mi anterior secretaria, Maureen. Ella me dijo: «Rich, realmente no puedo explicarlo, pero las cosas son distintas aquí ahora que usted se ha ido. Hay una atmósfera totalmente diferente. Las personas parecen más rudas, más miserables, más agresivas; la gente sencillamente se siente devaluada. Le extrañamos». Me gusta pensar que ella estaba notando la diferencia que yo había sido capaz de marcar como embajador de Cristo, haciendo brillar un poco de luz en la oscuridad e influenciando la cultura de una organización al vivir según los valores del reino de Dios: integridad, verdad, amor, respeto, compasión, justicia y valorar a todas las personas como hijos de Dios. Si Dios está enviando a sus siervos para invitar a las personas a que llenen su salón de banquetes del reino, entonces esos siervos necesitan llevar esas invitaciones a todos los lugares donde hay personas reunidas.

Al final, ser seguidor de Cristo en nuestro mundo hoy no está definido por dos o tres eventos trascendentales, y no se trata de lo que sucede las mañanas de los domingos o en nuestros grupos de estudio bíblico semanal o nuestros devocionales diarios. Se trata de los miles de diarios giros, curvas, desvíos y decisiones que constituyen precisamente la fibra de nuestra vida. Se trata de una vida bien vivida para Cristo por quienes conocen su destino y se toman en serio el papel que Dios les ha dado para desempeñar como participantes plenos en su obra del reino. Jesús nos dijo: «busquen primeramente el reino de Dios y su justicia, y todas estas cosas les serán añadidas» (Mateo 6.33).

Dios nos ofrece a todos la increíble oportunidad de unirnos a su obra sagrada. Tenemos el gran privilegio de ser las manos y los pies de Cristo en un mundo hostil y sufriente, y existen incontables maneras de participar. Podemos trabajar con alegría ante la dificultad, hablar la verdad en un lugar de engaño, escoger la integridad cuando la corrupción es la norma, ofrecer consuelo en momentos de tristeza, desafiar la injusticia para proteger a sus víctimas y ofrecer perdón en medio del quebrantamiento. Dios nos invita a ser mentores de un joven que necesite un modelo a seguir, a visitar a un anciano que esté solo, a proporcionar alimento a quien tiene hambre y agua al que tiene sed, a dar la bienvenida a una familia inmigrante, a consolar al enfermo y al afligido, a llevar las buenas nuevas del evangelio a alguien que nunca lo haya escuchado, a consolar a un compañero de trabajo que esté experimentando una crisis, o a orar por quienes tienen necesidad, que resulta que viven a diez mil kilómetros de distancia. Estas son cosas sagradas, cosas privilegiadas, cosas del reino. Son profundamente significativas e importantes, profundamente humanas, morales y rectas; son precisamente las cosas que demuestran que todos somos creados a imagen de Dios. Somos hijos del Rey, con capacidad de amar, dar, entristecernos y alegrarnos. Estas son las cosas en las cuales encontramos nuestro verdadero significado y propósito. Fuimos creados para algo más.

> **Estas son cosas sagradas, cosas privilegiadas, cosas del reino.**

10

El GPS espiritual de Dios

De aquel que cree en mí, como dice la Escritura, brotarán ríos de agua viva. Con esto se refería al Espíritu que habrían de recibir más tarde los que creyeran en él. Hasta ese momento el Espíritu no había sido dado, porque Jesús no había sido glorificado todavía.

—JUAN 7.38–39

Pero cuando venga el Espíritu de la verdad, él los guiará a toda la verdad.

—JUAN 16.13

Es imposible exagerar el significado del Espíritu Santo en la vida de un seguidor de Jesucristo. El Espíritu es la tercera Persona de la Trinidad, tan plenamente Dios como el Padre o el Hijo. Fue la venida del Espíritu Santo en Pentecostés, diez días después de que Jesús ascendiera al cielo, lo que transformó a los primeros discípulos de ser un círculo confuso y asustado de personas atrapadas, acobardadas por temor a perder la vida y sin ninguna esperanza ni visión para el futuro, a ser un grupo valiente, cohesivo y revolucionario de líderes cuyas vidas cambiaron el curso de la historia. La diferencia entre lo primero y lo segundo fue sencillamente una variable: el Espíritu Santo. Sin este, ellos eran un grupo de meros hombres sin poder alguno para cambiar algo; con el Espíritu Santo se convirtieron en la fuerza más influyente de la historia. Esa venida del Espíritu Santo fue tan importante que justo antes de ascender, Jesús les indicó que no hicieran nada hasta que les fuese dado el poder del Espíritu Santo:

> No se alejen de Jerusalén, sino esperen la promesa del Padre, de la cual les he hablado: Juan bautizó con agua, pero dentro de pocos días ustedes serán bautizados con el Espíritu Santo... Pero cuando venga el Espíritu Santo sobre ustedes, recibirán poder y serán mis testigos tanto en Jerusalén como en toda Judea y Samaria, y hasta los confines de la tierra. (Hechos 1.4–5, 8)

Para la mayoría de nosotros, el Espíritu Santo es uno de los grandes misterios de nuestra fe. Yo creo verdaderamente que es imposible que comprendamos plenamente la profunda importancia de que Dios literalmente habite en nuestro interior en la manifestación de su Espíritu Santo. Y está por encima del ámbito de este libro explorar por completo la naturaleza del Espíritu o las muchas dimensiones en que obra en nosotros y en el mundo. Pero es absolutamente crítico que entendamos algunas cosas básicas.

En un capítulo anterior dije que, en el Antiguo Testamento, el acceso directo a Dios estaba limitado. Después de la expulsión del huerto, los hombres y las mujeres vivieron en exilio, su cercana relación con Dios quedó quebrantada y rota. El pueblo de Dios podía seguir clamando a él mediante la oración e intentar discernir su voluntad, pero su acceso estaba limitado por cierto tipo de «velo» espiritual simbolizado por el velo del templo que cerraba el lugar santísimo. Pero incluso en el Antiguo Testamento hay numerosas veces en que se nos dice que el Espíritu Santo estaba a disposición concretamente de determinadas personas en ciertos momentos. Se nos dice que Moisés fue guiado por el Espíritu Santo. Gedeón, Josué, Saúl, David, Isaías, Zacarías y muchos otros se dice que tuvieron al Espíritu del Señor sobre ellos. Unas veces fue un breve período de tiempo y otras durante muchos años. Casi siempre el Espíritu era dado cuando se necesitaba poder, discernimiento, valentía o profecía. El Espíritu siempre les capacitaba para hacer algo que de otra manera no podrían hacer, o para discernir algo que no podrían comprender. Pero el Espíritu no era dado a todos; hasta que llegó Jesús. Pero sí vemos en los libros proféticos del Antiguo Testamento la gran promesa de que llegaría el día en que el Espíritu del Señor sería dado libremente:

> Después de esto, derramaré mi Espíritu sobre todo el género humano. Los hijos y las hijas de ustedes profetizarán, tendrán sueños los ancianos y visiones los jóvenes. En esos días derramaré mi Espíritu aun sobre los siervos y las siervas... Y todo el que invoque el nombre del Señor escapará con vida, porque en el monte Sión y en Jerusalén habrá escapatoria. (Joel 2.28–29, 32)

Desde luego, la llegada del Mesías fue el acontecimiento fundamental para redefinir la relación entre Dios y sus hijos. Se nos dice que Jesús fue literalmente concebido en el vientre de María por el poder del Espíritu Santo. Y en el bautismo de Jesús hubo una impartición dramática del Espíritu Santo:

> Tan pronto como Jesús fue bautizado, subió del agua. En ese momento se abrió el cielo, y *él vio al Espíritu de Dios bajar como una paloma* y posarse sobre él. Y una voz del cielo decía: «Éste es mi Hijo amado; estoy muy complacido con él». (Mateo 3.16–17, énfasis del autor)

El Espíritu del Señor fue con Jesús al desierto cuando Satanás lo tentó, y al salir Jesús para dar su primer discurso público en la sinagoga en Nazaret, se puso en pie y leyó el gran pasaje mesiánico de Isaías:

> *El Espíritu del Señor está sobre mí*, por cuanto me ha ungido para anunciar buenas nuevas a los pobres. Me ha enviado a proclamar libertad a los cautivos y dar vista a los ciegos, a poner en libertad a los oprimidos, a pregonar el año del favor del Señor. (Lucas 4.18–19, énfasis del autor)

Entonces, para que no pasaran por alto lo que quería establecer, siguió diciendo: «Hoy se cumple esta Escritura en presencia de ustedes» (v. 21).

En los tres años siguientes, Jesús se refirió a la promesa del Espíritu Santo en muchas ocasiones. Quizá de modo más significativo, Jesús le dijo a Nicodemo: «Yo te aseguro que quien no nazca de agua y del Espíritu, no puede entrar en el reino de Dios» (Juan 3.5). En otras palabras, la entrada al reino de Dios requiere un bautismo del Espíritu Santo. En la última cena y durante su largo discurso final con los discípulos antes de su arresto, se refirió una y otra vez a la venida del Espíritu: el Consejero, el Ayudador, el Abogado que literalmente serviría para sustituir a Jesús mismo en las vidas de los discípulos:

Y yo le pediré al Padre, y él les dará otro Consolador para que los acompañe siempre: el Espíritu de verdad, a quien el mundo no puede aceptar porque no lo ve ni lo conoce. Pero ustedes sí lo conocen, porque vive con ustedes y estará en ustedes. *No los voy a dejar huérfanos.* (Juan 14.18–19, énfasis del autor)

Cuando Jesús resucitó y el velo del templo se rasgó por la mitad, el acceso a la presencia de Dios ya no estaba limitado al sacerdocio ni controlado por él. La presencia de Dios ya no habita dentro del templo, sino en el interior de cada seguidor de Cristo. «¿Acaso no saben que su cuerpo es templo del Espíritu Santo, quien está en ustedes y al que han recibido de parte de Dios? Ustedes no son sus propios dueños; fueron comprados por un precio» (1 Corintios 6.19–20).

> **La presencia de Dios ya no habita dentro del templo, sino en el interior de cada seguidor de Cristo.**

Ahora somos, como dijo Pedro, «linaje escogido, real sacerdocio, nación santa, pueblo que pertenece a Dios, para que proclamen las obras maravillosas de aquel que los llamó de las tinieblas a su luz admirable» (1 Pedro 2.9). El cielo ha sido abierto y Dios ha venido a habitar en nuestro interior; el reino de los cielos está cerca.

Por tanto, ¿cuál es el beneficio de toda la teología del Espíritu Santo? No es nada menos que el poder capacitador que ahora hace posible que seres humanos comunes sean transformados y vivan de modo distinto a lo que antes era posible. El llamado de Jesús a arrepentirnos y cambiar nuestras vidas, a sustituir nuestros planes por los planes de él, a convertirnos literalmente en una nueva criatura, solamente es posible cuando el Espíritu Santo viene a nuestro corazón con poder. Solamente es posible cuando Dios habita en nosotros. Cuando eso sucede, tenemos acceso a capacidades y perspectivas anteriormente inexistentes. Repito: sería necesario un libro entero para desarrollar esta idea plenamente, pero permítame enumerar tan solo algunos de los dones que el Espíritu Santo pone a nuestra disposición:

- **sabiduría**: la capacidad de percibir cosas desde la perspectiva de Dios
- **consuelo**: la capacidad de tener confianza en Dios y dar tranquilidad a nuestra mente y nuestro corazón
- **discernimiento**: la capacidad de discriminar entre verdad y falsedad, entre lo bueno y lo malo

- **intercesión:** acceso a que el Espíritu ore con nosotros y por medio de nosotros delante de Dios
- **dirección:** la capacidad de sentir lo que Dios quiere que hagamos y dónde quiere que vayamos
- **poder:** la capacidad de hacer cosas que no podíamos hacer, de hablar cosas que no podíamos hablar
- **valentía:** la capacidad de tener el valor de adoptar una postura y hacer frente a las pruebas
- **aguante:** la capacidad de continuar bajo estrés, en el sufrimiento, con paciencia
- **convicción:** un agudo sentido de conciencia acerca de nuestros pecados y nuestra conducta
- **fortaleza:** la capacidad de sobreponernos a nuestras debilidades
- **protección:** la capacidad de mantenernos a salvo del mal, de los principados y las potestades de este mundo
- **unidad:** la capacidad de unirnos con otros seguidores de Jesús dentro de la iglesia
- **fruto:** la capacidad de mostrar en nuestras vidas el fruto del Espíritu: amor, gozo, paz, paciencia, bondad, benignidad, fidelidad, mansedumbre y dominio propio

Finalmente, Pablo caracterizó al Espíritu Santo como un *depósito* o pago que garantiza que Cristo regresará para redimirnos. El Espíritu Santo es quien cambia el juego. El Espíritu nos infunde el poder de Dios, la sabiduría de Dios y la verdad de Dios para capacitarnos de forma que vivamos diferente. Y el Espíritu une a la comunidad de creyentes en la iglesia también, coordinando y orquestando las diferentes partes del cuerpo de Cristo.

Yo a veces especulo sobre lo que podría haber sido el mundo antes de que el Espíritu Santo hubiera sido derramado. ¿Se pregunta usted a veces por qué los judíos del Antiguo Testamento, a pesar de ver y experimentar un milagro tras otro, con tanta frecuencia no hacían lo correcto ni tomaban las decisiones correctas? ¿Podría haber sido porque sus mentes estaban tan nubladas y oscurecidas por el pecado que estaban perdidos sin el beneficio del revelador Espíritu de Dios? ¿Podría la ignorancia de los primeros discípulos, que tuvieron el beneficio de la presencia física de Jesús, de su enseñanza y de sus milagros, ser atribuida al hecho de que aún no tenían la iluminación del Espíritu para guiarles? La transformación que se produjo en ellos entre Hechos 1 y Hechos 2 es profunda. Y la única variable fue Pentecostés: la llegada del Espíritu con poder.

Incluso al mirar más allá del pueblo de Dios, a la historia humana secular, ¿cuánto de lo que valoramos hoy día en términos de derechos humanos, libertad, compasión por otros, sistemas judiciales y códigos morales fue derivado de seguidores de Cristo, llenos del Espíritu Santo, quienes dieron forma a culturas, gobierno, artes, música, comercio, códigos morales y justicia durante los más de dos milenios desde Pentecostés? ¿Y cómo sería el mundo si el Espíritu Santo no hubiera sido dado? ¿Sería más oscuro, más grosero y más bruto? No tengo duda alguna de que así sería. Pero debido a que usted y yo nunca hemos vivido en un mundo desprovisto del Espíritu de Dios, no vemos el asombroso contraste como lo vieron los primeros discípulos. No es sorprendente que ellos estuvieran encendidos; habían visto y experimentado el antes y el después. Ellos habían visto el cielo abierto y sentido al Espíritu llegar sobre ellos como «una violenta ráfaga de viento» (Hechos 2.2). Tanto *realidad* como *posibilidad* habían cambiado delante de sus propios ojos.

Quiero que ahora regrese conmigo a la metáfora del GPS porque creo que puede ayudarnos a entender mejor cómo se produce en realidad el misterio del Espíritu Santo en nuestras vidas. En cierto sentido, una persona sin el Espíritu Santo es muy parecida a un viajero perdido en un país extranjero, vagando de un lugar a otro sin un mapa. Incluso si su destino estuviera bien definido, casi no tendría posibilidad alguna de llegar allí por su propia cuenta. Sencillamente habría demasiados giros y curvas confusos e intersecciones a lo largo del camino. Para llevar un poco más allá la sensación de extravío de ese viajero, añadamos la complicación de que aunque hay numerosas señales en la carretera, todas ellas son fastidiosamente incorrectas. Si el Espíritu Santo no hubiera sido dado, esencialmente, esa sería nuestra situación apremiante como seguidores de Cristo, intentando seguirle, intentando vivir según sus mandamientos, pero sin tener la capacidad para hacerlo. Estaríamos perdidos y vagando en un lugar extranjero y difícil. Las señales de carretera situadas en nuestro mundo, que parecen ofrecernos esperanza, inevitablemente nos señalan hacia la dirección equivocada. El resultado sería una vida de futilidad y frustración. Querríamos seguir a Cristo, querríamos servirle y edificar su reino, pero no seríamos capaces de hacerlo.

Introduzcamos el GPS. Con un GPS instalado en su vehículo, de repente todo se vuelve claro. Primero, debido a que el GPS está conectado a un satélite, conoce exactamente dónde está usted en relación con todo lo demás. Usted solo puede ver parte de la carretera que tiene delante desde donde está sentado, pero el GPS ve el cuadro general. El satélite al que el GPS está conectado es, por así decirlo, omnisciente porque puede ver el mapa completo e incluso puede evaluar los atascos de tráfico que hay a lo largo de su ruta y sugerir desvíos. Segundo, debido a su mayor perspectiva, el GPS puede calcular la mejor ruta posible para que usted la tome, puede dividirla en pasos sencillos: indicaciones de conducción. Tercero, el GPS le da instrucciones en tiempo real. «En un kilómetro, gire a la derecha». «Tome la salida de la izquierda». Y si detecta que usted ha dado un giro equivocado, puede volver a dirigirle. Aunque pueda usted viajar por carreteras extranjeras con señales de carretera defectuosas, puede relajarse porque tiene un ayudador, un guía, un consejero que tiene una perspectiva infinitamente más amplia que la de usted mismo, en el que puede confiar para que le dé consejo sencillo, preciso y claro a medida que viaja. Ha pasado usted de la confusión a la claridad; de la oscuridad a la luz; del silencio de radio a un WiFi de banda ancha gratuito.

Aunque el Espíritu Santo es mucho más que cierto aparato electrónico, la analogía del GPS es bastante útil aquí. Dios nos ha dado una voz interior, una brújula que proporcionará la información que necesitemos para navegar exitosamente por nuestra vida. Pero hay algunas cosas esenciales que necesitamos hacer a fin de obtener el mayor beneficio de este GPS espiritual. Primero, como aprendimos anteriormente, tenemos que establecer el destino correcto, lo que implica sustituir nuestros propios planes por los de Dios: servirle a él y edificar su reino. Segundo, tal como mi propio GPS requiere a veces, necesitamos dar tiempo para conectarnos con el satélite; necesitamos invertir el tiempo para conectarnos con Dios por medio de su Espíritu pasando tiempo en oración, leyendo la Escritura, practicando disciplinas espirituales, adorando y pasando tiempo con otros creyentes. Cuanto más fuerte sea nuestra conexión al satélite, más fuerte es la señal. Tercero, necesitamos escuchar y prestar atención a las indicaciones de conducción que se nos dan. Lo que ocurre con el GPS es que usted puede decidir ignorarlo, o puede apagarlo. Podemos escoger ignorar al Espíritu Santo también. Podemos llegar a enamorarnos tanto de los paisajes que hay por las carreteras de la vida que apaguemos al Espíritu, nos salgamos de la carretera y nos alejemos del plan de Dios para nuestras vidas. El Espíritu Santo no nos obliga.

Necesitamos al Espíritu Santo solamente si queremos obedecer la voluntad de Dios y seguir por el camino de Dios. Si queremos seguir nuestro propio camino, bien podríamos entonces apagarlo. No se nos obliga a escuchar o a obedecer al igual que no somos obligados a prestar atención al GPS. La decisión sigue siendo nuestra.

Invariablemente, cuando he utilizado un GPS en un lugar con el que no estoy familiarizado, sigo tomando giros equivocados. A pesar del mapa, las palabras que aparecen en la pantalla y la voz que oigo en mi oído, sigo tomando la salida incorrecta o haciendo algo estúpido que me hace apartarme de la ruta. Es entonces cuando oigo esa vocecita (llamo Hugh a la mía porque tiene acento australiano) que dice: «Recalculando». Me encanta esa característica más que ninguna otra que mi GPS ofrece porque siempre me da una segunda oportunidad de hacer lo correcto, de prestar atención y escuchar y regresar al curso correcto. Dios nos ofrece esas mismas segundas oportunidades. Siempre cometeremos errores, daremos un giro equivocado o tomaremos una salida equivocada. Si hacemos solamente uno o dos giros malos, no estaremos demasiado lejos del camino correcto, y la corrección no tomará mucho tiempo. Pero si hemos tenido apagado el GPS durante los últimos cincuenta giros, nos encontraremos a kilómetros y kilómetros de la ruta escogida por Dios, y volver a la dirección será más doloroso. Pero él nos dirigirá otra vez al camino si estamos dispuestos a detenernos, escuchar y obedecer.

La presencia del Espíritu Santo en nuestras vidas es un don muy notable. Como cristianos bautizados en el Espíritu Santo, Dios ahora habita literalmente en nuestro interior. Podemos hablar directamente a Dios en oración cuando el Espíritu Santo intercede por nosotros. Podemos llevar nuestras heridas, nuestras necesidades y nuestras incertidumbres directamente al Señor como un niño lo haría con su padre. Y por medio del Espíritu dentro de nosotros podemos obtener acceso al consuelo, la seguridad y el consejo del Padre. Ahora tenemos nuevo acceso a la verdad de Dios, nuevo acceso a la sabiduría de Dios y nuevo acceso al poder de Dios. El Espíritu es lámpara para nuestros pies, y ya no tenemos que ir vagando en la oscuridad. Somos nación santa, real sacerdocio, ahora hemos sido enviados al mundo como embajadores de Cristo, como heraldos de su reino, para invitar a otros hijos a una relación restaurada con su Padre mediante el perdón ofrecido en Jesucristo, su Hijo, y el poder de su Espíritu, que se nos ofrece como un depósito que «garantiza nuestra herencia hasta que llegue la redención final del pueblo adquirido por Dios» (Efesios 1.14).

¿Qué debemos hacer?

> He sido crucificado con Cristo, y ya no vivo yo sino que Cristo vive en mí. (Gálatas 2.20)

En Hechos 2 leemos el dramático relato de la llegada del Espíritu Santo: la venida de Dios para habitar en los corazones de hombres y mujeres. Este fue un acontecimiento quizá incluso tan importante como la encarnación de Cristo como bebé en el pesebre de Belén. Fue otro punto crucial espiritual sin precedente en la gran historia de Dios. A continuación tenemos el relato de Lucas:

> De repente, vino del cielo un ruido como el de una violenta ráfaga de viento y llenó toda la casa donde estaban reunidos. Se les aparecieron entonces unas lenguas como de fuego que se repartieron y se posaron sobre cada uno de ellos. Todos fueron llenos del Espíritu Santo y comenzaron a hablar en diferentes lenguas, según el Espíritu les concedía expresarse. (Hechos 2.2–4)

Después de ese acontecimiento notable y público, Pedro —el líder de los discípulos—, se puso en pie para predicar. Habló de la vida, ministerio y muerte de Jesús, utilizando las profecías del Antiguo Testamento sobre el Mesías para declarar la verdadera identidad de Jesús y citando la profecía de que, un día, el Espíritu de Dios sería derramado:

> Sucederá que en los últimos días —dice Dios—, derramaré mi Espíritu sobre todo el género humano. (Hechos 2.17)

El pueblo pudo ver claramente no solo la verdad de las afirmaciones de Pedro respecto de Jesús, sino también que Dios ciertamente había derramado su Espíritu tal como Joel había profetizado. Y respondieron con pasión y urgencia:

> Cuando oyeron esto, todos se sintieron profundamente conmovidos y les dijeron a Pedro y a los otros apóstoles:
> —Hermanos, ¿qué debemos hacer?
> —Arrepiéntase y bautícese cada uno de ustedes en el nombre de Jesucristo para perdón de sus pecados —les contestó Pedro—, y recibirán el don del Espíritu Santo. En efecto, la promesa es para ustedes, para sus hijos y para todos los extranjeros, es decir, para todos aquellos a quienes el Señor nuestro Dios quiera llamar. (Hechos 2.37–39)

Arrepiéntase; cambie su vida; sustituya sus planes con los planes de Dios; sea lleno del Espíritu Santo y vaya; lleve esta misma verdad «a todos los extranjeros».

Arrepiéntase; cambie su vida; sustituya sus planes con los de Dios; sea lleno del Espíritu Santo y vaya; lleve esta misma verdad «a todos los extranjeros». El Espíritu sigue soplando como una violenta ráfaga de viento con fuego en los corazones de aquellos que creen. La revolución del evangelio está ahora en nuestras manos. Es nuestro momento para liderar. Y Dios nos llama a las primeras líneas del servicio. Hermanos y hermanas, ¿qué debemos hacer?

11

Llamados para un propósito

Sin embargo, considero que mi vida carece de valor para mí mismo, con tal de que termine mi carrera y lleve a cabo el servicio que me ha encomendado el Señor Jesús, que es el de dar testimonio del evangelio de la gracia de Dios.

—HECHOS 20.24

Soy solamente uno, pero soy uno;
No puedo hacerlo todo,
Pero puedo hacer algo.
Debiera hacer lo que puedo hacer,
Y lo que debiera hacer
Por la gracia de Dios lo haré.[1]

—EDWARD EVERETT HALE

Los cristianos tendemos a lanzar la palabra *llamamiento* con bastante liberalidad. Algunos podrían utilizarla solo para describir un llamado al ministerio a tiempo completo, como por ejemplo: «él fue llamado a ser pastor» o «ella fue llamada al campo misionero en Camboya». La suposición aquí es que la mayoría de las demás personas no han sido llamadas. Y como *yo* no he sido *llamado,* ahora soy libre para hacer lo que quiera.

En el otro extremo están quienes afirman que cualquier cosa que hacen es el llamado de Dios para sus vidas. Esas personas podrían decir: «Yo fui llamado a convertirme en corredor de seguros» o «Dios me llamó a vivir en California». Esta segunda manera de definir *llamamiento* a veces sirve para legitimar cualquier cosa que decidamos hacer. Cualquiera de esos enfoques puede conducir a distorsiones. Por tanto, ¿cómo deberíamos entender el llamado de Dios a nuestras vidas?

Como dije en la introducción, la tesis principal de este libro es que Dios le ha invitado a que usted se una a él para cambiar al mundo.

- Dios tiene un sueño para este mundo que Jesús denominó el reino de Dios.
- Dios le creó a usted para desempeñar un papel importante en su visión del reino.
- Usted nunca encontrará su propósito más profundo en la vida hasta que halle su lugar en el establecimiento del reino de Dios.

Creo que cada seguidor de Cristo, independientemente de quien sea y lo que pudiera estar haciendo actualmente, había de participar en esta obra del reino; en otras palabras, todos hemos sido *llamados* a esta misión de Cristo. La gran comisión no tiene notas a pie de página que digan: «Las siguientes personas están excluidas de esta tarea...». Las afirmaciones anteriores describen el llamamiento general de todos los cristianos a la misión, pero siguen sin describir el llamamiento concreto que Dios tiene para usted como individuo. Ahí está el enigma con el cual cada uno de nosotros debe batallar. Piénselo del siguiente modo: si todos trabajásemos para la empresa Boeing, nuestro llamamiento general sería a participar en la construcción de aviones. Pero nuestro llamamiento concreto podría ser el de montar el tren de aterrizaje, cablear e instalar la instrumentación, montar las alas o diseñar los espaciosos y cómodos asientos. Y a cuál de esas tareas concretas fuimos llamados estaría determinado por el mejor juicio del jefe, tomando en consideración nuestras capacidades y destrezas únicas. Podríamos ser llamados a un papel específico trabajando directamente en el avión, o podrían asignarnos un papel que proporcione apoyo a quienes están trabajando en el avión, como contabilidad, recursos humanos, adquisición de piezas o administración del almacén. Pero lo que todos tendríamos en común sería nuestro llamamiento compartido a construir aviones.

Lo mismo es cierto para edificar el reino de Dios. Todos tenemos la misma tarea general, pero nuestros papeles concretos dentro de ella serán únicos para nosotros como individuos, y tendrán en cuenta nuestros dones y talentos, pero también nuestra experiencia, nuestros puntos fuertes, nuestra situación física y nuestras conexiones y relaciones. Usted podría ser un misionero destinado a Camboya, o podría ser un camarero en una cafetería que sirve cada día con una sonrisa y se ofrece como voluntario en el Ronald McDonald House de su comunidad cada semana, ministrando a familias con hijos gravemente enfermos. Recuerde la lección de los últimos capítulos: nuestra carrera y nuestras circunstancias en la vida no son fines en sí mismos; son medios hacia el fin de servir a Cristo y edificar su reino. Para el seguidor de Cristo no hay tal cosa como un maestro, diseñador de moda, ama de casa, minorista o camarero común; solamente hay maestros, diseñadores de moda, amas de casa, minoristas o camareros del reino. Por tanto, la gran pregunta con la que todos debemos lidiar es cuál es nuestro llamamiento concreto para edificar el reino. ¿Qué parte de la construcción del avión somos llamados a apoyar?

A medida que viajo por el mundo relatando la historia de mi propio llamamiento, no puedo decir cuántas personas se me han acercado a preguntarme cómo pueden encontrar el llamado de Dios para sus vidas. Este es un asunto muy serio y personal para cada uno de nosotros como seguidores de Cristo, y yo ciertamente no acaparo el conocimiento sobre cómo otra persona puede discernir el llamamiento de Dios en su propia vida. Pero sí creo que hay algunos pasos útiles y lógicos, derivados de la Escritura, que pueden aportar mayor claridad a este anhelo universal de conocer la voluntad de Dios para nuestra vida. Permítame sugerir seis de ellos:

- Comprometerse
- Orar
- Prepararse
- Obedecer
- Actuar
- Confiar

1. Comprometerse

Como he sugerido, antes de comenzar el viaje debemos comprometernos primero con el destino. Necesitamos estar dispuestos a sustituir nuestros planes con los de Dios, a poner la voluntad de Dios por delante de nuestra propia voluntad, y a sustituir nuestras prioridades por las prioridades de Dios. Este primer paso hacia discernir el llamado de Dios en nuestras vidas es el más difícil porque implica morir al yo. Significa hacer a un lado todo lo demás a fin de poner a Dios en primer lugar. Esto llega al corazón de quién está al control de nuestras vidas. No debería ser una sorpresa que nos guste tener el control. El primer pecado en el huerto de Edén fue por el control. Dios había puesto una limitación a Adán y Eva, y a ellos no les gustó. El camino de ellos parecía más deseable que el de Dios. Si usted vive en el tipo de mundo del reino mágico que describí en el capítulo 4, hay incontables tentaciones que pueden atraerle para apartarse del plan de Dios: dinero, comodidad, prestigio, seguridad, placer, éxito. No se necesita mucho para ser desviado del curso por un deseo aparentemente benigno y atractivo. Y si cualquiera de esas cosas comienza a obtener fuerza en su vida de manera que le haga apartarse del camino, fácilmente puede descubrir que ya no está siguiendo el llamamiento y el propósito que Dios quiso para usted. Cuando entregamos nuestra vida a Cristo, no somos llamados solamente a «ser felices» y vivir la buena vida, matando el tiempo hasta que nos muramos y vayamos al cielo. Nos hemos alistado, y nuestra vida ya no nos pertenece porque la hemos entregado y la hemos puesto a disposición del servicio del Rey.

> No se necesita mucho para ser desviado del curso por un deseo aparentemente benigno y atractivo. Y si cualquiera de esas cosas comienza a obtener fuerza en su vida de manera que le haga apartarse del camino, fácilmente puede descubrir que ya no está siguiendo el llamamiento y el propósito que Dios quiso para usted.

En la mitología de la antigua Grecia, el épico viaje de diez años de Odiseo, cuando regresaba de la guerra de Troya, requería que navegase por los peligrosos estrechos que vigilaban las hermosas y tentadoras Sirenas. Esas seductoras criaturas cantaban de manera tan bella que los marineros que les escuchaban eran atraídos y apartados de su curso y dirigidos hacia la destrucción de las rocas. Para evitar ese mismo destino, Odiseo ordenó a sus hombres que se tapasen los oídos con cera para no escuchar la seductora música. Entonces les ordenó que le atasen al mástil y que ignorasen todas sus órdenes hasta que estuvieran a salvo y fuera del alcance de las Sirenas. Al igual que Odiseo, necesitamos prestar atención al peligro y tomarlo en serio. A medida que navegamos por un mundo lleno de sirenas que nos atraen a desviarnos de nuestro camino, debemos establecer nuestro curso para la misión del reino de Cristo y atarnos a nosotros mismos al mástil de la verdad de Cristo a medida que navegamos por la vida.

Recientemente obtuve una nueva perspectiva de este concepto de un notable hombre indio llamado Benny Prasad. Benny era un adolescente enfermizo con graves problemas de salud. Después de dejar la escuela y pasar a la autocompasión y la depresión, Benny intentó suicidarse cuando solamente tenía dieciséis años. Afortunadamente, no lo consiguió. Poco tiempo después, en un retiro para jóvenes al que su mamá le instó a asistir, Benny tuvo un encuentro con Dios. Benny cree que oyó a Dios hablarle, diciendo: «Benny, aunque has sido inútil toda tu vida, yo puedo hacer de ti una nueva creación». En las propias palabras de Benny: «Dios me dio nuevos sueños, nuevos objetivos y un deseo positivo de servirle». Benny se sintió llamado a llegar a ser músico y a unirse a Cristo para llevar el evangelio del reino a todas las naciones. A pesar de la falta de dinero y de relaciones, confió en que Dios de algún modo le permitiría viajar por el mundo y compartir el evangelio. Y entre los años 2004 y 2010, el GPS espiritual de Benny le llevó a las 224 naciones soberanas e independientes del mundo, además de la Antártida, estableciendo el récord mundial jamás logrado por visitarlas en la menor cantidad de tiempo. Él vivía cada día con la fe de que Dios abriría las puertas y proporcionaría los recursos para hacer algo que él nunca pudo haber organizado por sí solo. Renunció a la comodidad, las ambiciones de una carrera e incluso a la familia cuando dejó a sus padres durante períodos de meses y nunca se casó. En muchos casos, Benny incluso puso en riesgo su vida al compartir su fe en países cerrados y represivos. Lo siguiente es lo que me dijo: «Cuando has decidido que estás dispuesto a perder tu vida por Cristo, es fácil renunciar al resto: dinero, placer, posesiones, comodidad».

> Si alguien quiere ser mi discípulo, que se niegue a sí mismo, lleve su cruz cada día y me siga. Porque el que quiera salvar su vida, la perderá; pero el que pierda su vida por mi causa, la salvará. ¿De qué le sirve a uno ganar el mundo entero si se pierde o se destruye a sí mismo? (Lucas 9.23–25)

La paradoja que descubrimos en este difícil pasaje es que encontraremos el cumplimiento de nuestros anhelos más profundos y nuestro propósito solamente cuando soltemos nuestra vida por completo y la entreguemos a Dios. Cualquiera que sea nuestro «Isaac», Dios nos pide que lo pongamos en el altar y lo sacrifiquemos a él. Como sucedió con

Abraham e Isaac, puede que Dios no se lleve lo que nosotros ofrecemos, pero esa es decisión suya, no nuestra. ¿Recuerda la pregunta planteada hace unos capítulos? «¿Qué es lo más valioso que usted posee y está dispuesto a ofrecerlo al Señor?». El joven rico dijo no y se alejó de Jesús con tristeza. Pero Stu y Robin Phillips ofrecieron el Rancho Moria y descubrieron que sus corazones habían cambiado cuando comenzaron a poner los planes de Dios por delante de los suyos. Benny Prasad descubrió que cuando estuvo dispuesto a perder su vida, el resto fue fácil. Pero todos tuvieron primero que comprometerse con los propósitos de Dios y su destino antes de poder ver el plan de Dios para sus vidas.

2. Orar

Si el Espíritu Santo está con nosotros, actuando como un tipo de GPS espiritual, necesitamos escuchar las indicaciones de conducción que se nos dan. Como ya he sugerido, cuando nos comprometemos a ir hacia el destino correcto, podemos fácilmente desviarnos si dejamos de escuchar al GPS o, peor aún, si lo apagamos. Por eso debemos orar. La oración se trata igualmente de escuchar a Dios como de hablar con él. En nuestro viaje debemos llevar constantemente a él todo en oración: nuestras preguntas y preocupaciones, nuestros temores y nuestras esperanzas, y nuestro arrepentimiento por habernos desviado del camino a veces. Este es uno de los métodos que Dios utiliza para encaminarnos y dirigirnos.

> Pero cuando venga el Espíritu de la verdad, él los guiará a toda la verdad, porque no hablará por su propia cuenta sino que dirá sólo lo que oiga y les anunciará las cosas por venir... Todo cuanto tiene el Padre es mío. Por eso les dije que el Espíritu tomará de lo mío y se lo dará a conocer a ustedes. (Juan 16.13, 15)

Si leemos analíticamente el Padre Nuestro, el principal ejemplo que Jesús nos dio del modo en que deberíamos orar, podemos obtener otro destello del papel desempeñado por la oración a la hora de discernir la voluntad de él para nuestra vida. Encontramos estos tres elementos principales:

1. **Reconocer quién es él**: *Padre nuestro que estás en el cielo...* En otras palabras, él es Dios y nosotros no. Reconocemos su poder y autoridad en nuestras vidas. En mi metáfora del GPS es aquí donde buscamos conectar con el satélite apelando al Dios todopoderoso y que todo lo sabe.

2. **Afirmar sus planes**: *venga tu reino, hágase tu voluntad en la tierra como en el cielo.* Aquí estamos afirmando formalmente que estamos comprometidos con los planes de su reino y sometidos a su voluntad para nuestras vidas; tu voluntad, no mi voluntad. Esta es nuestra promesa de aceptar los planes de él y no nuestros propios planes. Su destino se convierte en nuestro destino.
3. **Pedir su ayuda**: *danos hoy nuestro pan cotidiano. Perdónanos nuestras deudas, como también nosotros hemos perdonado a nuestros deudores. Y no nos dejes caer en tentación, sino líbranos del maligno.* Le estamos pidiendo que nos proporcione lo que necesitaremos para el viaje. Ya que hemos abandonado nuestra propia búsqueda de dinero, poder y éxito, necesitaremos depender de que él proporcione esas cosas. Ahora él debe poner gasolina en nuestro tanque. También le pedimos que perdone nuestros pecados y nuestra mala conducción y que nos dé la gracia para hacer lo mismo con los demás. Finalmente le pedimos que nos dirija, que nos dé las indicaciones de conducción que nos ayudarán a evitar tentaciones y protegernos del maligno. Átanos al mástil, Señor. Ayúdanos a evitar esas trampas a medida que buscamos seguir tu voluntad para nuestras vidas.

> La oración es el método, y el Espíritu Santo es el mecanismo mediante el cual Dios nos ha dado la capacidad de discernir su dirección en nuestras vidas.

La oración es el método y el Espíritu Santo es el mecanismo mediante el cual Dios nos ha dado la capacidad de discernir su dirección en nuestras vidas. Si está confuso acerca de lo que Dios espera de usted, ore.

3. Prepararse

A medida que buscamos descubrir y seguir el plan de Dios para nuestra vida, también tenemos toda la Escritura a nuestra disposición y el sabio consejo de otros creyentes en la iglesia que también están llenos del Espíritu Santo. La Escritura nos proporciona la huella más grande de lo que Dios está haciendo en el mundo, y nos da todos los principios que necesitamos a fin de vivir sirviéndole. He descubierto que incluso cuando voy conduciendo utilizando mi GPS, sigue siendo muy útil mirar el mapa más grande a fin de obtener una perspectiva más amplia de mi viaje. La Escritura nos proporciona ese mapa más grande, la huella que podemos seguir. Las leyes morales, las historias y los ejemplos, las exhortaciones de los profetas, los libros de Salmos y Proverbios, la vida y las enseñanzas de Jesús, la historia de la iglesia primitiva y las enseñanzas de Pablo y de los otros escritores del Nuevo Testamento, todo ello nos proporciona una tremenda perspectiva para nuestra vida. Desde luego, los mapas o instrucciones hay que leerlos para que sean útiles. ¿Ha abierto alguna vez algún objeto nuevo que viene con unas doscientas partes (se requiere montaje) y después ha intentado montarlo sin leer las instrucciones? Podría funcionar para algo muy sencillo, pero puede ser desastroso para algo complejo. Y la vida es bastante compleja, de modo que si cree usted que puede manejar cualquier cosa que llegue a su camino sin leer, estudiar y meditar en la Escritura regularmente, está gravemente equivocado.

Y al igual que es un error no prepararnos estudiando la Palabra de Dios, también lo es intentar ir solos. Dios nos reunió en comunidad para fortalecernos y alentarnos unos a otros. Algunos discípulos sabios, que han viajado por el mismo camino antes que usted, pueden ofrecerle consejos cruciales para el viaje. Otros cristianos pueden ofrecernos dirección, perspectiva, corrección, herramientas útiles y un gran aliento a medida que buscamos discernir la voluntad de Dios para nuestra vida. Hay un proverbio africano que me gusta mucho y dice lo siguiente: «Si quieres correr rápido, corre solo. Si quieres correr lejos, corre acompañado». Un buen consejo para todos nosotros en el viaje.

4. Obedecer

Ser ciudadano y embajador del reino de Dios en expansión requiere un modo de vivir totalmente diferente, definido por valores radicalmente distintos y caracterizado por una manera revolucionaria de actuar en el mundo. Si queremos ser exitosos en seguir a Cristo, primero debemos entender que a él no solo le importa hacia dónde se dirige nuestra vida, sino también cómo la vivimos. La gran comisión misma nos llamó primero a ir y hacer discípulos. Entonces definió lo que conllevaba hacer discípulos: «enseñándoles a *obedecer* todo lo que les he mandado a ustedes» (Mateo 28.20, énfasis del autor). Los discípulos son conocidos por su obediencia. «No se contenten sólo con escuchar la palabra, pues así se engañan ustedes mismos. Llévenla a la práctica» (Santiago 1.22). Juan es aun más claro en cuanto a la obediencia, si no tan sucinto como Santiago:

¿Cómo sabemos si hemos llegado a conocer a Dios? Si obedecemos sus mandamientos. El que afirma: «Lo conozco», pero no obedece sus mandamientos, es un mentiroso y no tiene la verdad. En cambio, el amor de Dios se manifiesta plenamente en la vida del que obedece su palabra. De este modo sabemos que estamos unidos a él: *el que afirma que permanece en él, debe vivir como él vivió.* (1 Juan 2.3–6, énfasis del autor)

No se espera de los discípulos que solamente «hablen» de obediencia; deben «ponerla en práctica». Estudiar la huella en la Escritura significa que seguimos sus instrucciones. Requiere que obedezcamos lo que la Escritura enseña.

Cualquiera que busque conocer verdaderamente el llamado de Dios para su vida debe tomarse en serio la obediencia. ¿De verdad creemos que Dios va a entregar una tarea crítica del reino a alguien que no haya sido fiel en la obediencia cotidiana a sus mandamientos? ¿Pondría un entrenador a un jugador en el gran partido si hubiera perdido todas las prácticas, se hubiera saltado todo el entrenamiento y hubiera mandado a paseo todas las instrucciones? ¿Ascendería un jefe a alguien y le daría una mayor responsabilidad si esa persona no hubiera hecho bien el trabajo que ya tenía?

> ¿De verdad creemos que Dios va a entregar una tarea crítica del reino a alguien que no haya sido fiel en la obediencia cotidiana a sus mandamientos?

Nuestras vidas están compuestas por miles de pequeñas decisiones y acciones cotidianas: cómo tratamos a los demás, cómo usamos nuestro dinero, lo que hacemos con nuestras capacidades, dónde invertimos nuestro tiempo y qué ejemplo establecemos delante de los demás. Antes de que Dios le llame a hacer algo mayor, primero quiere ver lo que usted ha hecho en las cosas pequeñas. Solamente si intentamos vivir como discípulos de él, buscando su reino en cada una de las esferas —trabajo, familia, dinero, relaciones, comunidad e iglesia—, descubriremos plenamente eso único que Dios nos ha llamado a hacer, y nos convertiremos en la persona que él quiso que fuéramos. Si vivimos para nosotros mismos, probablemente nos perderemos eso. Yo siempre me sorprendo cuando las personas se defraudan porque parece que no pueden descubrir «el llamado de Dios en sus vidas» cuando no han obedecido ni siquiera los mandamientos más básicos. Una vida vivida para Cristo siempre dará fruto.

> Un árbol bueno no puede dar fruto malo, y un árbol malo no puede dar fruto bueno. Todo árbol que no da buen fruto se corta y se arroja al fuego. Así que por sus frutos los conocerán. (Mateo 7.18–20)

¿Ha adoptado usted valores y principios del reino, ha trabajado para cambiar sus malos hábitos, ha perdonado a quienes le han ofendido, ha sido amoroso con los demás, generoso con su dinero, es parte de una iglesia local, se ha prestado como voluntario en la iglesia para las tareas más humildes, ha puesto a los demás por delante de usted mismo, y ha diezmado de sus ingresos? Si lo ha hecho, tiene más probabilidad de escuchar las siguientes palabras del Maestro, las mismas que expresó al siervo fiel en la parábola de los talentos:

> ¡Hiciste bien, siervo bueno y fiel! Has sido fiel en lo poco; te pondré a cargo de mucho más. ¡Ven a compartir la felicidad de tu señor! (Mateo 25.23)

5. Actuar

Si se ha comprometido con los planes de Dios, ha orado fervientemente por la dirección de él para su vida, se ha preparado diligentemente estudiando las enseñanzas de la Escritura y buscado consejo, y ha obedecido fielmente sus mandamientos, entonces es momento de actuar. Mi anterior pastor, Earl Palmer, observaba que «Dios no puede dirigir un auto estacionado». De poco sirve meterse en el auto, llenar el tanque de gasolina y conectar el GPS si su auto nunca sale del garaje y se sitúa en la carretera. Al igual que un atleta experimentado participa en el juego y un soldado entrenado participa en la batalla, así también el discípulo de Cristo debe seguir la misión del reino.

A mi amiga Lyne Hybels le gusta hacer la pregunta: «¿Qué es lo que tengo que hacer?». Hay mucho que hacer en el reino de Dios, pero antes debe preguntarse qué parte es la suya para hacerla. Dios le ha creado de manera única con dones y talentos, capacidades e inclinaciones, pasiones y perspectivas, puntos fuertes y oportunidades, esperanzas y sueños. Os Guiness ha dicho acerca del llamado de Dios: «La verdad no es que Dios nos esté encontrando un lugar para nuestros dones, sino que Dios nos ha creado a nosotros y nuestros dones para estar en un lugar que él escoge; y solamente seremos nosotros mismos cuando estemos finalmente ahí».[2] Al igual que un plomero sabe qué es «lo que tiene que hacer» en la construcción de una casa, y al igual que un portero sabe qué es «lo que tiene que hacer» en un partido de fútbol, también usted puede suponer que Dios le equipó de maneras concretas para edificar su reino.

La clave es mirar primero a su alrededor. Cuando mira con los lentes de la misión de rescate del reino de Dios y en el contexto de sus propios dones y capacidades, ¿qué es lo que se necesita hacer y qué puede usted hacer? Podría ser algo en su iglesia, en su comunidad o en su lugar de trabajo; incluso podría ser algo al otro lado del mundo. Debe aprovechar las oportunidades. Si Dios abre una puerta, atraviésela. Mi esposa Reneé casi siempre dice sí cuando le piden que enseñe una clase, dé una charla, desarrolle un currículo o presente un evento. Ella cree que Dios no puede dirigir un auto estacionado, y que si le piden que sirva de alguna manera, podría ser Dios que está llamando a su puerta, y por eso es mejor que ella la abra y la atraviese.

Cuando mira con los lentes de la misión de rescate del reino de Dios y en el contexto de sus propios dones y capacidades, ¿qué es lo que se necesita hacer y que usted puede hacer?

Yo hablo con muchas personas que sienten que Dios les ha dado una ardiente pasión por algo bastante concreto. Podría ser ir a un país en particular, ayudar a niños minusválidos, hacer algo por los sin techo o acercarse a nuevos inmigrantes. Podría ser una pasión por seguir una dirección concreta en la carrera, como servicios financieros, enseñanza o producir películas. Esas mismas personas llegan a frustrarse increíblemente cuando su pasión no produce el resultado que esperaban. Por tanto, ¿qué debería hacer si Dios le ha dado una pasión así? Repito: Dios no puede dirigir un auto estacionado. Actúe. Si quiere trabajar para International Justice Mission, busque en su página web oportunidades de trabajo, envíe su currículum, llame para concertar una entrevista, encuentre a alguien que trabaje allí y con quien hablar. Sea persistente. Hace poco hablé con una joven que se sentía llamada a trabajar para la institución recientemente creada Tim Tebow Foundation. Ella acababa de graduarse como Rotaria de la London School of Economics con un currículum académico sorprendentemente fuerte. Aunque podría haber tenido muchas ofertas de empleo, se sentía llamada a buscar un puesto en la fundación de Tim Tebow, creyendo que le ofrecía una estupenda oportunidad para marcar una diferencia mediante un nuevo tipo de filantropía deportiva. Probó a escribir y llamar varias veces, no recibió ninguna respuesta. Finalmente, se le ocurrió la idea de enviarles uno de sus zuecos irlandeses (ella es una talentosa bailarina de folk) en una caja de regalo con una nota diciendo que lo había intentado todo y solamente quería «poner su pie en la puerta». Ellos quedaron tan intrigados que la invitaron a una entrevista y entonces, al ver su pasión y su visión, la contrataron.

En 1987 yo estaba desempleado, tenía tres hijos y una hipoteca que pagar. Me enteré de que Lenox tenía una vacante y estaba buscando un presidente para su división más pequeña. Descubrí que el responsable de recursos humanos era un hombre llamado Wayne, así que le llamé. Ninguna respuesta. Volví a llamar. Seguía sin tener respuesta. Unos veinte días después estaba yo bastante familiarizado con su asistente administrativa, y ella comenzó a conspirar conmigo para ver cómo podríamos hacer para que él respondiese a mi llamada telefónica. Finalmente lo hizo, y enseguida me despidió, dándome las gracias por mi interés en Lenox y explicando que Lenox había contratado a una empresa que estaba realizando una búsqueda nacional. En otras palabras, no vamos a contratar a un chiflado por teléfono que afirma que él debería ser nuestro nuevo presidente de división. De todas maneras le envié mi currículum. Treinta días después me contrataron y detuvieron la búsqueda. Unos años después de aquello, llegué a ser el director general de todo Lenox y Wayne, de quien había sabido que era también seguidor de Cristo, se convirtió en uno de mis mejores amigos. Veinticinco años después, ahora trabaja conmigo en Visión Mundial. Todo comenzó con una acción persistente.

No puedo garantizarle que Dios le dará el deseo de su corazón, pero puedo garantizarle que le dirigirá cuando usted se ponga en movimiento. Comprométase a servirle sin condiciones y a moverse en la dirección de sus dones y sus pasiones, confiando en que Dios le encaminará y le guiará. Pero acepte que puede que él abra algunas puertas y posiblemente cierre otras. «No» es también una respuesta. Lea este notable pasaje en Hechos 16:

> Atravesaron la región de Frigia y Galacia, *ya que el Espíritu Santo les había impedido* que predicaran la palabra en la provincia de Asia. Cuando llegaron cerca de Misia, intentaron pasar a Bitinia, *pero el Espíritu de Jesús no se lo permitió*... Durante la noche Pablo tuvo una visión en la que un hombre de Macedonia, puesto de pie, le rogaba: «Pasa a Macedonia y ayúdanos». Después de que Pablo tuvo la visión, en seguida nos preparamos para partir hacia Macedonia, convencidos de que Dios nos había llamado a anunciar el evangelio a los macedonios. (Hechos 16.6–10, énfasis del autor)

Pablo quería ir a Asia, pero el Espíritu se lo impidió: dos veces. Entonces recibió la llamada para ir a Macedonia. Dios cerró una puerta y abrió otra. Pero notemos que el «vehículo» de Pablo estaba en la carretera y con mucho movimiento. Dios estaba encaminándolo.

6. Confiar

Finalmente, debe confiar en la seguridad de que Dios tiene el control. Si ha dado fielmente cada uno de los cinco primeros pasos y sigue estando frustrado porque no ha sentido el llamado de Dios en su vida de una manera concreta, necesita relajarse. Puede que esté esperando alguna manera glamorosa y dramática de servir, y pase por alto el hecho de que siempre hay una manera de dar avance al reino de Dios precisamente donde usted está. No puede decir que el lugar donde está situado, la tarea que tiene delante o la oportunidad aparentemente pequeña que tiene es insignificante para la misión en general. El obrero de Boeing a quien se le asigna la tarea de diseñar el pestillo de la escotilla del avión podría anhelar la gloria de trabajar en las majestuosas alas o quizá en los motores porque parecen mucho más importantes... hasta que el pestillo de la escotilla falla y un avión se estrella, matando a todos los que van a bordo.

Hemos de vivir con esta pregunta en nuestros labios en todo momento: «¿Cómo puedo servir al Señor hoy, aquí en este lugar?». Y debemos confiar en que solamente Dios conoce el pleno significado del papel que nos ha llamado a desempeñar en su misión general. Recuerde que Dios nos pide que seamos fieles en lo poco antes de confiarnos lo mucho. A veces, un soldado que desea ir al frente de batalla es retenido en la base militar en su país de origen a miles de kilómetros del frente, esperando órdenes. Mientras tanto, debe permanecer preparado practicando sus ejercicios y agudizando sus capacidades, siendo fiel en lo poco. Puede que llegue un momento en que el general al mando le llame a ir al frente; pero en ese momento no.

Yo tenía cuarenta y siete años cuando fui llamado a liderar Visión Mundial. Después de mi primer año, cuando me di cuenta de lo satisfactorio que era mi trabajo y lo bien que encajaba con mis dones y talentos, le pregunté a Reneé por qué no había hecho yo algo parecido a eso anteriormente. «Porque no estabas preparado», me dijo ella. «Dios tenía mucho trabajo que hacer en tu vida para prepararte para servir en Visión Mundial». Ella tenía razón de nuevo. Dios había sido paciente conmigo, probándome, disciplinándome, moldeándome y preparándome. Me había pedido que fuese fiel con lo que tenía delante de mí, y cuando llegó el momento correcto, me llamó a hacer algo diferente. Y yo tuve que estar dispuesto y disponible para ir.

Abraham tenía cien años cuando nació su hijo prometido: Isaac. José fue vendido como esclavo y pasó años en la cárcel antes de ascender y llegar a ser la mano derecha del faraón y quien salvó a Egipto y a su familia de la hambruna. Moisés tenía ochenta años cuando recibió su gran llamado a rescatar a Israel de su esclavitud en Egipto. La clave para descubrir su llamado concreto al final es paciencia y fidelidad. Esté disponible, sirva donde esté en este momento, sea fiel con lo que tiene delante y confíe a Dios el resultado.

Una vida «no tan bella»

En el siempre popular clásico de Navidad *¡Qué bello es vivir!*, el personaje principal, George Bailey, sufre decepción tras decepción. Cuando es pequeño, salva a su hermano menor de ahogarse, pero pierde la audición en uno de sus oídos en el proceso. Más adelante, precisamente el día en que debe partir para su luna de miel, una crisis bancaria en la era de la Depresión requiere que se quede para sostener la empresa Bailey Bros. Building and Loan Association para evitar que los ciudadanos de Bedford Falls lo pierdan todo. Pasa las dos décadas siguientes de su vida enfrentándose al malvado señor Potter, que quiere el control de toda la ciudad para aumentar su propia riqueza, conduciendo así a sus habitantes a la pobreza. En cada paso del camino, George Bailey hace lo correcto, sin egoísmo, poniendo el bienestar de la ciudad por delante del suyo. Y en cada paso del camino, George se siente un fracasado, un don nadie cuyos sueños murieron hace mucho tiempo. Finalmente, cuando la película llega a su clímax, George está al borde de la bancarrota y quizá incluso de ir a la cárcel porque su tío Billy pierde una gran suma de dinero de los depositantes, de la cual George es responsable. Ese es el colmo que impulsa al pobre George a pensar en quitarse la vida, creyendo que ha fracasado en todo: ha fracasado en cumplir sus sueños de universitario, ha fracasado en esquivar los malvados planes del señor Potter, les ha fallado a los ciudadanos de Bedford Falls, y les ha fallado incluso a su propia esposa y sus hijos. George declara que habría sido mejor si nunca hubiera nacido.

Pero es aquí donde se produce el sorprendente final. Clarence, un torpe ángel, es enviado para ganarse sus alas ministrando a George en su momento de necesidad. Clarence lleva a George a hacer un horrible recorrido por Bedford Falls para mostrarle lo distinta que habría sido la vida si él, de hecho, nunca hubiese nacido. Esa alterna Bedford Falls es una terrible barriada llamada Potterville, repleta de pobreza, juego, alcoholismo y desesperación. George ve lo malas que habrían resultado ser las vidas de las personas a quienes había ayudado de manera sencilla si él nunca hubiera vivido. En pocas palabras, George ve lo que ninguno de nosotros verá nunca a este lado de la eternidad: la verdadera influencia de nuestras vidas sobre otros, para bien o para mal. La película termina felizmente cuando George es rescatado cuando los cientos de personas a quienes ha ayudado a lo largo de los años contribuyen para reponer el dinero perdido, y Clarence finalmente se gana sus alas.

Quiero sugerirle que para los fieles seguidores de Jesucristo, quienes han vivido en obediencia a su Palabra, han estado fielmente disponibles para su servicio y han amado a otros apasionadamente como embajadores de él, no hay tal cosa como una vida común.

12

Dominós espirituales

No hay personas *comunes*.[1]
—C. S. LEWIS

Al ver la osadía con que hablaban Pedro y Juan, y
al darse cuenta de que eran gente sin estudios ni
preparación, quedaron asombrados y reconocieron que
habían estado con Jesús.
—HECHOS 4.13

Ahora bien, hay diversos dones, pero un mismo Espíritu.
Hay diversas maneras de servir, pero un mismo Señor.
Hay diversas funciones, pero es un mismo Dios el que
hace todas las cosas en todos.
—1 CORINTIOS 12.4–6

Uno de los embarazosos pequeños placeres de la familia Stearns es ver el programa de televisión «America's Got Talent» cada verano. Hay algo en ese programa tan sentimental que me intriga. Es un extraño panorama acerca de la textura, la diversidad de la vida estadounidense y el deseo aparentemente inextinguible que las personas tienen de ser «descubiertas», de mostrar al mundo que son especiales, de catapultarse de la oscuridad a la fama, de pasar de los harapos a las riquezas. Con su abanico de artistas, desde quienes tragan espadas hasta cantantes de ópera, ventrílocuos y actuaciones en el trapecio, es casi como si «America's Got Talent» hubiera llevado el carnaval, con todo su brillo y su chabacanería, a las salas de nuestros hogares, excepto los churros y el algodón dulce. Disfruto bastante de ese espectáculo.

El año pasado, un peculiar personaje de Minnesota que se hacía llamar Kinetic King captó la imaginación de Estados Unidos durante algunas semanas con sus sorprendentes artilugios de reacciones en cadena. Esencialmente, Kinetic King diseñó y desencadenó reacciones en cadena basándose en el viejo paradigma de las piezas de dominó que caen, pero sus creaciones eran dominós de esteroides que asombraron a la audiencia con torres que se desplomaban, «bombas de palos» y pelotas de ping-pong voladoras. Mientras veía desplegarse esas increíbles reacciones en cadena, discerní que una importante verdad espiritual —sí, ¡una verdad espiritual sacada de un programa de televisión!— es que una cambiante y profunda serie de acontecimientos puede comenzar con la caída de una sola *pieza de dominó*. Cada pieza establecida en los artilugios de Kinetic King desempeñaba solo un pequeño papel. Su tarea principal era golpear el siguiente eslabón en la cadena; sin embargo, cuando estaban organizadas por Kinetic King, esas piezas de dominó juntas creaban un resultado espectacular. Creo que así es exactamente como Dios obra en la historia.

> **Una cambiante y profunda serie de acontecimientos puede comenzar con la caída de una sola *pieza de dominó*.**

La mayoría de las historias en la Biblia ilustran la increíble influencia de personas comunes dispuestas a ser utilizadas por Dios, que comienzan una reacción en cadena con un profundo significado más adelante. Cuando Josué se preparaba para dirigir al pueblo de Dios a la tierra prometida, envió espías a la ciudad de Jericó para que le diesen un informe; los espías fueron ocultados y mantenidos a salvo por una prostituta llamada Rahab. Esa mujer aparentemente despreciable estuvo dispuesta a arriesgar su vida por los israelitas porque sintió que Dios estaba con ellos y que estaba haciendo algo poderoso. *Una pieza del dominó cayó.* Cuando Josué conquistó Jericó, salvó a Rahab y a toda su familia debido a su gratitud. Se les permitió vivir entre los israelitas desde entonces. Una baja prostituta había sido utilizada por Dios para conquistar la tierra prometida para los israelitas. Bastante sorprendente, pero ese no fue el final de la reacción en cadena que Rahab comenzó. Siga leyendo.

Algunas décadas después, una familia judía que vivía en Moab sufrió una terrible pérdida. Noemí perdió a su esposo y a sus dos hijos, lo cual les dejó solas a ella y a sus dos nueras moabitas: Rut y Orfa. Las viudas en aquellos tiempos eran muy pobres y vulnerables, ya que no tenían un esposo que se ocupase de ellas. Noemí decidió que regresaría a su tierra natal en Belén donde podría encontrar ayuda. Instó a Rut y Orfa a regresar a sus familias en Moab y encontrar nuevos esposos. Orfa lo hizo, pero Rut, debido a su preocupación por Noemí, insistió en seguirla hasta su hogar en Belén. *La reacción en cadena continuó.*

Al llegar a Belén, Rut tuvo un encuentro «casual» con un rico dueño de terrenos llamado Booz cuando espigaba buscando alimento en sus campos. Con el tiempo, Rut y Booz se acercaron, y finalmente ella se convirtió en esposa de Booz y le dio un hijo llamado Obed. ¿Y qué tiene que ver todo esto con una valiente prostituta llamada Rahab? Se nos dice que Rahab era la madre de Booz.[2] ¿Y por qué es eso tan significativo? Porque Obed, el hijo de Rut y Booz, fue el padre de Isaí, que fue el padre del rey David, el mayor monarca de Israel. *Cayeron más piezas del dominó.* Mil años después, el linaje de David —el linaje de Rahab, Rut y Booz— produjo un hombre llamado José, «que fue el esposo de María, de la cual nació Jesús, llamado el Cristo» (Mateo 1.16). ¡Caramba!

La verdad espiritual aquí es importante. Dudo que Rahab se considerase a sí misma una persona muy importante o exitosa. Es probable que fuese arrastrada a la prostitución porque era pobre y no tenía ningún otro medio para sostenerse. Ante los ojos de la mayoría, e incluso quizá de ella misma, no era nadie. Pero Dios la veía de manera diferente. Dios decidió utilizarla en el desarrollo de su gran historia de rescate y redención. El Autor de la gran historia había incluido a Rahab en la trama, y ella estuvo dispuesta a desempeñar el papel preparado para ella.

La mayoría de nosotros en la actualidad nos parecemos mucho a Rahab. Somos personas normales y corrientes que luchan por llevar lo que puede que nos parezca vidas comunes. Es difícil para nosotros ver cómo nuestras vidas pueden marcar una diferencia en la gran visión divina de restaurar y redimir a su creación y de rescatar a sus hijos. Y debido a que dudamos de que cualquier cosa que pudiéramos hacer podría ser importante, podemos fácilmente perdernos nuestras citas con el destino en la historia de Dios.

Cómo Nueva Jersey cambió a Corea

«De un solo hombre hizo todas las naciones para que habitaran toda la tierra; y determinó los períodos de su historia y las fronteras de sus territorios». (Hechos 17.26)

Otra propiedad de la reacción en cadena de las piezas del dominó es el modo en que una pieza muy pequeña puede derribar un dominó incluso mucho mayor. En efecto, cada pieza en una cadena puede hacer caer a otra la mitad de grande que ella misma. Pero aquí está la parte sorprendente: el impacto de una pieza de dominó de menor tamaño puede multiplicarse tanto que en una cadena de veintinueve piezas de dominó cada vez mayores, ¡la última en caer sería tan grande como el edificio del Empire State![3] Así es como un alumno de Princeton, Nueva Jersey, comenzó una reacción en cadena que lanzó a la iglesia cristiana en Corea.

En la década de 1880, Robert Wilder estaba entre la primera generación de hijos de misioneros estadounidenses. Debido a su niñez en India, al ser hijo de misioneros, tuvo una perdurable pasión por el campo misionero a pesar de estar crónicamente enfermo, de ser físicamente débil y de tener miedo a hablar en público. Pero Robert no es conocido actualmente por ser uno de los grandes misioneros de la historia; al contrario, es conocido por lanzar el movimiento Student Volunteer Movement for Missions [SVM: Movimiento Estudiantil Voluntario para las Misiones]. En su estadía en la universidad, en Princeton, él y otros cuatro alumnos firmaron el compromiso de convertirse en misioneros. *Cayeron cinco piezas del dominó.* Su entusiasmo era contagioso. Durante el año escolar de 1886–1887, Robert habló en 167 recintos universitarios diferentes, desafiando a los estudiantes a entregar sus vidas a la gran comisión.

Mientras predicaba en Chicago, habló a una audiencia en el seminario McCormick Theological Seminary entre quienes estaba Samuel Moffett. Este fue movido a firmar el Compromiso de Princeton, de Robert, y dos años después viajó a Corea. *Cayó otra pieza.* Unos años después, Samuel habló del evangelio con un joven coreano llamado Kiel Sun-chu, que se había desilusionado con su práctica del taoísmo. Kiel Sun-chu confió en Cristo y rápidamente *cayó otra pieza.* Después de convertirse en cristiano, Kiel participó activamente en la Iglesia Central Presbiteriana fundada por Moffett. Fue nombrado líder laico y finalmente llegó a ser uno de los primeros siete graduados del seminario Pyongyang Presbyterian.

Kiel fue uno de los instigadores del avivamiento de Pyongyang, un movimiento que comenzó en enero de 1907, cuando la oración y la confesión espontáneas surgieron durante unas reuniones regulares de la iglesia. *Cayeron miles de piezas del dominó*. Aquellos tiempos de ferviente oración son considerados ahora como el nacimiento de una iglesia coreana independiente y autosuficiente. Cuando Kiel murió en 1935, cinco mil personas asistieron a su funeral en Pyongyang. Había predicado el evangelio por todo el país y había hecho más que ninguna otra persona para hacer del cristianismo una fe coreana por medio de su trabajo social y sus esfuerzos en pro de la independencia coreana.

Pero las cadenas de dominós espirituales de Dios no son lineales; se entrecruzan con otras cadenas a medida que se entrelazan formando patrones increíblemente complicados. Una serie separada e igualmente sorprendente de acontecimientos se entrecruzó con la reacción en cadena de Robert Wilder. En *El vacío en nuestro evangelio*, relato la historia de una asombrosa serie de acontecimientos que comenzó con un maestro de escuela dominical llamado Edward Kimball, que condujo a un apartado muchacho de diecisiete años a Cristo en 1855. Su nombre era Dwight L. Moody, y llegó a ser el principal evangelista del siglo XIX, guiando a cientos de miles de personas a Cristo. Hubo una cadena directa a medida que cada persona tuvo influencia en la siguiente, desde Moody hasta F. B. Meyer y J. W. Chapman y hasta Billy Sunday y Mordecai Ham y, finalmente, hasta la conversión, más de setenta y cinco años después, de un muchacho de diecisiete años en Charlotte, Carolina del Norte, llamado Billy Graham en una campaña de avivamiento de Mordecai Ham. ¡Otro caramba!

Aquí está la conexión entre Moody y Wilder: en el verano de 1886, Robert Wilder asistió a una conferencia bíblica de un mes de duración organizada por D. L. Moody. Moody acordó permitir que Wilder condujese una noche dedicada a las misiones internacionales. Fue en esa conferencia de Moody donde nació el movimiento estudiantil de Wilder, dando comienzo al recorrido de Wilder de 167 recintos universitarios tan solo unas semanas después. Por tanto, Moody, y el maestro de escuela dominical Ed Kimball, que condujo a Moody a Cristo cuando era adolescente, fueron piezas del dominó clave en la reacción en cadena de Robert Wilder. ¿Puede usted captar tan solo una pequeña vislumbre de los propósitos increíblemente complicados que Dios orquesta con sus preciosas piezas de dominó?

Y el siguiente es otro resultado de la reacción en cadena Kimball-Moody-Wilder-Moffet: en 2001, en la celebración del cincuenta aniversario de la fundación de Visión Mundial en Seúl, Corea del Sur, tuve el privilegio de conocer al pastor Kyung-Chik Han. Tenía noventa y ocho años en ese momento y estaba en silla de ruedas. El pastor Han, supe, se había criado y había llegado a la fe en la iglesia establecida por Samuel Moffett. Cuando era joven, tuvo la oportunidad de asistir al seminario Princeton, al igual que Robert Wilder décadas antes. El pastor Han no solo llegó a ser otro gran líder de la iglesia coreana, sino que también se le acredita otra cosa. El pastor Han fue fundamental para alentar a un joven estadounidense llamado Robert Pierce, corresponsal de guerra destinado en Corea en el año 1950, a que formara una organización sin ánimo de lucro en Estados Unidos a fin de abordar la increíble pobreza de las viudas y los huérfanos coreanos como resultado del conflicto. En septiembre de 1950, Bob Pierce envió documentos a Portland, Oregón, para registrar una nueva organización sin ánimo de lucro a la que llamó Visión Mundial.

La iglesia en Corea ahora llega a los veintitrés millones, y envía más misioneros extranjeros que cualquier otro país fuera de Estados Unidos. Visión Mundial, que actualmente tiene cuarenta y cinco mil miembros en su personal en casi cien países, proporciona ayuda a cientos de millones de niños que viven en la pobreza cada año, todo ello debido a que un maestro de escuela dominical llamado Ed Kimball llegaba cada semana para enseñar, y un niño enfermizo llamado Robert Wilder hizo el compromiso de fomentar las misiones extranjeras. Al hablar del movimiento estudiantil que Wilder comenzó, un escritor dijo: «El SVM llegó a ser la mayor fuerza para las misiones que el mundo haya conocido jamás. Al menos veinte mil jóvenes fueron a otros países como resultado de su ministerio».[4]

Hagamos la cuenta. Debido a Kimball, Dios nos dio a Moody y a Billy Graham. Debido a Moody, a Wilder. Debido a Wilder, a Moffett. Debido a Moffett, a Kiel Sun-chu, Kyung-Chik Han, una explosión de cristianismo en Corea, y Visión Mundial. Esa es la profunda naturaleza de los dominós espirituales.

El mayor humanitario de nuestro tiempo

> El trabajo arduo y monótono es la piedra de toque del carácter. El mayor obstáculo en la vida espiritual es que buscaremos cosas grandes que hacer. Jesús tomó una toalla... y comenzó a lavar los pies de los discípulos.[5] —Oswald Chambers

Permítame contarle algo que probablemente no sepa. La persona que ha tenido quizá el mayor impacto respecto a la pobreza global, la pandemia del SIDA y la justicia económica en el planeta en los últimos veinticinco años es... espere a saberlo... Steve Reynolds. ¿Steve quién? Así es, no fue Bill Gates, ni Bill Clinton ni George Bush, ni la madre Teresa ni Jimmy Carter: fue Steve Reynolds. Permítame explicárselo.

En 1985, el joven Steve Reynolds trabajaba como directivo de comunicaciones de Visión Mundial en Etiopía, durante la que fue la peor hambruna de una generación. Si usted vivía en 1985, sabrá que la gran hambruna de Etiopía fue probablemente la principal historia del año, cuando el mundo entero se reunió para ayudar a ese país. El trabajo de Steve fue principalmente conseguir historias de primera línea del frente y enviarlas a los medios de comunicación de Estados Unidos, por lo que pasó muchos días tristes y difíciles en los campos de ayuda como testigo ocular de los horrores de la masiva inanición y posterior muerte, reuniendo información que esperaba que hiciera que más personas ayudaran desde casa. Steve era tan solo una pieza de dominó en medio de la enorme respuesta humanitaria dentro de Etiopía.

Un día recibió una llamada de las oficinas centrales pidiéndole si podía hospedar a una joven pareja europea, Ali y Paul Hewson, que querían visitar la zona de hambruna para saber directamente lo que estaba ocurriendo. Querían ayudar, pero sentían que primero tenían que verlo con sus propios ojos. Steve estaba dispuesto a ayudar. *Dos piezas más del dominó cayeron.* Sabiendo lo duras que serían las condiciones para los huéspedes y la impactante gravedad del sufrimiento humano, Steve dudó de si esa pareja podría aguantar varios días, pero accedió a ser su anfitrión. Para su sorpresa, aguantaron. Estuvieron allí casi un mes, remangándose la camisa para ayudar, ofreciendo ánimo, haciendo que los niños volvieran a reír, y mostrando una compasión incansable. Paul era músico, entretenía a los niños escribiendo pequeñas canciones acerca de comer verdura sana y lavarse las manos antes de comer. Paul y Ali finalmente regresaron a casa, pero no antes de haberse comprometido a hacer cualquier cosa que pudieran por ayudar. Quizá conozca mejor a Paul por su apodo: Bono.

Desde ese viaje en 1985, no cabe duda de que Bono, el cantante del fenomenal grupo irlandés de rock U2, ha *ayudado*. Han caído innumerables piezas de dominó. Él ha viajado por todo el mundo como abogado de los más pobres entre los pobres, y como defensor de la justicia. Se ha reunido con reyes y reinas, presidentes, primeros ministros y el papa. Ha recibido a miembros de parlamentos y congresos. Su apoyo al movimiento de suspensión de deuda de Jubilee 2000 resultó en miles de millones de dólares de suspensión de deuda para las naciones pobres, permitiéndoles invertir en construir escuelas y clínicas en vez de pagar intereses por sus deudas. Ha persuadido a gobiernos para conseguir miles de millones de dólares de ayuda para los pobres, culminando quizá con el mayor programa de asistencia extranjera de Estados Unidos desde el plan Marshall, el programa PEPFAR del presidente Bush, que declaró la guerra a una de las mayores pandemias humanitarias de nuestro tiempo: el SIDA. Lanzó la campaña One y ayudó a comenzar Product Red. Fue nominado para el premio Nobel de la Paz en 2003 y nombrado persona del año de la revista *Time* en 2005 junto a Bill y Melinda Gates. Desde 1985, su lista de logros a favor de los pobres del mundo podría literalmente llenar un libro entero.

En una entrevista hace unos años para la revista *Christianity Today*, Bono dijo esto acerca del impacto de Steve Reynolds y su viaje en 1985 a Etiopía con Ali:

> «Para mí, todo esto comenzó en Etiopía a mitad de los años ochenta, cuando mi querida esposa y yo fuimos allí como niños, realmente, para ver y trabajar en África», le dijo a la congregación de la iglesia Northeast Christian Church en Louisville.
>
> El promotor de Visión Mundial, Steve Reynolds, jugó un papel determinante, dice Bono. «Francamente, no hubiera sido posible que yo estuviera aquí si [Visión Mundial] no me hubiera llamado y pedido que hiciera ese viaje. Es un viaje que cambió mi vida para siempre».[6]

Veintisiete años después. Steve sigue trabajando para Visión Mundial. Ha trabajado en varias tareas y de multitud de formas, trabajando tras bambalinas a favor de las personas más pobres del mundo. Steve ha sido fiel en lo poco. Ha sido obediente a Dios y se ha tomado en serio su mandato de «amar al prójimo como a ti mismo». Steve ha estado dispuesto y disponible para ser usado siempre que Dios ha querido usarle. Y no cabe duda de que Dios le ha usado... como parte de una de las mayores reacciones en cadena de fichas de dominó liberadas en nuestro tiempo a favor de los pobres amados de Dios.

Cosas necias

El apóstol Pablo entendió que el movimiento cristiano en el primer siglo tenía que llevarlo a cabo gente común. Desde una perspectiva mundana, el cristianismo primitivo pendía de un hilo, guiado por una banda de hombres descritos en el libro de Hechos como comunes y sin estudios. No había entre ellos ningún miembro de la familia del César, ningún senador ni gobernador romano, ningún gran ciudadano romano rico o líder militar, sino tan solo un grupo de revolucionarios poco común: pescadores, comerciantes, recaudadores de impuestos y zelotes. Las probabilidades de que todo ese asunto del cristianismo pasara del año 50 A.D. habrían sido extremadamente remotas, de no haber sido por Dios. Cuando Pablo escribió las siguientes palabras a la joven iglesia corintia, entendió que Dios había escogido una manera distinta, una nueva manera de cambiar al mundo. Había escogido al débil en lugar del poderoso, al humilde antes que al noble, al pobre en lugar del rico, al siervo en lugar del maestro; había escogido a un bebé en un pesebre en vez de un rey en un palacio:

Dios había escogido una manera distinta, una nueva manera de cambiar el mundo. Había escogido al débil en lugar del poderoso, al humilde antes que al noble, al pobre en lugar del rico, al siervo en lugar del maestro; había escogido a un bebé en un pesebre en vez de un rey en un palacio

> Pues la locura de Dios es más sabia que la sabiduría humana, y la debilidad de Dios es más fuerte que la fuerza humana. Hermanos, consideren su propio llamamiento: No muchos de ustedes son sabios, según criterios meramente humanos; ni son muchos los poderosos ni muchos los de noble cuna. Pero Dios escogió lo insensato del mundo para avergonzar a los sabios, y escogió lo débil del mundo para avergonzar a los poderosos. También escogió Dios lo más bajo y despreciado, y lo que no es nada, para anular lo que es, a fin de que en su presencia nadie pueda jactarse. (1 Corintios 1.25–29)

Pablo lo entendió. Y como entendió la importancia de lo que Dios quería hacer con su iglesia y a través de ella, estableció los principios mediante los cuales una coalición de lo común podría lograr lo extraordinario. En 1 Corintios 12, establece la poderosa metáfora de la iglesia como un cuerpo:

> Ahora bien, el cuerpo no consta de un solo miembro sino de muchos. Si el pie dijera: «Como no soy mano, no soy del cuerpo», no por eso dejaría de ser parte del cuerpo. Y si la oreja dijera: «Como no soy ojo, no soy del cuerpo», no por eso dejaría de ser parte del

cuerpo. Si todo el cuerpo fuera ojo, ¿qué sería del oído? Si todo el cuerpo fuera oído, ¿qué sería del olfato? En realidad, *Dios colocó cada miembro del cuerpo como mejor le pareció.* Si todos ellos fueran un solo miembro, ¿qué sería del cuerpo? Lo cierto es que *hay muchos miembros, pero el cuerpo es uno solo.*

El ojo no puede decirle a la mano: «No te necesito». Ni puede la cabeza decirles a los pies: «No los necesito». Al contrario, *los miembros del cuerpo que parecen más débiles son indispensables,* y a los que nos parecen menos honrosos los tratamos con honra especial. Y se les trata con especial modestia a los miembros que nos parecen menos presentables, mientras que los más presentables no requieren trato especial. *Así Dios ha dispuesto los miembros de nuestro cuerpo, dando mayor honra a los que menos tenían,* a fin de que no haya división en el cuerpo, sino que sus miembros se preocupen por igual unos por otros. Si uno de los miembros sufre, los demás comparten su sufrimiento; y si uno de ellos recibe honor, los demás se alegran con él. Ahora bien, ustedes son el cuerpo de Cristo, y cada uno es miembro de ese cuerpo. (vv. 14–27, énfasis del autor)

Pablo usó esta asombrosa metáfora para revelar cómo quería Dios trabajar mediante su iglesia para lograr la misión de su reino de rescatar a sus hijos y comenzar el proceso de restaurar su creación. La estrategia de Dios fue organizar a sus discípulos en un «cuerpo», al cual llamó la iglesia. Este cuerpo tendría capacidades mucho más allá de las que pudiera tener un solo discípulo, al igual que cincuenta mil piezas de dominó se pueden organizar para hacer algo que no puede hacer una sola. De este pasaje podemos extraer cinco *principios del dominó,* y es crucial que los discípulos de Cristo los entiendan.

1. El conjunto es más fuerte que la suma de las partes.

Una pieza de dominó no sirve de mucho sin el apoyo de las demás piezas. Pablo pinta un cuadro humorístico de un cuerpo que es tan solo una oreja o un ojo gigante. Por supuesto, tal cuerpo no podría operar porque le faltarían todas las demás funciones vitales. Esta es una razón por la que todos los discípulos son llamados a formar parte de una iglesia local y unirse a otros creyentes en adoración, formación, oración y enfoque misionero externo.

2. Todos tienen una función distinta que desempeñar.

Lo que es obvio de un cuerpo —que los oídos, ojos, riñones y pies tienen funciones distintas pero complementarias—, es también cierto de la iglesia. Dios nos ha creado a cada uno con un surtido único de dones y habilidades, también nos ha dado distintas experiencias en la vida y nos ha situado individualmente en lugares distintos. No todos vivimos en Hoboken, Nueva Jersey, ni todos estamos conectados a las mismas personas, oportunidades y recursos. Esta diversidad de capacidades y conexiones es la mayor fortaleza de la iglesia.

3. Cada función es vital.

En una reacción en cadena de cincuenta mil piezas de dominó, ¿cuál de ellas es la más importante? Todas. Pablo enfatizó en gran manera que «los miembros del cuerpo que parecen más débiles son indispensables» y que «a los que nos parecen menos honrosos los tratamos con honra especial» (1 Corintios 12.22–23). Creo que destacó este punto a fin de sofocar cualquier atisbo de jerarquía, estatus o falso prestigio dentro de la iglesia. De nuevo, Pablo entendió que Dios quería usar poderosamente lo «débil», lo «bajo» y «las cosas que no son» para lograr sus grandes propósitos, por eso era totalmente clave que cada uno de los seguidores de Cristo entendiera que tenía una función clave que desempeñar en el reino de Dios, y que ninguna función era insignificante.

4. Somos interdependientes.

¿Cuántas piezas de dominó tienen que fallar para que fracase toda la reacción en cadena? Solo una. ¿Qué habría pasado si Robert Wilder no hubiera comenzado el SVM o Samuel Moffett no hubiera ido a Corea, si Bono nunca hubiera ido a África o Steve Reynolds no hubiera querido ser su anfitrión; si Ed Kimbal hubiese dejado de enseñar en la escuela dominical o D. L. Moody nunca hubiese entregado su vida a Cristo? Todo cambia. Si un eslabón de la cadena falla en hacer su función designada, toda la cadena de eventos se ve alterada. Ahora bien, Dios sigue siendo soberano y sus propósitos se cumplirán de una forma o de otra, pero cuando cualquiera de nosotros no hace aquello para lo que Dios le creó, de algún modo cambia el curso a peor; hay consecuencias. Siempre las hubo para la nación judía en el Antiguo Testamento, por no obedecer a Dios: plagas, cautiverio e incluso el retraso de las promesas de Dios. En el libro de Ester, cuando su primo Mardoqueo habla con ella acerca de la función vital que está

> **Sea usted quien sea y dondequiera que se encuentre, sepa que el Rey le ha puesto en ese lugar para lograr su buena voluntad.**

llamada a desempeñar para salvar al pueblo judío del rey Jerjes, dice esto: «Si ahora te quedas absolutamente callada, de otra parte vendrán el alivio y la liberación para los judíos, pero tú y la familia de tu padre perecerán. ¡Quién sabe si no has llegado al trono precisamente para un momento como éste!» (Ester 4.14). Mardoqueo reconoció dónde estaba situada la pieza de dominó de Ester y la función en la que Dios la situó a ella concretamente. Pero también reconoció que Dios proveería una manera distinta de salvar a su pueblo si Ester fallaba. Dijo que su fallo tendría consecuencias: «tú y la familia de tu padre perecerán». Si Ester fallaba, la reacción en cadena también fallaría, pero aun así Dios encontraría una manera de llevar a cabo sus propósitos, y habría consecuencias para Ester y posiblemente para los que estaban por delante de ella en la cadena de eventos. ¿Podría también este «fallo en obedecer» explicar por qué dos mil años después de que se diera la gran comisión, la misión que Cristo dio a su iglesia aún esté por terminar?

5. Dios da vida al cuerpo.

Dios no solo ordena las piezas del dominó, sino que creó cada una de ellas: «Dios colocó cada miembro del cuerpo como mejor le pareció» (1 Corintios 12.18). Él es el verdadero Kinetic King. Un cuerpo muerto tiene las mismas partes que uno vivo. Dios da vida y propósito a la iglesia a través de su Espíritu Santo así como el Kinetic King del dominó toma una caja de dominó, palos, copas y artilugios sin vida para crear espectaculares reacciones en cadena. Si piensa en la complejidad de los seres humanos y las formas infinitas de colocarlos y arreglarlos en nuestro mundo, rápidamente se dará cuenta de la importancia de aquel que los une y conecta a todos para lograr su voluntad. Sea usted quien sea y dondequiera que se encuentre, sepa que el Rey le ha puesto en ese lugar para lograr su buena voluntad, «pues Dios es quien produce en ustedes tanto el querer como el hacer para que se cumpla su buena voluntad» (Filipenses 2.13).

Las cartas que le han tocado

Mi gran preocupación no es si usted ha fallado o no, sino saber si está contento o no con su fallo.[7]—Abraham Lincoln

Antes de concluir este capítulo, tengo que tratar quizá el mayor obstáculo que impide a los seguidores de Cristo convertirse en las personas que él quiere que sean; lo llamo el síndrome del perdedor, creer que usted no puede hacer algo significativo para Dios. A veces eso se disfraza de humildad en la iglesia. Usted no es lo suficientemente inteligente, rico, talentoso, valiente o espiritual para marcar la diferencia en la gran obra del reino de Dios. Es algo que pueden hacer otras personas, pero no usted. Su pastor tiene la preparación necesaria para hacerlo; su vecino tiene más habilidades. Siempre otra persona es un mejor líder o tiene mejor formación. Una vez que cree estas mentiras, se cumplirán por su propia naturaleza... y ¿sabe qué? Usted no será muy útil para Dios.

Hay un asunto relacionado que también le hará ser bastante inútil, y es la actitud de que si le hubieran tocado mejores cartas, podría haber hecho mucho más. Tuvo una infancia difícil; eso le dejó algunas cicatrices emocionales y no pudo ir a la universidad. Tomó algunas decisiones equivocadas cuando era más joven y nunca llegó a recuperarse del todo. Quizá se ha divorciado y es madre o padre soltero, o sufre una enfermedad crónica, o está al borde de la bancarrota o sin empleo. Le han pasado por alto en el trabajo y en la vida. Es demasiado tarde para darle la vuelta a todo. Seamos francos, es un perdedor al que le ha tocado una mala mano de cartas.

Pero escuche esto: Dios no hace perdedores. Jesús vino para transformar a los perdedores en ganadores. Usted es un hijo del Rey, un milagro único e irrepetible, fue creado para desempeñar una función vital en la gran historia de Dios. Y Dios realmente quiere usarle para cambiar al mundo. Hace un par de años hablé a un grupo de adolescentes en el programa de capacitación de jóvenes de Visión Mundial en Washington, D.C. Esos chicos eran de algunos de los vecindarios urbanos y rurales más difíciles. Habían sufrido abusos y negligencias, habían pasado por el sistema de apadrinamiento de acogida, les habían presionado para formar parte de las pandillas, les habían amenazado con violencia y, por lo general, todos tenían una mala mano de cartas. Bien podían haberse visto a sí mismos como perdedores. Así que les conté la historia de otro chico que había tenido una mano bastante mala de cartas también.

Ese chico tuvo un mal comienzo. A los siete años, él y sus padres se vieron forzados a abandonar su hogar. Después su madre murió cuando él tenía nueve años. Como resultado, nunca terminó la escuela primaria, así que mucho menos la secundaria o la universidad. A los veintitrés años intentó comenzar una empresa, pero fracasó. Después probó suerte en la política, intentando ocupar un cargo en su estado y perdió. Luego perdió su empleo. Quería ir a estudiar derecho, pero no pudo entrar. A los veinticuatro pidió dinero prestado para comenzar otra empresa, pero también fracasó, y pasó los siguientes diecisiete años intentando pagar la deuda. A los veintiséis se comprometió con su novia, pero ella murió antes de la boda. A los veintisiete tuvo un colapso nervioso total y pasó seis meses en cama. Hablando de perdedores, este tipo debió haberse rendido ahí mismo.

A los veintinueve volvió a intentarlo en la política, presentándose a la legislatura de su estado, y volvió a perder. Dos años después, lo volvió a intentar y perdió de nuevo. Tres años después se presentó al Congreso. Lo ha adivinado: volvió a perder porque eso es lo que hacen los perdedores. A los treinta y siete volvió a presentarse al Congreso y esta vez ganó, pero dos años después cuando quiso ser reelegido, por supuesto, volvió a perder. Abandonó la política nacional, intentó conseguir un trabajo más humilde como administrador de bienes raíces en su estado natal, pero fue rechazado. Luego tuvo la idea nada buena de presentarse dos veces al senado de Estados Unidos (perdió en ambas ocasiones), y después intentó la nominación para vicepresidente volviendo a fracasar. Era un tipo que claramente no sabía cuándo rendirse. Tenía peores cartas que ninguna otra persona. Quizá había sido un perdedor, pero no estaba dispuesto a rendirse. En vez de abandonar el juego como la mayoría de la gente hace, estaba decidido a seguir jugando.

¿Y cuál es el punto de esta historia? ¿Se ha rendido usted? ¿Ha llegado a la conclusión de que las cartas que le han tocado no son ganadoras? ¿Se ha convencido a sí mismo de que Dios no puede usar a alguien como usted, que es un perdedor? ¿Está usted, quizá, incluso enojado con Dios por darle esas cartas? ¿Está cansado de levantarse después de cada fracaso y revés?

Lo más destacado de nuestro amigo «perdedor» es que nunca prestó atención a esa voz interior que le decía que era un don nadie. Porque, verá, él era un hombre de fe, y sabía que Dios no hace perdedores. Sabía que su trabajo era jugar con las cartas que le habían tocado lo mejor que pudiera y dejarle a Dios eso de ganar o de perder. Cuando tenía cincuenta y un años, tras toda una vida de fracasar y perder, tuvo la osadía de presentarse para presidente de Estados Unidos. Quizá se le conoce mejor como Abraham Lincoln, el decimosexto y quizá mejor presidente de Estados Unidos que jamás tuvo nuestro país. Durante toda su vida, Abraham Lincoln tuvo las peores cartas imaginables. Sufrió fracaso tras fracaso, dificultad tras dificultad, pero cada una de las veces se levantó, se sacudió el polvo y tomó la decisión consciente de no permitir que sus circunstancias le definieran. Lincoln terminó con la esclavitud, guió a la nación durante la Guerra Civil y preservó la Unión Americana. Además, pagó el precio más alto por su servicio cuando le dispararon y murió el 14 de abril de 1865. Cambiar el mundo para Cristo no es fácil, siempre hay un precio que pagar. Abraham Lincoln fue un seguidor de Jesucristo, un hijo del Rey, y creyó contra todo pronóstico que había un papel que podía desempeñar en la gran historia de Dios, porque Dios no hace perdedores.

Una vara, una honda, una red y una pluma

Quizá haya oído decir que «Dios no llama al que está equipado, sino equipa a los que llama». Si echamos un vistazo a la historia y específicamente a esos hombres y mujeres que Dios ha usado para cambiar al mundo, podemos consolarnos sabiendo que Dios usa lo necio, y a menudo las personas menos probables, para avergonzar a los sabios. Moisés, un simple pastor, desafió al hombre más poderoso de la tierra, el faraón, solo con una vara en su mano. Esa misma vara abrió el Mar Rojo y guió a la nación a la tierra prometida. Dios usó a Moisés.

David era el menor de los diez hijos de Isaí, el enano de la camada, pero se plantó ante Goliat solo con una honda en su mano y gritó con confianza: «Tú vienes contra mí con espada, lanza y jabalina, pero yo vengo a ti en el nombre del Señor Todopoderoso, el Dios de los ejércitos de Israel, a los que has desafiado. Hoy mismo el Señor te entregará en mis manos; y yo te mataré y te cortaré la cabeza» (1 Samuel 17.45–46). Dios usó a David.

Pedro, un pescador inculto que trabajaba con sus redes, fue la opción de Jesús para convertirle en un pescador de hombres y guiar a su iglesia. Y Dios usó a Pedro.

Pablo, un fariseo bien educado, desafió al Imperio Romano desde la celda de una prisión con solo palabras y una pluma. Dios también usó a Pablo.

La única característica que todos esos hombres tuvieron en común fue que estuvieron dispuestos a tomar lo que tenían en sus manos y ponerlo al servicio de Dios, dispuestos a ser usados por Dios para lograr su voluntad a pesar del costo. Y Dios los usó. Debería animarnos mucho saber que el plan de Dios no descansa en nuestra grandeza, sino más bien en la de

Cuando nos enfrentemos a nuestro Goliat, estemos encerrados en alguna celda o nos sintamos incompetentes para la tarea, podemos consolarnos sabiendo que el Dios que nos hizo en el vientre de nuestra madre también nos ha puesto en el mundo «para un momento como este» (Ester 4.14).

él. Debemos simplemente estar dispuestos a ser usados. Dios nos ha llamado a cada uno de nosotros a seguirle y unirnos a él en la misión de su reino, a desempeñar una función en la gran historia que está escribiendo. Cuando nos enfrentemos a nuestro Goliat, estemos encerrados en alguna celda o nos sintamos incompetentes para la tarea, podemos consolarnos sabiendo que el Dios que nos hizo en el vientre de nuestra madre también nos ha puesto en el mundo «para un momento como este» (Ester 4.14). Y él no nos abandonará. Ningún Goliat al que nos enfrentemos es más fuerte que el Dios al que servimos. Solo necesitamos poner nuestra vida a su servicio.

13

Puestos fronterizos del reino

> Por tanto, vayan y hagan discípulos de todas las naciones, bautizándolos en el nombre del Padre y del Hijo y del Espíritu Santo, enseñándoles a obedecer todo lo que les he mandado a ustedes.
> —MATEO 28.19–20

> No conozco ninguna denominación o iglesia local existente que tenga como objetivo enseñar a su congregación a hacer todo lo que Jesús dijo.[1]
> —DALLAS WILLARD

Los primeros doce capítulos de este libro se han enfocado principalmente en nosotros como seguidores individuales de Cristo. Comenzamos con el sentido de nuestra vida y la historia de misterio en la que cada uno nacimos. Después abordamos algunas de las grandes preguntas de la vida:

- ¿Cuál es la gran historia que Dios está escribiendo?
- ¿Cómo culminó en la vida, muerte y resurrección de Jesús?

- ¿Por qué estaba Jesús obsesionado con la venida del reino de Dios?
- ¿Por qué se fue Jesús después de su muerte y resurrección?
- ¿Cómo entendemos la misión del reino que Jesús nos dio antes de irse?
- ¿Dónde hacen intersección nuestras vidas hoy con esa misión?
- ¿Qué respuesta demanda Dios de nosotros?
- ¿Cómo discernimos nuestro llamado, nuestra función única, en la misión de Dios?
- ¿Realmente usa Dios a las personas comunes para hacer cosas extraordinarias?

Hasta ahora, todo eso ha estado enfocado principalmente en cómo quiere Dios que participemos individualmente en su gran obra. Pero él ha decidido sabiamente organizar a sus seguidores en comunidades llamadas iglesias. Ninguno de nosotros fue diseñado para hacer solo este viaje. Así que ahora debemos abordar la pregunta de por qué existen las iglesias y cómo quiere Dios que su iglesia lleve a cabo sus propósitos en el mundo.

Para ser consecuentes con todo esto, podríamos decir que la única razón por la que tenemos que organizarnos es porque Jesús nos dejó aquí. Como vimos en el capítulo 3, quizá él podría haber puesto fin a toda la historia entonces: el juicio final, la derrota del pecado y el mal, la resurrección de los fieles que partieron, la restauración de la creación de Dios y el establecimiento final de su reino eterno. Esto podría haber sido una película mucho más corta. Pero, como sabemos, no lo cerró todo con un gran lazo. Al contrario, comenzó un nuevo capítulo con la intención de extender las buenas nuevas de su reino a todas las personas posibles. Las puertas del reino de Dios se abrieron para todos como resultado de la muerte expiatoria y la resurrección de Jesús, y nosotros recibimos la tarea de invitar a todos a entrar. El personaje principal en este nuevo capítulo es la iglesia; es más, este periodo de tiempo después de la ascensión y antes de la segunda venida de Cristo es conocida comúnmente como la «era de la iglesia». La misión de estas comunidades recién incorporadas de discípulos, apodada la iglesia, era ahora ir al todo el mundo e invitar a los hijos de Dios a entrar, a reconciliarse con el Padre, y a convertirse en discípulos y embajadores de una nueva forma de vivir. Jesús dijo que una vez lograda esa

La única razón por la que tenemos que organizarnos es porque Jesús nos dejó aquí.

tarea de invitar, reconciliar y discipular de manera extensa, profunda y suficiente, entonces regresaría.

Conclusión: la iglesia se estableció con un propósito.

La implicación de esto, por tanto, es profunda: el propósito principal de la iglesia es dar gloria a Dios logrando la gran comisión que encomendó Jesús. Todo lo demás —adoración, predicación, enseñanza, discipulado, cuidado congregacional, los sacramentos, alimentar a los hambrientos, cuidar de los pobres, etc.—, aunque es valioso para nosotros y agradable a Dios por sí mismo, se constituye finalmente en medios para el fin de terminar fielmente la tarea que Jesús le dio a la iglesia antes de irse.

Si comparamos la misión de la iglesia con la de un ejército en guerra, ocurre lo mismo: todo lo que ocurre en el campamento de entrenamiento es un medio para el fin de preparar a los soldados para lograr su misión y ganar la guerra. Nuestras iglesias son los campamentos de la revolución del reino. No quiero minimizar la importancia de las muchas otras funciones que desempeña la iglesia en nuestras vidas como seguidores de Jesús. Las iglesias sin duda son comunidades de creyentes unidas por una creencia y misión compartidas. Cuando se alinean apropiadamente con Cristo, pueden enriquecer cada dimensión de nuestra existencia y sernos de gran ayuda y consuelo, tanto en tiempos de necesidad como de abundancia. Pero todo eso, quiero sugerirle, conlleva en sí mismo el primordial objetivo de profundizar y fortalecer al pueblo de Dios para hacer la obra de Dios y hacerlo a la manera de Dios. No se equivoque; el pueblo de Dios ha sido llamado a una tarea, y la responsabilidad de la iglesia es equiparlo para hacerlo. Por eso Pablo dice poderosamente que Cristo nos ha dado (a su iglesia) el *ministerio de la reconciliación* y ahora nos ha comisionado como sus *embajadores*; su exhortación al mundo se hace literalmente a través de nosotros:

El propósito principal de la iglesia es dar gloria a Dios logrando la gran comisión que encomendó Jesús.

> Por lo tanto, si alguno está en Cristo, es una nueva creación. ¡Lo viejo ha pasado, ha llegado ya lo nuevo! Todo esto proviene de Dios, quien por medio de Cristo nos reconcilió consigo mismo y nos dio el ministerio de la reconciliación: esto es, que en Cristo, Dios estaba reconciliando al mundo consigo mismo, no tomándole en cuenta sus pecados y encargándonos a nosotros el mensaje de la reconciliación. *Así que somos embajadores de Cristo, como si Dios los exhortara a ustedes por medio de nosotros.* (2 Corintios 5.17–20, énfasis del autor)

La idea de que Dios ha decidido hacer su exhortación al mundo a través de usted y de mí literalmente me provoca escalofrío cada vez que lo leo. Su misión: reconciliar al mundo consigo mismo. Su estrategia: la iglesia. Sus soldados: usted y yo. ¿Puede haber en algún otro lugar un llamado más sublime, una misión más urgente o una prioridad más importante? La gran historia de Dios aún no está terminada. El siguiente capítulo lo está escribiendo la iglesia.

Viva la revolución

He usado la metáfora de una revolución para describir la venida del reino de Dios a través de la obra de la iglesia. La definición que da el diccionario de revolución es «un derrocamiento o rechazo y la total sustitución de un gobierno establecido o sistema político por la gente que estaba siendo gobernada» o «un cambio radical y generalizado en la sociedad y la estructura social».[2]

Las revoluciones desafían los valores existentes de una cultura, una nación o una sociedad. Las revoluciones se alimentan de un sentimiento de rabia en contra de la forma en que son las cosas: la falsedad, la corrupción, la injusticia, la hipocresía y la opresión. Buscan reemplazar los principados y poderes que tienen el control con una forma de gobierno que se levanta en claro contraste, y obtienen más ímpetu a medida que más y más gente se une a la revolución y la lleva a su punto culminante.

Al analizar la gran comisión que nos dio Cristo, veo ese tipo de principio revolucionario:

> Se me ha dado toda autoridad en el cielo y en la tierra. Por tanto, vayan y hagan discípulos de todas las naciones, bautizándolos en el nombre del Padre y del Hijo y del Espíritu Santo, enseñándoles a obedecer todo lo que les he mandado a ustedes. Y les aseguro que estaré con ustedes siempre, hasta el fin del mundo. (Mateo 28.18–20)

Para parafrasearlo: «Mi "gobierno en el exilio" ha regresado para derrocar el régimen establecido. Vayan como embajadores míos a las personas de todas las naciones y alístenlas para que se conviertan en ciudadanos de mi reino, llamándoles a salir de la corrupción del *status quo*. Enséñenles las nuevas formas de pensar y vivir bajo mi autoridad, y luego envíelos también, para unirse a la revolución».

Como revolución que es, busca cambiar una sociedad desde dentro, establece puestos fronterizos, sitios donde los revolucionarios se juntan para planear y organizar, entrenar a sus soldados, movilizar recursos y luego enviarlos fuera a intentar extender su territorio. El agitado cambio en el Medio Oriente que comenzó con la Primavera Árabe en 2011 le ha dado al mundo un fresco destello de cómo operan las revoluciones, comenzando pequeñas y aumentando a medida que más gente abraza las metas y principios revolucionarios y se unen a la causa. El resultado ha sido que gobiernos enteros han sido derribados, se han adoptado nuevas constituciones y se han instalado nuevos líderes. Las revoluciones estremecen el *status quo*.

Aunque no estoy sugiriendo de modo alguno que la iglesia debiera montar una revolución violenta, sugiero que ella debe adoptar una mentalidad revolucionaria. Sin duda, estamos intentando derribar los regímenes prevalecientes que han oprimido a la raza humana desde la caída, los que están basados en el poder, el dinero, la opresión, la corrupción y el engaño. Estamos intentando reemplazarlos por las buenas nuevas del gobierno de Dios, basado en la verdad, el amor, el perdón, la compasión y la justicia. Estamos intentando estremecer las cosas.

He escrito en mi anterior libro que el manifiesto de la revolución de este reino se encuentra en el gran pasaje mesiánico de Isaías 61, que Jesús leyó en la sinagoga de Nazaret al comienzo de su ministerio público. Este evento, narrado en Lucas 4, fue una declaración de la identidad y misión de Jesús:

> El Espíritu del Señor omnipotente está sobre mí, por cuanto me ha ungido para anunciar buenas nuevas a los pobres. Me ha enviado a sanar los corazones heridos, a proclamar liberación a los cautivos y libertad a los prisioneros, a pregonar el año del favor del Señor. (Isaías 61.1–2)

De esto podemos ver las estrategias principales de la revolución que Jesús vino a iniciar:

- **Proclamación**: contar las buenas nuevas de que el Mesías ha venido, los pecados han sido perdonados, y el reino de Dios ahora está disponible para todo aquel que se arrepienta y crea.
- **Compasión**: el reino del Mesías caracterizado por el amor y por una preocupación por las necesidades físicas, emocionales, relacionales y espirituales de las personas.
- **Justicia**: la justicia y el jubileo de Dios, ahora establecidos, nos liberan de todo tipo de opresión y explotación a manos de los hombres.

Esto es, sin duda, lo que Jesús modeló durante los siguientes tres años. Proclamó con osadía las buenas nuevas, pero siempre acompañó su predicación con acción: sanando, alimentando, perdonando y cuidando. Una de las principales razones por las que la gente lo escuchaba era porque sus acciones hablaban tan alto como sus palabras. Ayude a las personas, alimente a las personas, sane a las personas y ame a las personas y, sin duda, no le sorprenderá que estén dispuestos a escuchar lo que tenga que decir. Jesús también trató la injusticia y la hipocresía de los fariseos, reprendiéndoles por desatender la justicia, la misericordia y la fidelidad.

> ¡Ay de ustedes, maestros de la ley y fariseos, hipócritas! Dan la décima parte de sus especias: la menta, el anís y el comino. Pero han descuidado los asuntos más importantes de la ley, tales como la justicia, la misericordia y la fidelidad. Debían haber practicado esto sin descuidar aquello. (Mateo 23.23)

Las palabras y acciones de Jesús representaban un tipo simbólico de «cambio de la maldición». Él perdonó pecados, sanó enfermedades, echó fuera demonios. Brindó la cura para los males que trajo sobre nosotros la caída. Estaba lidiando con las consecuencias del pecado al tratar primero sus síntomas y después ofrecer una cura permanente. Jesús estaba proveyéndonos una probadita de su reino supremo cuando toda lágrima sería enjugada; pecado, sufrimiento, enfermedad, injusticia y muerte ya no existirán, cuando él reinará para siempre. Por eso, cuando la iglesia imite las palabras y hechos de Jesús, cuando abrace la misión redentora de Jesús, también se hará eco del reino que vendrá y mantendrá viva la esperanza para un mundo herido. Así como Juan el Bautista preparó el camino del Señor, y enderezó los caminos para Jesús en su primera venida, así las iglesias deben ser los puestos fronterizos revolucionarios del reino que preparan el camino para su Segunda Venida.

Las palabras y acciones de Jesús representaban un tipo simbólico de «cambio de la maldición».

¿Cuáles son entonces las marcas de estos nuevos puestos fronterizos del reino y cómo cumplen mejor las tareas que Jesús les encomendó? Permítame sugerir cinco dimensiones que deberían definirnos como comunidades de creyentes:

1. Adoración

Comenzamos reconociendo la majestad de Dios, el poder de Dios y la autoridad de Dios en nuestras vidas individuales y colectivas. Él es el Rey y nosotros intentamos vivir en su reino bajo su gobierno perfecto. Él es todo en todo. Pedimos que nos llene de su Espíritu, y oramos sin cesar en el conocimiento de que él debe capacitarnos si queremos lograr algo en su nombre.

2. Modelar

Queremos mostrar una nueva forma de vida postrevolucionaria, modelando los nuevos principios, los nuevos valores y las nuevas prácticas que caracterizan el plan de Dios para el desarrollo humano. Somos compasivos, buenos y generosos con nuestros recursos. Cuidamos los unos de los otros mostrando lo que significa amar al prójimo como a nosotros mismos. Vivimos nuestros valores y confirmamos un nivel de cuidado que no se encuentra en otras comunidades. Nos convertimos en el cambio que queremos ver en nuestro mundo y, al hacerlo, demostramos una probada del futuro reino de Dios: ejemplos vivos y modelos atractivos que se alzan en claro contraste con los sistemas humanos fallidos por los que otros viven.

3. Discipular

Invertimos nuestro tiempo y esfuerzo en ser conformados más a su voluntad. O, como lo dijo John Stott: «ser más como Cristo, porque ser conformados a imagen de Cristo es la voluntad de Dios para su pueblo».[3] La iglesia se convierte en nuestra academia de por vida para el discipulado, el campamento donde entrenar nuestra mente y nuestro cuerpo para convertirnos en embajadores eficaces de Cristo en el mundo. Reconocemos que sin disciplina no podemos modelar la nueva manera de vivir de Cristo ante el mundo así como el atleta no puede ganar una carrera sin entrenar:

> Corran, pues, de tal modo que lo obtengan. Todos los deportistas se entrenan con mucha disciplina. Ellos lo hacen para obtener un premio que se echa a perder; nosotros, en cambio, por uno que dura para siempre. (1 Corintios 9.24–25)

4. Movilizar

Como tenemos una misión, organizamos, planificamos y nos movilizamos para lograr lo que nos han encomendado. Nombramos líderes y organizamos a nuestra gente de acuerdo a sus dones y llamados.

Valoramos las oportunidades, juntamos recursos e identificamos las estrategias que nos permitirán desafiar los valores establecidos de nuestro mundo y nos permitirán comenzar el proceso de restauración y reconciliación que Dios desea. Nos convertimos en líderes de la revolución.

5. Ir

No nos quedamos dentro de las cuatro paredes de nuestros hogares e iglesias, sino que vamos, equipamos y extendemos la revolución: «Destruimos argumentos y toda altivez que se levanta contra el conocimiento de Dios, y llevamos cautivo todo pensamiento para que se someta a Cristo» (2 Corintios 10.5). Mandamos a nuestros «soldados» a las líneas del frente. Vamos a nuestro mundo, vecindarios, escuelas, lugares de trabajo, pueblos y ciudades mostrando esta nueva forma de pensar y vivir. Hablamos de las buenas nuevas de que a través de Cristo todos los pecados pueden ser perdonados y que el reino de Dios ahora está disponible para todos. Consolamos al enfermo, alimentamos al hambriento, cuidamos de los pobres y defendemos la justicia. Lideramos con amor en nuestro corazón y verdad en nuestros labios, ganándonos el respeto y la confianza, haciendo amigos e infundiendo esperanza. Nos convertimos en el *agradable aroma de Cristo* para todos aquellos a los que nos encontramos e invitamos al banquete de bodas del Rey.

Entonces, ¿a qué podría parecerse esto en la práctica? Jesús visualizó que estas comunidades de creyentes transformarían al mundo en el que vivimos, algo parecido a cuando la primavera derrite el frío y la nieve del invierno liberando la exuberancia del brote de la nueva vida. Seríamos atraídos a los lugares fríos, los lugares quebrantados, las aristas de nuestro mundo. Seríamos atraídos a las heridas abiertas de nuestra sociedad: pobreza, enfermedad, hambre, injusticia y explotación, convirtiéndonos en un bálsamo de sanidad para todos los que se sienten marginados, excluidos y desechados. Seríamos la voz de equidad, inclusión y transparencia en nuestros gobiernos y ayuntamientos, de pie como faros de integridad, compasión y razón en nuestros lugares de trabajo. Nos pondríamos junto a la mamá soltera; tomaríamos la causa de los pobres y los extranjeros, y lucharíamos a favor de los maltratados, y llevaríamos una esperanza real a los que no la tienen. Nuestra generosidad asombraría, nuestra determinación sorprendería y nuestro amor sería irresistible. La primavera florecería desde la iglesia con una nueva vida a medida que los embajadores del reino del Señor salgan a anunciar y demostrar esta nueva forma de vivir: creyendo lo que oramos, que «venga su reino, que se haga su voluntad, como en el cielo, así también en la tierra» (Mateo 6.10, paráfrasis del autor).

Mientras daba un sermón, uno de los pastores de mi congregación, Ken Kierstead, lamentaba que de algún modo la iglesia en Estados Unidos fuera cada vez menos relevante en nuestra sociedad; que la gente mostrara cada vez menos interés en lo que los cristianos tenían que decir o aportar; que el cristianismo ya no se viera como algo que ofrece ideas interesantes o enfoques relevantes para los asuntos de nuestros días. Al intentar explicar esa incapacidad de penetrar en nuestra cultura, él dijo esto: «Es como si nos hubieran vacunado con un virus de Jesús más débil que nos hace resistentes a lo verdadero. Oro por un virus para el que no haya vacuna».[4]

Como ocurre con las vacunas, un poco de cristianismo inyectado en una sociedad hace que esta se haga inmune al virus que la ataca. Si la iglesia, en su responsabilidad de multiplicar el reino de Dios, se tiene que extender como un virus, como lo hizo en sus primeros siglos, entonces el virus debe extenderse con toda su fuerza, no de una forma débil y anémica. Tenemos que relanzar y reiniciar la revolución.

Una revisión de cinco puntos

Si uno observa las iglesias del norte[5] del globo con las lentes de «liderar la revolución» que Jesús comenzó, puede encontrar todo un espectro de resultados: lo bueno (¡incluso lo magnífico!), lo malo y lo feo. Es peligroso generalizar porque de los cientos de miles de comunidades de fe, hay muchas que lo han hecho bien. Al menos se han acercado a hacerlo bien según sus posibilidades. Hay claramente muchas que lo han hecho mal. Incluso al final del primer siglo, en las cartas a las siete iglesias que vemos en Apocalipsis, vemos una distribución similar de resultados: buenos, malos y sí, feos. Yo no soy un erudito en el tema de la iglesia, ni estoy en disposición, por fortuna, de juzgar a todos, pero quiero animar a esos pastores y congregaciones que verdaderamente quieren ser fieles y eficaces en la tarea que les ha sido encomendada. Al haber tenido la oportunidad de hablar a grupos de pastores durante estos últimos años, he identificado cinco trampas distintas en las que creo que están cayendo las iglesias a menudo, cinco trampas que impiden que nuestras congregaciones se den cuenta de todo el potencial que tienen para cambiar al mundo para Cristo. Las ofrezco aquí también con la esperanza de que puedan ser útiles para cualquier congregación que quiera hacer el ejercicio de revisar cinco puntos del diagnóstico. La mayoría de las iglesias encontrarán que han caído en una o varias de estas trampas, en mayor o menor medida. Algunas las habrán evitado todas. Sea como fuere, solo ser consciente de una trampa nos ayuda a no caer presa de ella en un principio.

1. Hemos valorado las creencias por encima de la conducta.

Muchas de nuestras iglesias han colgado su sombrero en la creencia correcta. Estaremos en terreno sólido solo mientras creamos lo correcto: acerca de la salvación, la Trinidad, el libre albedrío, la predestinación, el cielo y el infierno, el rapto, y puede seguir añadiendo: matrimonio, divorcio, Israel, sexualidad, evolución, aborto, gobiernos, etc. Durante los siglos, las creencias sostenidas no solo han causado muchas disputas y divisiones dentro de la iglesia, también se han usado como clubes para juzgar a fin de alienar a los que están fuera de la iglesia. Pero amar a nuestros enemigos, vivir con integridad, cuidar de los enfermos, alimentar a los hambrientos y ser generosos con nuestras posesiones parece que no divide nunca ni hace enemigos. A veces creemos con tanta pasión que solo acabamos en ahuyentar a las personas que Cristo quiere que alcancemos con su amor.

Creer bien es importante, pero sin la conducta correcta es poco más que hipocresía. Santiago nos desafía claramente en esto: «Muéstrame tu fe sin las obras, y yo te mostraré la fe por mis obras. ¿Tú crees que hay un solo Dios? ¡Magnífico! También los demonios lo creen, y tiemblan» (Santiago 2.18–19). Diría que lo que creemos no es lo que más le importa a Dios, sino más bien lo que hacemos con esas creencias. Sin duda, todos descubriremos en el Día del Señor lo tristemente erróneas que fueron muchas de las creencias que más valoramos. Jesús dijo una y otra vez que era nuestro fruto lo que nos definiría y nos marcaría como suyos. Juan pone el listón alto cuando habla de este mismo asunto: «El que afirma que permanece en él, debe vivir como él vivió» (1 Juan 2.6).

La marca de aquel que «le conoce» es su obediencia, no su doctrina. La esencia de convertirse en discípulos es convertir nuestras buenas creencias en buenas conductas. Para las personas que quieren competir en las Olimpiadas, no basta con conocer bien las reglas y técnicas de su deporte. Deben pasar miles de horas practicando para que sus acciones se alineen con su conocimiento. Su objetivo es hacer que la conducta correcta se interiorice tanto que se convierta en su segunda naturaleza, de modo que cuando llegue el momento de la prueba, su cuerpo automáticamente sepa lo que hacer. No se dan medallas de oro a los que tienen más conocimiento. Nuestras iglesias deben ser campos de entrenamiento para la conducta correcta, desafiando a los discípulos a poner sus creencias en acción en cada esfera de sus vidas. Creer es solo el comienzo.

2. Hemos remplazado la exhortación por la explicación.

Demasiados sermones que se exponen los domingos giran en torno a ideas teológicas como plumas de bádminton durante media hora. Citan unos pocos versículos bíblicos, cuentan unas cuantas historias, lanzan una o dos frases de C. S. Lewis o Dietrich Bonhoeffer, pero nunca desafían a la congregación a cambiar algo en sus vidas. El sermón se ofrece como un chicle para que mastiquen los congregantes durante media hora, pero en cuanto llegan al estacionamiento, la mayoría de ellos lo escupen. El trabajo de la iglesia no es meramente explicar la verdad, sino más bien usarla para producir un cambio de vida. Es instructivo volver a recordar las primeras palabras de Jesús que vemos en Marcos 1, justo después de su bautismo y sus cuarenta días de tentación en el desierto: «Se ha cumplido el tiempo —decía—. El reino de Dios está cerca. ¡Arrepiéntanse y crean las buenas nuevas!» (Marcos 1.15). Aquí, en lo que quizá sea el sermón más corto del mundo, Jesús va directo al grano y no mide las palabras. «Esto es urgente: el reino de Dios está aquí, así que necesitan cambiar sus vidas ahora mismo». Las palabras de Jesús encajan bastante bien con la definición que da el diccionario de *exhortación*: «una declaración, discurso o mensaje que conlleva unas recomendaciones o consejo urgente».[6]

Algunos pastores parecen tener miedo a confrontar y ofender a sus congregantes al desafiarles con las demandas considerables que el Señor establece para aquellos que deciden seguirle. Rara vez hablan de los peligros de la afluencia, la importancia de la integridad sexual, el sufrimiento de los pobres en el mundo, el pecado de la apatía o las demandas que hace la Escritura de nuestra conducta y estilo de vida. Hablan de los privilegios de la fe, pero no muy a menudo del precio. Quizá el sermón menos predicado en Estados Unidos sea el que nos enseña a diezmar de nuestros ingresos y a ser generosos con nuestros recursos. Como evidencia de esto, en la nación más rica de cristianos en la historia, nuestros congregantes dan solo el 2,4 por ciento de sus ingresos para la obra del reino, un setenta y seis por ciento menos que el diezmo bíblico. Sin embargo, los pastores parecen reticentes a desafiar a la gente directamente respecto a esto, incluso aunque Jesús habló más del dinero que de la oración y la fe juntas. Los grandes mandamientos de las Escrituras ahora se han convertido solo en grandes sugerencias, ofrecidas como galletas de la suerte, para llevarnos con nosotros o dejar en los bancos. Jesús dijo: «Si alguien quiere ser mi discípulo, que se niegue a sí mismo, lleve su cruz cada día y me siga» (Lucas 9.23). Si las iglesias van a liderar una revolución para cambiar el mundo, nuestros pastores tienen que actuar y hablar menos como animadores espirituales y más como sargentos instructores.

3. Hemos trabajado hacia dentro más que hacia fuera.

En vez de dar bases desde las cuales lanzarnos eficazmente al mundo en misiones, demasiadas iglesias se han convertido en cómodas burbujas, donde podemos escapar del mundo. Cuando nuestras congregaciones se convierten en atractivos clubes sociales, nuestros programas terminan enfocándose demasiado en nuestras necesidades y muy poco en las necesidades de quienes están fuera de la iglesia. Me han invitado a iglesias en las que sus servicios de adoración son como espectáculos de Las Vegas: sonido y gráficos a la última, video en cuatro pantallas distintas, enormes grupos de adoración, luces de estrobo e incluso máquinas de humo. Tienen restaurantes y cafeterías, librerías y tiendas de regalos, incluso boleras, dentro de la iglesia. Después subo a la plataforma y predico durante treinta minutos acerca de la preocupación de Dios por los pobres. A veces parece algo surrealista. No me toca a mí juzgar si algunas de esas cosas están bien o mal, o si son buenas o malas en sí mismas, pero todas las iglesias deben trazar una línea entre cuánto se enfocan en sí mismas y cuánto se enfocan en la misión de la iglesia fuera de sus cuatro paredes. Cada elemento de los programas de nuestra iglesia, desde las luces de estrobo y las máquinas de humo hasta los edificios y los programas de entrenamiento de discipulado, deberían evaluarse bajo este simple criterio: ¿van a mejorar estas cosas nuestra capacidad de terminar la misión que Jesús nos encomendó o no? Si la respuesta es no, debiéramos reenfocar nuestros esfuerzos en las cosas que sí lo harán. Hemos adoptado una mentalidad de consumidores de «iglecrecimiento» que nos empuja a hacer que nuestras iglesias sean lo más atractivas posibles para los «consumidores». Un pastor lamentó,

> **Hemos adoptado una mentalidad de consumidor de crecimiento de iglesia que nos empuja a hacer que nuestras iglesias sean lo más atractivas posibles para los «consumidores».**

dadas las expectativas de la comunidad consumista donde estaba situada su iglesia, que necesitaba todas esas brillantes atracciones para que la gente acudiera. Todo se trataba de marketing y competir por su parte del tiempo del consumidor.

Como puede ver, no soy un verdadero defensor de los trucos de mercadeo solo para conseguir que más gente entre por la puerta. Es preferible que la iglesia se reduzca que arriesgarse a perder el propósito e identidad dados por Dios. Una comunidad de verdaderos discípulos, viviendo auténticamente las enseñanzas de las Escrituras, es mucho más atractiva que una gran cafetería o un concierto musical estilo Las Vegas. Jesús llamó a la iglesia a ser sal y luz en nuestro mundo, sal para prevenir literalmente la decadencia (como en la carne cruda) y luz para contrarrestar la oscuridad de nuestra cultura. Jesús también reconoció que cuando la sal pierde sus propiedades únicas, ya no es buena para cumplir con el propósito asignado: «Ustedes son la sal de la tierra. Pero si la sal se vuelve insípida, ¿cómo recobrará su sabor? Ya no sirve para nada, sino para que la gente la deseche y la pisotee» (Mateo 5.13). Creo que las iglesias están en la seria empresa de preparar gente seria para una misión seria: ir al mundo a ganar los corazones y mentes de los hombres y las mujeres. Si he descrito bien a las iglesias como campos de entrenamiento desde donde vamos a lanzarnos al mundo para conquistarlo para Cristo, entonces el objetivo de la iglesia de Cristo no debería ser construir campos de entrenamiento cada vez mejores y más bonitos para que nunca nos vayamos de ellos. La revolución se lucha fuera de las paredes de nuestras iglesias. Mejor no tener paredes que quedarse refugiados tras ellas.

4. Hemos permitido que la apatía sustituya a la indignación.

El fundador de Visión Mundial, Bob Pierce, fue conocido por su famosa oración: «Permite que mi corazón se quebrante con las cosas que parten el corazón de Dios».[7] La profunda verdad que resumió esta simple oración fue que deberíamos siempre intentar ver el mundo como Cristo lo ve, valorar lo que Jesús valora, atesorar lo que él atesora, amar lo que ama y sentir indignación con lo que le causa indignación. ¿Le suena demasiado fuerte? ¿Hemos domesticado tanto a Dios en el siglo XXI que nos hemos olvidado de la ira de Dios por el pecado y el mal? ¿Qué le pasó a la buena y anticuada indignación? Si aún seguimos indignándonos por algo, solemos hacerlo por cosas frívolas. Los Marineros de Seattle hicieron una pésima transferencia de un jugador a otro equipo y los aficionados se indignaron. Nuestros impuestos a la propiedad suben un dos por ciento y nos indignamos; pero, ¿dónde está nuestro sentimiento de dolor e ira moral por el hecho de que uno de cada cinco niños estadounidenses vive por debajo del nivel de pobreza?[8] ¿Dónde está nuestra indignación por la terrible situación de los sin techo en nuestras ciudades? ¿No podemos encontrar ni tan solo un poco de indignación por el hecho de que diecinueve mil niños mueren *cada día* por causas principalmente evitables?[9] Más del cuarenta por ciento de las personas en el planeta nunca han oído las buenas nuevas de Jesucristo y nos encogemos de hombros, pensando que no es gran cosa.[10] Una de las señales inequívocas de que nuestra cultura no ha asimilado es que, como ranas en la conocida tetera, nos hemos acomodado con las cosas que deberían conmocionarnos y movilizarnos para pasar a la acción. Ya no sentimos el calor de la ira contra las cosas que enojan a Dios. Hemos abrazado tanto el sueño americano que ya no somos capaces de ver o sentir la pesadilla de la pobreza del mundo, su sufrimiento y su desesperación. Somos cristianos del reino mágico, demasiado ocupados siguiendo nuestras carreras, planificando nuestras vacaciones y sentándonos en los bancos los domingos, mirando fijamente nuestras pantallas Power Point y entonando canciones. Mientras tanto, la misión urgente de Dios, la obra vital de su reino, sigue estando *por terminar*.

5. Hemos dado prioridad a la institución antes que a la revolución.

La trampa número cinco es quizá el resumen de las primeras cuatro. Cuando invertimos todas nuestras energías en construir y mantener una institución, es engañosamente fácil perder de vista la razón para la cual existe. La tiranía de lo urgente atrae a nuestros pastores y líderes y los aleja de las cosas cruciales, les estanca en las cosas pequeñas de la vida de la iglesia. Como un malabarista con ocho platos en el aire, intentando evitar que ninguno se caiga, el pastor puede olvidarse de que su misión original era usar esos platos para alimentar a los hambrientos. Fue el presentador Paul Harvey quien una vez dijo supuestamente de la iglesia: «Hemos pasado de ser pescadores de hombres a convertirnos en guardianes del acuario».[11] Podemos distraernos y desviarnos de mil formas. El maligno solo quiere que la iglesia pierda de vista su misión vital de asaltar las puertas del infierno y llevar las buenas nuevas del reino a todos los hijos de Dios. Los clubes sociales aislados con fabulosos edificios y servicios de adoración al más puro estilo de Broadway deleitan al enemigo: «¡Si no hay daño, no hay falta!». La iglesia que hace que los demonios tiemblen es la iglesia decidida a terminar la tarea que Cristo le ordenó. Así como Odiseo se ató al mástil para no desviarse del curso, también deben nuestras iglesias enfocarse firmemente en completar la misión por terminar del reino. Jesús no nos llamó a edificar una institución; nos llamó a liderar una revolución.

Al volver a leer las descripciones que he dado de estas cinco trampas, reconozco que no he medido mis palabras. Le pido que me perdone por mi osadía, por si me he excedido en algo, pero quiero que entienda que mi pasión se deriva de la convicción de que Cristo ordenó a su iglesia que literalmente tirase abajo las puertas del infierno en una lucha de vida o muerte por los corazones y las almas de hombres y mujeres. Hay mucho en juego cuando las iglesias pierden su visión y pasión por la gran misión de Cristo en nuestro mundo. Y de nuevo, quiero reafirmar que hay muchas iglesias que están haciendo cosas heroicas. Si usted es miembro de una de ellas, quizá le esté predicando a los miembros del coro, pero nuevamente, a veces incluso el coro necesita una patadita por debajo para cantar un poco más alto. La iglesia es el plan de Dios para cambiar el mundo y ganarlo para Cristo. Por eso es tan importante que lo entendamos bien.

La iglesia, el verbo

Cuando la iglesia es eficaz a la hora de edificar el reino de Dios, desempeña un papel similar al del contratista general a cargo de la construcción de una casa. En base a los planos generales, el contratista desarrolla las distintas fases de construcción identificando las destrezas necesarias, organizando a los muchos trabajadores y luego coordinando la fase de la contribución de cada grupo en el momento oportuno. Cada equipo de trabajadores tiene un papel vital: primero los que ponen los cimientos, luego los que levantan la estructura, después los plomeros, electricistas, los del tejado, pintores, etc. Un buen contratista general edifica una casa dirigiendo una variedad de habilidades, poniendo a funcionar a cada trabajador y usando sus talentos en el lugar correcto y en el momento adecuado. Así es como la iglesia First Presbyterian Church, en Bellevue, Washington, logró edificar el reino en su comunidad.

BelPres es la iglesia donde asisten nuestra hija Sarah, su esposo Irving y nuestro precioso nietecito David. Si usted visita algún domingo ese lugar, quizá no piense inmediatamente que es un «puesto fronterizo de la revolución», pero cometería un error. Según van las iglesias, es bastante próspera, con unos dos o tres mil miembros y asistentes regulares. Las instalaciones son bonitas y hay algunos automóviles buenos en el estacionamiento. No es muy étnicamente diversa y probablemente tiende a ser un poco mayor en cuanto a la edad demográfica.

Bellevue, Washington, es una comunidad interesante. Por un lado, tiene vecindarios con una tremenda riqueza; Bill Gates vive a menos de cuatro kilómetros de BelPres. Por otro lado, Bellevue tiene serios problemas sociales: pandillas, droga, delincuencia, pobreza, personas sin hogar. Se hablan más de ochenta lenguajes en el distrito escolar de Bellevue; es en un cuarenta y nueve por ciento de raza blanca y en un cincuenta y uno por ciento de minorías. Para un tercio de los estudiantes, el inglés es su segundo idioma, y cerca de uno de cada cinco estudiantes está en un programa de subvención de comida.[12]

En 2005, con ocasión del cincuenta aniversario de la iglesia, el pastor Scott Dudley recibió el ánimo de los ancianos para lanzar una campaña de edificación de varios millones de dólares para renovar las instalaciones. Scott, un pastor con un fuerte enfoque hacia fuera, resistió con firmeza, diciendo a los ancianos que tendrían que lanzar la campaña por encima de su cadáver. «La iglesia no está para edificar la iglesia; está para edificar el reino», dijo. Pero finalmente se las arreglaron para persuadirle de que partes de la estructura del edificio estaban fallando e incluso eran peligrosas. Y mediante la oración, Dios reveló un plan mayor. La iglesia lanzaría una campaña de recaudación de fondos si se destinaban tres millones de dólares del total al ministerio local e internacional de niños y jóvenes. BelPres ya dirigía la academia Eastside, un instituto cristiano para la juventud en riesgo. A Scott le gustaba decir que quería ver a las señoras de cabello azulado de la iglesia interactuando con las adolescentes de cabello rosado del instituto. Esa era su visión en cuanto a cómo debía ser la iglesia, para que la campaña pudiera prosperar, y se recaudara más dinero del que habían pensado.

> Quería ver a las señoras de cabello azulado de la iglesia interactuando con las adolescentes de cabello rosado del instituto.

La iglesia destinó un millón de dólares para construir un centro residencial educativo para niños de la calle en Ruanda, aunque no había mucha claridad acerca de lo que debían hacer en la comunidad local. Pero (como Dios no puede mover un automóvil estacionado) comenzaron a moverse de todos modos. Unos cuantos líderes se reunieron con un grupo de directores de escuelas públicas para escuchar y aprender, y escucharon algo. Los desafíos eran sobrecogedores: drogas, pandillas, embarazos adolescentes, hogares rotos, alcoholismo, maltrato familiar, pobreza. Todas esas cosas estaban afectando a los niños y salpicando en las clases. Los directores estaban receptivos a cualquier tipo de ayuda que BelPres pudiera ofrecer. Finalmente, con un liderazgo tremendo de los laicos de la congregación, la intención de la iglesia de invertir en alcanzar a la comunidad encontró su primera expresión patrocinando una nueva organización sin ánimo de lucro, Jubilee REACH, para adquirir un edificio deteriorado, lleno de agujas, botellas, condones y basura, en el centro de una de las áreas más difíciles de Bellevue. La primera idea era crear un lugar seguro para que los niños pudieran ir antes y después de la escuela mientras sus padres estaban trabajando. El primer día, antes de las 7:00 de la mañana, acudieron treinta y dos niños y once voluntarios, y sirvieron el desayuno a los niños. Brent Christie, un antiguo ejecutivo importante en la industria hospitalaria, dejó su profesión para convertirse en el director a tiempo completo de Jubilee REACH. Brent me contó que su objetivo número uno con los niños era solo «amar, escuchar y aprender», y aprendieron mucho. Durante los años siguientes comenzaron a ocurrir cosas increíbles mientras seguían los impulsos de su corazón. En la actualidad, Jubilee REACH («JR») tiene unas cinco mil personas al mes pasando por sus puertas. Pensando que JR no era solo para BelPres, Scott invitó a otras iglesias a unirse. JR ahora tiene más de dos mil voluntarios de más de treinta iglesias. También se han involucrado empresas locales, y cada mañana un negocio distinto envía a sus voluntarios para hacer el desayuno para los niños y para «amar, escuchar y aprender». Cada mañana en esa parte de Bellevue, la fragancia de la esperanza huele mucho a tocineta.

Cuando los voluntarios llegan a conocer a los niños, a veces conocen a sus padres y aprenden las diversas formas en que pueden ayudar. Algunas familias eran tan pobres que no podían comprar muebles, así que comenzó Home 2 Home, un programa que solicita muebles donados y se los da a familias necesitadas. Más de cien familias al año reciben la ayuda de Home 2 Home. Después se inició Auto Angels para personas que necesitaban automóviles desesperadamente. Hay algunos voluntarios que arreglan automóviles viejos donados para las madres solteras. Doctores, abogados, dentistas y contables de varias iglesias fundaron un ministerio de acuerdo a sus competencias mientras seguían añadiendo programas que trataban los asuntos médicos, dentales, legales y financieros de los niños y familias a los que servían. Estas cosas comenzaron a tener un impacto y los directores de las escuelas observaron un cambio en los niños. Algo era distinto. El distrito escolar de Bellevue estaba tan impresionado por lo que estaba ocurriendo que invitaron a Jubilee REACH a los planteles para dirigir todos los programas recreativos y deportivos de la escuela secundaria, abarcando siete establecimientos y cuatro mil estudiantes. La plantilla de JR tiene oficinas dentro de las instalaciones educativas. Eso está bien; ¡la iglesia fue invitada a las escuelas públicas! Brent Christie me dijo que el director de la ciudad de Bellevue hace referencia a Jubilee REACH como «el alma de la comunidad» y «un socio de confianza». Los directores de las escuelas ahora informan que el desarrollo académico ha aumentado significativamente entre los niños que están en JR.

A Brent le gusta hablar de «la iglesia, el verbo»: la iglesia en acción. Cree que al igual que Jubilee REACH ha cambiado la comunidad, también ha cambiado BelPres, ya que cientos de voluntarios han encontrado su llamado a un lugar en las primeras líneas de lo que Dios está haciendo en Bellevue. Un voluntario, que es planificador financiero, se preguntó a sí mismo: «¿Cuánto dinero necesito ganar?». Después redujo sus horas de trabajo y su salario familiar para poder pasar más tiempo con los niños. Y cuando una pareja no casada con ocho hijos fue desalojada de su apartamento y no podía encontrar un lugar donde vivir, otro voluntario, un doctor de una de las iglesias asociadas, invitó a la familia a vivir en su hogar... después se fue de su propia casa y alquiló un apartamento. Un año después, la pareja, que se habían hecho cristianos, decidió casarse en su iglesia. Ahora toda la familia está allí cada domingo.

El pastor Dudley me dijo que Jubilee REACH ha «cambiado el ADN de la iglesia. Estamos más cerca de conseguir que nuestro corazón se quebrante, y nos ha hecho ser más una iglesia del reino». Las mujeres de cabello azulado de BelPres (y otras muchas voluntarias) han llegado a conocer a esas chicas de cabello rosado, para beneficio y bendición de ambas. Brent dijo: «A las iglesias les gusta retener su m&m (miembros y monedas); dejan que se derritan en sus manos en vez de dárselos al mundo». Creo que Jesús estaría de acuerdo con Brent. «La cosecha es abundante, pero son pocos los obreros —les dijo a sus discípulos—. Pídanle, por tanto, al Señor de la cosecha que envíe obreros a su campo. [Id] Los envío como ovejas en medio de lobos» (Mateo 9.37–38; 10.16).

Jubilee REACH es un puesto fronterizo del reino; está trabajando fuera de las cuatro paredes de la iglesia y al borde del abismo de la revolución. Está derribando las puertas del infierno.

14

Las puertas del infierno

—¿La bruja blanca? ¿Quién es ella? —preguntó Lucy.
—¿Cómo? Es ella la que tiene a Narnia bajo sus pies. Es la que hace que siempre sea invierno. Siempre invierno y nunca Navidad; ¡piensa en eso!
—¡Qué horrible! —dijo Lucy.[1]

—C. S. LEWIS

Pero ¡ay de la tierra y del mar! El diablo, lleno de furor, ha descendido a ustedes, porque sabe que le queda poco tiempo.

—APOCALIPSIS 12.12

Existen dos errores iguales y opuestos en los que nuestra raza puede caer ante los demonios. Uno es no creer en su existencia. El otro es creer y sentir un interés excesivo y no saludable en ellos.[2]

—C. S. LEWIS

Hay un enemigo.

Y se opondrá a todo acto de obediencia a Cristo, a cada decisión de servir, cada acto de bondad, cada proclamación de verdad, cada clamor de justicia y cada avance del reino de Cristo. Él es quizá la razón principal por la que la gran misión de Cristo está aún por terminar. Él es quien se interpone en el camino. Él cobrará un precio a los que deciden servir al Rey y cometemos un grave error si le ignoramos.

Hoy no es popular hablar del diablo, del maligno. Un ser personal que encarna la maldad parece, bueno, algo muy medieval, no del siglo XXI. Pero ese ser es el adversario en la gran historia de Dios y se encuentra en las Escrituras desde Génesis hasta Apocalipsis. Aunque oscura acerca de los detalles, la Escritura deja claro que hay una esfera o realidad espiritual aparte de la nuestra. Se nos dice que antes de que Dios creara a la raza humana, creó seres espirituales llamados ángeles; y que algunos de ellos, guiados por Satanás, no solo se rebelaron contra la autoridad de Dios, sino que continúan oponiéndose al establecimiento de la voluntad divina en la tierra entre los hombres y las mujeres. Fue probablemente Satanás el que tomó la forma de una serpiente en el huerto de Edén e incitó a Adán y Eva a desobedecer a Dios. Jesús confrontó a Satanás en el desierto, donde triunfó sobre los esfuerzos de Satanás por tentarle para que desobedeciera a Dios Padre. Los autores del Nuevo Testamento nos advierten una y otra vez que Satanás es el adversario de la iglesia. Pablo, en Efesios, reconoció que estamos inmersos en una batalla espiritual, y nos advierte:

> Pónganse toda la armadura de Dios para que puedan hacer frente a las artimañas del diablo. Porque nuestra lucha no es contra seres humanos, sino contra poderes, contra autoridades, contra potestades que dominan este mundo de tinieblas, contra fuerzas espirituales malignas en las regiones celestiales. (Efesios 6.11-12)

Pedro nos advierte seriamente: «Su enemigo el diablo ronda como león rugiente, buscando a quién devorar» (1 Pedro 5.8).

Jesús, en la parábola del sembrador, culpa al diablo de frustrar el mensaje del evangelio:

> Los [oidores de la Palabra] que están junto al camino son los que oyen, pero luego viene el diablo y les quita la palabra del corazón, no sea que crean y se salven». (Lucas 8.12)

El diablo, Satanás, está descrito en la Escritura de varias formas... todas ellas malas:

- adversario
- acusador
- enemigo
- oponente
- malvado
- anticristo
- asesino
- tentador
- ladrón
- padre de mentiras
- hombre de rebeldía
- poder de las tinieblas
- hijo de perdición

También se le llama

- príncipe de este mundo
- ángel de luz
- dios de este mundo
- gobernador del reino del aire
- espíritu que está ahora obrando en los que son desobedientes
- gobernante, autoridad y poder de este mundo oscuro

En Apocalipsis 12, se nos dice que este mismo Satanás fue expulsado a nuestro mundo: «Así fue expulsado el gran dragón, aquella serpiente antigua que se llama Diablo y Satanás, y que engaña al mundo entero. Junto con sus ángeles, fue arrojado a la tierra» (Apocalipsis 12.9).

Todo eso sugiere que de algún modo Dios le ha permitido a Satanás que tenga un dominio temporal sobre nuestro mundo. Él está decidido a apartar a hombres y mujeres de los propósitos de Dios y llevarles a pecar. Incluso puede ser clave para provocar algunas manifestaciones devastadoras de la caída, como enfermedades, desastres naturales, accidentes trágicos y muerte. A menudo le digo a la gente que si no creen que Satanás existe, deberían tan solo acompañarme en alguno de mis viajes. Cuando uno ve niñas de ocho años de edad que han sido vendidas para prostituirse; bebés cuyos brazos han sido sesgados por los machetes rebeldes; y tumbas masivas en Camboya, Ruanda y Bosnia, la realidad de la presencia viva y personificada del mal en nuestro mundo es la única explicación que viene a la mente.

Es vital que la iglesia entienda que está atrapada en medio de una gran batalla cósmica entre Dios y Satanás, entre el bien y el mal. Por razones que no entendemos del todo Dios, durante un tiempo, ha cedido algo de autoridad a Satanás; ha permitido que invada e infecte nuestro mundo y lo mantenga cautivo. Como Dios es todopoderoso y Satanás no, eso tuvo que ser parte de la propia voluntad de Dios y solo con su consentimiento. Pero, por qué escogió este curso de acción, y no otro, no se nos ha revelado del todo.

El libro de Job nos da una visión única de lo que ocurre detrás del telón de la realidad espiritual. En Job 1, encontramos a Satanás que aparece delante de Dios con un desafío. Satanás sostiene que Job, un hombre fielmente consagrado a Dios, es fiel solo porque este le ha bendecido de muchas formas. Satanás, el acusador, sugiere que Job maldeciría a Dios si le fuera retirado su vallado de protección. Lo que se produce es como un tipo de apuesta. Dios permite que Satanás dispare su mejor arma contra Job, sabiendo que este permanecerá fiel y firme. Satanás cree que puede demostrar que los seres humanos se apartarán de su fidelidad a Dios cuando se topen con dificultades. Finalmente, la prueba de Job reveló que a pesar de las circunstancias, pudo mantenerse fiel confiando en Dios, no basado en sus circunstancias, sino porque confiaba en el poder, la bondad y la sabiduría de Dios.

De algún modo en medio de esta apuesta, obtenemos un destello del cuadro más general. Al llevar a cabo los propósitos finales de Dios para la humanidad, él ha permitido por un tiempo que Satanás nos tiente y aflija; ha permitido que se desarrolle una batalla entre el bien y el mal; y de algún modo, las decisiones que tomemos en medio de esta batalla permiten que Dios demuestre que su manera es la única forma de verdad, justicia y equidad. Es casi como si Dios le estuviera diciendo a Satanás: «Vamos, intenta corromper mi creación con tus artimañas. Desafía a mis hijos; tiéntales y aflígeles si quieres. Al final solo servirá para demostrar el triunfo de la justicia sobre el mal. Ya es seguro cómo terminará esta contienda, pero sigamos adelante y dejemos que todo siga su curso para que todos vean mi sabiduría y mi verdad. Después restauraré mi creación y mi reino, me reconciliaré con mis hijos y me ocuparé de ti y de tus maldades de una vez para siempre».

Podríamos pensar en esto como un tipo de partida de ajedrez espiritual en la esfera celestial. Dios, el Gran Maestro, puede ver veinte movimientos por delante hasta el jaque mate final de Satanás y el mal. El resultado es un desenlace inevitable, pero el proceso de resolver el conflicto de algún modo es importante a medida que Dios metódicamente despliega su plan para la redención de todas las cosas movimiento a movimiento. En el libro de Efesios se nos da otro destello breve detrás del telón del poder del evangelio y la sabiduría del plan de Dios cuando Pablo revela la intención divina:

> El fin de todo esto es que la sabiduría de Dios, en toda su diversidad, se dé a conocer ahora, por medio de la iglesia, a los poderes y autoridades en las regiones celestiales, conforme a su eterno propósito realizado en Cristo Jesús nuestro Señor. (Efesios 3.10–11)

Esto sugiere que a través de la iglesia, a través de usted y de mí, Dios está demostrando su profunda sabiduría a los «poderes y potestades en las regiones celestiales, conforme a su eterno propósito».

Nosotros, al igual que Job, estamos de algún modo en medio de todo esto. Vivimos en medio de la partida de ajedrez. Y en el diseño de Dios, nuestras decisiones, nuestras elecciones, son importantes. Estamos jugando con el bando ganador. Aunque Job no podía comprender las razones de su sufrimiento, su fiel respuesta a sus circunstancias no solo fortaleció su propia fe, sino que también dio gloria y testimonio a Dios. Pero tenemos algo que Job únicamente pudo desear tener. En Job 9, él clama, apelando a Dios y lamentando el hecho de que no tenía una manera real de presentar su caso ante Dios:

> Dios no es hombre como yo, para que juntos comparezcamos ante un tribunal. ¡No hay un juez entre nosotros que decida el caso por los dos! ¡No hay quien aleje de mí el báculo divino para que ya no me asuste su terror! Quisiera yo hablar sin temor, pero no estoy en tales condiciones. (vv. 32–35)

Ese *Alguien* que Job se imaginaba ahora ha venido, y está en la brecha para presentar nuestro caso, para retirar tanto nuestros pecados como nuestros temores. Job anhelaba, pero no podía ver el jaque mate que finalmente terminaría la partida: el Mesías.

En la *encarnación* de Dios en Cristo, el gobierno de Dios en el exilio regresó de una forma dramática; regresó para liberar a los hijos de Dios y directamente desafiar el dominio de Satanás y el pecado. Y en la *muerte y resurrección* de Cristo, Satanás fue contundentemente derrotado cuando Jesús quitó la barrera de pecado y alienación pagando el precio completo,

Vivimos en medio de la partida de ajedrez. Y en el diseño de Dios, nuestras decisiones, nuestras elecciones, son importantes.

abriendo así de par en par las puertas del reino de Dios bajo el imperio de Dios. La analogía que he usado durante todo el libro, comparando el evangelio y la venida del reino de Dios con una revolución, cobra ahora un nuevo sentido. La derrota de Satanás en la cruz representó la batalla decisiva en la revolución, el derrocamiento del gobernante de este mundo. Y la autoridad que una vez él tenía ha sido revocada por Dios en Jesucristo. Pero nosotros, como Job, en este tiempo antes de la victoria final de Dios, debemos soportar el mal y el sufrimiento que son consecuencias tanto de la caída como de la batalla espiritual que Satanás libra aún en nuestro mundo.

Dios en los escombros de Haití

> De hecho, considero que en nada se comparan los sufrimientos actuales con la gloria que habrá de revelarse en nosotros. La creación aguarda con ansiedad la revelación de los hijos de Dios. (Romanos 8.18–19)

Nada desafía nuestra fe ni alimenta nuestras dudas tanto como la presencia de dolor, el sufrimiento y la maldad en nuestro mundo. «¿Por qué», nos preguntamos, «permite estos horrores un Dios bueno?». Esta molesta pregunta, quizá más que cualquier otra, puede minar nuestra fe y limitar nuestra determinación a derribar las puertas del infierno. Pero aquel al que seguimos sabe algo acerca del dolor y el sufrimiento. Él no se sentó tranquilamente detrás de las líneas del frente mientras se peleaba la batalla. Él dirigió el asalto y pagó un precio mucho más alto del que nos pide. Él abrió el camino y nos hizo señas para seguirle.

El 12 de enero de 2010, el mundo se enfrentó al sufrimiento humano a gran escala después de que un terremoto en Haití matase a más de doscientos mil y dejase a más de tres millones sin hogar.[3] Al intentar ver el sentido de todo eso en los días después del terremoto, escribí estas palabras:

Enero de 2010

> La semana pasada estuve por las calles de Puerto Príncipe, Haití, llorando por la magnitud y la escala del sufrimiento humano. Decenas de miles murieron —hombres, mujeres y niños, madres y padres, pastores y sacerdotes—, nadie se libró. Cientos de miles vagaban atónitos, hambrientos y sin techo por las calles, a quienes, aunque

aún vivos, les habían arrebatado la vida. ¿Quién de nosotros en estos pasados días no se ha preguntado: «¿Dónde está Dios?» o «¿por qué, Dios?». Las muertes repentinas de tantas personas inocentes y el impactante sufrimiento humano que persiste parecen burlarse de la idea misma de un Dios amoroso. Tan solo, ¿dónde está Dios en Haití?

Hubo otra ocasión en la que se burlaron de Dios ante el sufrimiento y el mal. Ocurrió en el Calvario cuando nuestro Señor y Salvador Jesucristo, el propio Hijo de Dios, era escupido, golpeado y colgado en una cruz. Y la gente se preguntaba dónde estaba Dios entonces:

> —¡Baja de la cruz y sálvate a ti mismo! [...] [Ellos] se burlaban de él los jefes de los sacerdotes junto con los maestros de la ley. —Salvó a otros —decían—, ¡pero no puede salvarse a sí mismo! (Marcos 15.30–31)

Si él era Dios, ¿por qué no se salvaba a sí mismo? ¿Por qué no impedir que ocurriera ese sufrimiento? ¿Por qué no salvar al pueblo judío de su esclavitud a Roma? ¿Por qué no hacer frente a ese mal y darle la espalda? Pero Dios escogió otra manera. En esa cruz, se nos dice que Jesús hizo frente a todo el mal que jamás hubiera o fuera a haber. Tomó sobre sí los pecados de la humanidad, los males de la injusticia, el dolor del sufrimiento y la pérdida, el quebrantamiento del mundo. Sintió cada agonía y tomó cada castigo que cada persona sufriría jamás. Setecientos años atrás, el profeta Isaías había visto a este Hijo de Dios colgando en una cruz distante:

> Despreciado y rechazado por los hombres, varón de dolores, hecho para el sufrimiento. Todos evitaban mirarlo; fue despreciado, y no lo estimamos. Ciertamente él cargó con nuestras enfermedades y soportó nuestros dolores, pero nosotros lo consideramos herido, golpeado por Dios, y humillado. Él fue traspasado por nuestras rebeliones, y molido por nuestras iniquidades; sobre él recayó el castigo, precio de nuestra paz, y gracias a sus heridas fuimos sanados. (Isaías 53.3–5)

¿Dónde está Dios en Haití? Cristo no está distante de nosotros en nuestro tiempo de sufrimiento. Él no está indiferente ni despegado. No nos mira desde la distancia. Él, también, está aplastado bajo el peso de las paredes de cemento. Él, también, está herido en las calles con sus piernas rotas y camina sin hogar por los campos, hambriento y desnutrido. Él cojea a nuestro lado con muletas que sustituyen una pierna amputada y llora desconsoladamente por el niño que ha perdido.

¿Dónde está Dios en Haití? Está colgado en una cruz empapado de sangre... «varón de dolores, hecho para nuestro sufrimiento».

Pero ¿dónde está la esperanza?, podemos preguntar. ¿Dónde está la justicia para los muertos, los quebrantados y los que se duelen? ¿Dónde está la redención y la restauración? Aquí, también, tenemos que ver algo que no es fácil de ver. Nosotros, y no Dios, estamos atrapados en el tiempo. Nosotros, y no Dios, vemos solo en parte y no podemos ver aún totalmente. Nosotros, y no Dios, debemos esperar ese día en el que «él les enjugará toda lágrima de los ojos. Ya no habrá muerte, ni llanto, ni lamento ni dolor, porque las primeras cosas han dejado de existir» (Apocalipsis 21.4).

Vivimos en el *todavía no*, pero Dios ve el *ya*. Nosotros vemos el hoy y el ayer, pero no el mañana. Dios ve los tres a la vez. En él, los que sufrieron en Haití ya están vivos. En él, esos huérfanos en Haití ya se han reunido con su familia. En él, los quebrantados en Haití ya han sido sanados. En él, los que sufren en Haití ya se gozan.

Él no es un Dios distante que nos da la espalda, no es un Dios insensible que no llora. Él es el Dios que «tanto amó Dios al mundo, que dio a su Hijo unigénito, para que todo el que cree en él no se pierda, sino que tenga vida eterna» (Juan 3.16). Él es el Dios que vertió su propia sangre por nosotros.

Entonces, ¿cómo deberíamos pensar? ¿Cómo deberíamos vivir? Por tanto, ¿qué debemos hacer? A diferencia de Dios, nosotros vivimos en el tiempo entre el *ya* y el *todavía no* y debemos esperar *hasta entonces*. Hasta entonces, se nos ordena amar a nuestro prójimo como a nosotros mismos. Hasta entonces, somos llamados a consolar al afligido, dar comida al hambriento y agua al sediento. Hasta entonces, debemos hospedar al que no tiene hogar, vestir al desnudo y sufrir con los que sufren. Hasta entonces, debemos cuidar de las viudas, los huérfanos, los extranjeros y forasteros. Debemos dejar que «alumbre [nuestra] luz delante de los hombres, para que vean [nuestras] buenas obras, y glorifiquen a [nuestro] Padre que está en los cielos» (Mateo 5.16, RVR60). Hasta entonces somos el corazón de Cristo, sus manos y sus pies, los embajadores de su amor

Nosotros vivimos en el tiempo entre el *ya* y el *todavía no* y debemos esperar *hasta entonces*.

en un mundo herido. Hasta entonces, *nosotros* estamos llamados a mostrar el profundo amor de Dios por Haití.

El día D

Es desconcertante pensar hoy cómo dominó Adolf Hitler a Europa en 1944. Francia, Polonia, Austria, Holanda, Checoslovaquia, Noruega, Dinamarca, Bélgica, Luxemburgo, Yugoslavia, Grecia, Finlandia, Rumanía, Hungría, Letonia, Estonia, Bielorrusia, Italia y Bulgaria estaban o bien bajo control alemán o eran aliados de Hitler. El malvado Imperio Nazi estaba siguiendo su objetivo de conquistar toda Europa y quizá una buena parte del mundo. Las fuerzas aliadas sabían que la derrota de Hitler solo se podría lograr con una invasión a Europa a gran escala. Hitler ya estaba luchando contra Rusia en la parte oriental; si los Aliados pudieran abrir un frente occidental, Hitler podría ser derrotado, al verse forzado a dividir sus recursos en dos frentes de batalla. Pero una invasión aliada de Europa sería costosa. El 6 de junio de 1944, bajo el mando del General Eisenhower, más de 160.000 tropas aliadas tomaron las playas de Normandía para entrar en Europa. Otras 195.000 tropas navales y 5.000 barcos apoyaron la invasión. Solo en ese día, unas 3.000 tropas aliadas murieron y 9.000 resultaron heridos o perdidos en combate. En el momento de cruzar el Sena y liberar París a finales de junio, quizá 200.000 hombres murieron, resultaron heridos o dados por desaparecidos. Pero el día D de la invasión, aunque fue costoso, se realizó con éxito, y la trayectoria de la guerra cambió drásticamente.

Los historiadores nos dicen que con el éxito de la invasión de Normandía, Hitler prácticamente a todos los efectos, perdió la guerra. Fue un jaque mate; su derrota era inevitable. Pero si usted viera el mundo justo unos días después del día D, había pocos indicios de que la guerra se hubiera terminado. Europa seguía ocupada. Hitler aún comandaba las tropas alemanas desde Berlín. Los campos de concentración de Auschwitz, Buchenwald y Treblinka seguían matando decididamente a cientos de miles, y algunas de las batallas más feroces de la guerra aún seguían latentes. Cientos de miles morirían aún, y el dolor del mundo aún sería más hondo antes de que Europa fuera liberada, los cautivos libres y Hitler muriera en un búnker en Berlín.

En los meses siguientes al día D, se enviaron soldados al frente a luchar batallas clave en toda Europa, e incluso aunque el resultado final estaba asegurado, aún tenían que luchar con valentía, muchos de ellos dando sus vidas en el intento. La mayoría no conocía el plan total de la estrategia final del general Eisenhower. Ellos no podían ver el cuadro general de cómo cada golpe ofensivo, cada maniobra defensiva, finalmente haría arrodillarse al régimen del Tercer Reich. Sabían solo el trabajo específico que habían sido llamados a realizar. Algunos se encargaron de las líneas de suministro que eran tan vitales; otros aseguraron las comunicaciones o gestionaron los hospitales de campo. En casa, muchos trabajaban en fábricas para producir los tanques, aviones y municiones. Otros invertían comprando bonos de la guerra, todo para apoyar el objetivo supremo de derrotar a Hitler y liberar a Europa.

La cruz fue el día D en el plan de Dios de rescatar a sus hijos. Fue la batalla decisiva en la gran batalla y supuso la derrota de Satanás. También fue costoso. Sin embargo, aunque se había ganado la victoria final, algunas de las batallas más feroces aún se seguirían librando. Aún habría contiendas, dificultades y bajas a medida que los seguidores de Jesús se unieran a la revolución y batallaran para liberar a los hijos de Dios y establecer su reino en cada nación del mundo. Cada uno de ellos sería llamado por el General a un lugar específico en un momento dado. Cada uno sería equipado con los dones y habilidades específicos y capacitado por el Espíritu de Cristo. Cada uno jugaría un papel clave en la gran misión de Dios.

A veces me pregunto qué podría haber ocurrido si esos soldados en 1944 y 1945 hubieran tomado otras decisiones. ¿Qué hubiera ocurrido si, de camino a liberar París, se hubieran detenido en los hermosos campos de Francia? La buena vida les hubiera atraído: mujeres hermosas, buena comida y buenos vinos. ¿Qué habría ocurrido si, tentados por esas cosas, se hubieran quitado sus uniformes, hubieran dejado a un lado sus armas y se hubieran asentado en las seductoras granjas y villas de Francia? ¿Qué habría ocurrido si hubieran perdido de vista la misión y la urgencia de su causa? ¿Qué consecuencias podrían haberse sufrido? ¿Hubiera permanecido Hitler en el poder y se hubiera pospuesto el final de la guerra? Me pregunto, también, cuáles serán las consecuencias cuando los seguidores de Cristo deserten de las líneas del frente de su revolución para establecerse en vidas acomodadas lejos del frente de batalla. Hoy, la «ocupación» está aún con nosotros. Los perdidos están hambrientos por las buenas nuevas del evangelio, y los pobres claman en su sufrimiento. La batalla aún se libra, y la misión de rescate de Dios está aún por terminar mientras toda «la creación aguarda con ansiedad la revelación de los hijos de Dios» (Romanos 8.19). Las puertas del infierno aún no han caído.

Derribando las puertas

En 2011, Reneé y yo viajamos a Tierra Santa y visitamos el área llamada Cesarea de Filipo, una región en la que Jesús pasó un tiempo considerable. Al pie del monte Hermón, hay un lugar (antes llamado Paneas o Panium) donde se pueden meter los pies en la cabecera del río Jordán. Es también el lugar donde se cree que Jesús le dijo a Pedro que «sobre esta roca» Jesús edificaría su iglesia. Pero aprendimos algo nuevo y bastante impactante ese día acerca del significado de ese lugar, algo que le dio un sentido mucho más hondo a las palabras de Jesús. Leamos primero el pasaje:

> Viniendo Jesús a la región de Cesarea de Filipo, preguntó a sus discípulos, diciendo: ¿quién dicen los hombres que es el Hijo del Hombre? Ellos dijeron: Unos, Juan el Bautista; otros, Elías; y otros, Jeremías, o alguno de los profetas. Él les dijo: Y vosotros, ¿quién decís que soy yo? Respondiendo Simón Pedro, dijo: Tú eres el Cristo, el Hijo del Dios viviente. Entonces le respondió Jesús: «Bienaventurado eres, Simón, hijo de Jonás, porque no te lo reveló carne ni sangre, sino mi Padre que está en los cielos. Y yo también te digo, que tú eres Pedro, y sobre esta roca edificaré mi iglesia; y las puertas del Hades no prevalecerán contra ella. Y a ti te daré las llaves del reino de los cielos; y todo lo que atares en la tierra será atado en los cielos; y todo lo que desatares en la tierra será desatado en los cielos». (Mateo 16.13–19, RVR60)

Estuvimos en el mismo lugar, al pie de un gran acantilado debajo de la montaña donde Jesús estuvo ese día con sus discípulos. Pero aquí está lo destacable que uno no sabría tan solo leyendo el Nuevo Testamento: en la base de ese acantilado, hay una enorme cueva natural que comunica profundamente con la pared del acantilado y luego se pierde de vista según profundiza. Josefo, un historiador del primer siglo, escribió esto acerca de la cueva:

> El lugar se llama Panium, donde hay la cima de un monte que se alza con una altura inmensa, y a su lado, debajo, o a sus pies, se abre una oscura cueva; dentro de esta hay un precipicio horrible, que desciende abruptamente con una profundidad enorme; contiene una gran masa de agua, que es inamovible; y cuando alguien deja descender algo para medir la profundidad de la tierra debajo del agua, no hay cuerda suficiente para hacerlo posible.[4]

En el mundo clásico se creía que esa cueva tenía una relevancia sobrenatural. Se creía que era la entrada al inframundo, las puertas del Hades, donde este se habría llevado al mitológico Démeter, el dios del inframundo. Era el lugar donde los dioses salían del inframundo para merodear por la tierra y apresar a hombres y mujeres. En tiempos de Jesús, el templo de Pan, un gran templo pagano construido por Herodes el Grande, se alzaba imponente en la entrada de esta cueva. En el frente de ese templo con columnas había un altar abierto situado en el mismo umbral del profundo abismo. Los adoradores paganos ofrecían sacrificios animales (y quizá humanos) sobre ese altar y luego arrojaban sus ofrendas al abismo con la esperanza de que los dioses las aceptaran y respondieran concediéndoles más fertilidad y mejores cosechas. Fue en ese lugar impío, el mismo donde la gente creía que habitaban los dioses paganos, donde Jesús decidió anunciar que él, «el Cristo, el Hijo del Dios viviente», edificaría su iglesia, «y las puertas del Hades no prevalecerán contra ella». Por tanto, ¿por qué escogió Jesús ese lugar específico para hacer su anuncio? Porque fue su declaración de guerra contra los principados y potestades de este mundo oscuro.

El 11 de septiembre de 2001, cuando Al Qaeda lanzó un asalto contra Estados Unidos, escogieron atacar tres símbolos del poder de Estados Unidos: el Pentágono, símbolo del poder militar estadounidense; las Torres Gemelas, símbolo del poder económico de Estados Unidos; y el Capitolio, el asiento del gobierno de Estados Unidos.[5] Hicieron eso para desafiar y minar la autoridad de Estados Unidos y para declarar la guerra contra América de la forma más impactante posible. Escogieron esos lugares para hacer una declaración. Afortunadamente, la declaración de guerra de Al Qaeda finalmente fracasó. Creo que Jesús escogió simbólicamente el templo de Pan para desafiar la autoridad de Satanás y para dejar constancia de que su reino estaba ahora destinado a caer. Jesús llamó a la puerta principal del Hades para hacer una declaración abierta de guerra contra los poderes malvados de este mundo. Los puso sobre aviso. Y a diferencia de la declaración de Al Qaeda, esta no fracasaría.

Pero hay un segundo sentido muy significativo en las palabras que Jesús escogió en su declaración. Usó una metáfora ofensiva, no defensiva; su iglesia iría a la ofensiva para derribar las puertas del infierno, y esas puertas no prevalecerían. La iglesia era la que realizaría el ataque, las puertas del infierno sufrirían el asalto, la revolución avanzaría y los poderes dominantes caerían.

Antes de dejar ese lugar, tenemos que ver otro asombroso evento simbólico que podría haber ocurrido en ese mismo lugar: la transfiguración. Nos dice la Escritura que seis días después, «Jesús tomó consigo a Pedro, a Jacobo y a Juan, el hermano de Jacobo, y los llevó aparte, a una montaña alta. Allí se transfiguró en presencia de ellos» (Mateo 17.1–2). Algunos eruditos creen que poco después de la declaración de las puertas del Hades, se produjo la transfiguración de Cristo cerca de este mismo lugar en el monte Hermón, directamente encima del templo de Pan. Fue de nuevo sobre ese lugar, la fortaleza simbólica del inframundo, donde toda la deidad de Cristo se reveló por primera vez. Jesús se transfiguró

La iglesia era la que realizaría el ataque, las puertas del infierno sufrirían el asalto, la revolución avanzaría y los poderes dominantes caerían.

con una luz blanca y radiante. Dios Padre habló audiblemente y pronunció la verdadera autoridad e identidad de Jesús: «Éste es mi Hijo amado; estoy muy complacido con él. ¡Escúchenlo!» (Mateo 17.5). El Dios del universo llamó a la puerta delantera del dios del inframundo y reveló su verdadera identidad. No mucho después, ese mismo Jesús marchaba decididamente a Jerusalén e iba a la cruz, para derribar las puertas del Hades. Fue el día D.

Por tanto vayan...

¡Soldados, marineros y aviadores de las Fuerzas Expedicionarias Aliadas! Están a punto de embarcarse en una gran cruzada, por la que hemos estado esforzándonos todos estos meses. Los ojos del mundo están sobre ustedes. Las esperanzas y oraciones para liberar a buenas personas en todo el mundo marchan con ustedes. En compañía de nuestros valientes Aliados y compañeros de armas en otros frentes, provocarán la destrucción de la máquina de guerra alemana, la eliminación de la tiranía nazi sobre los pueblos oprimidos de Europa, y seguridad para nosotros en un mundo libre.

Su tarea no será fácil. Su enemigo está bien entrenado, bien equipado y experimentado en batalla, y luchará ferozmente.[6] —Mensaje del día D del General Eisenhower a las tropas aliadas: 6 de junio de 1944

Jesús se acercó entonces a ellos y les dijo: —Se me ha dado toda autoridad en el cielo y en la tierra. Por tanto, vayan y hagan discípulos de todas las naciones, bautizándolos en el nombre del Padre y del Hijo y del Espíritu Santo, enseñándoles a obedecer todo lo que les he mandado a ustedes. Y les aseguro que estaré con ustedes siempre, hasta el fin del mundo. (Mateo 28.18–20)

La victoria está asegurada. Los poderes y autoridades han sido desarmados. El reino de Dios se ha acercado. ¡Por tanto, vayan! A la luz de la victoria en la cruz, tenemos que dar un último vistazo a la gran comisión pero bajo una nueva luz. Jesús comienza diciendo que ahora, gracias a la cruz, ha recibido toda autoridad en el cielo y en la tierra. Se nos dice aquí, en términos ciertos, que Cristo derrotó contundentemente y desarmó totalmente a Satanás y su autoridad. El resultado está ahora asegurado porque la victoria definitiva ya ha sido ganada. Pablo nos reasegura esto en dos pasajes clave:

> Sin embargo, Dios nos dio vida en unión con Cristo, al perdonarnos todos los pecados y anular la deuda que teníamos pendiente por los requisitos de la ley. Él anuló esa deuda que nos era adversa, clavándola en la cruz. *Desarmó a los poderes y a las potestades, y por medio de Cristo los humilló en público al exhibirlos en su desfile triunfal.* (Colosenses 2.13–15, énfasis del autor)

> Dios sometió todas las cosas al dominio de Cristo, y lo dio como cabeza de todo *a la iglesia. Ésta, que es su cuerpo*, es la plenitud de aquel que lo llena todo por completo. (Efesios 1.22–23, énfasis del autor)

El significado de estos dos pasajes es, primero, el reino de Satanás como el gobernante, la autoridad y el poder de este mundo oscuro está llegando a su fin; y segundo, el reino de Cristo está aquí ahora, toda autoridad y poder se le ha otorgado a Jesús, que es la cabeza de la iglesia. La iglesia de Jesucristo irá al mundo a establecer su imperio y su reinado, derrotando así a sus enemigos, tomando su lugar contra los gobernantes, contra las autoridades, contra los poderes de este mundo oscuro y contra las fuerzas espirituales de maldad en las regiones celestes. Pablo nos revela que antes del regreso de Cristo, estos enemigos de Cristo primero deben ser derrotados y sometidos bajo sus pies:

> Entonces vendrá el fin, cuando él entregue el reino a Dios el Padre, luego de destruir todo dominio, autoridad y poder. Porque es necesario que Cristo reine hasta poner a todos sus enemigos debajo de sus pies. (1 Corintios 15.24–25)

Este entonces es el lado oscuro de la gran comisión. Ir al mundo con las buenas nuevas del evangelio e invitar a los hijos de Dios a aceptar su gran gracia y a convertirse en discípulos tendrá un costo. Requerirá de nosotros que libremos guerra contra las fuerzas del mal en nuestro mundo desafiando la injusticia, enmendando errores, proclamando la verdad y mostrando una manera distinta de vivir, con Dios como nuestro Rey y Señor. Con Satanás derrotado en la cruz y Cristo ahora como cabeza de su iglesia, podemos ver la gran comisión como la orden de batalla dada por el Comandante Supremo a las fuerzas bajo su mando, la iglesia, para ir y terminar la lucha:

> La victoria ya está asegurada. Yo no solo he derrotado y desarmado a Satanás, sino que también he roto las líneas enemigas para darles acceso a mi reino, mi poder y mi Espíritu. Ahora vayan, terminen la tarea, establezcan mi reino en todas las naciones, prediquen las buenas nuevas de que los pecados han sido perdonados y la muerte ha sido derrotada, y anuncien con valentía que mi reino ahora está abierto a todos. Y anímense porque yo estaré con ustedes hasta el final. ¡Viva la revolución! (Mateo 28.18–20, paráfrasis del autor)

No nos han prometido rescatarnos de este mundo; se nos ha mandado ir y tomarlo. La gran comisión es el llamado de Jesús a derribar las puertas del infierno y liberar a sus hijos, estableciendo su reino. Es la operación militar de limpieza con el fin de terminar la tarea, rescatar al resto de los hijos de Dios, y preparar para el reino final y completo de Cristo cuando regrese a buscarnos, y su iglesia reclamará la gloriosa promesa de Apocalipsis 21:

> ¡Aquí, entre los seres humanos, está la morada de Dios! Él acampará en medio de ellos, y ellos serán su pueblo; Dios mismo estará con ellos y será su Dios. Él les enjugará toda lágrima de los ojos. Ya no habrá muerte, ni llanto, ni lamento ni dolor, porque las primeras cosas han dejado de existir. (vv. 3–4)

Armas tiernas del reino

Pero este sacerdote [Jesús], después de ofrecer por los pecados un solo sacrificio para siempre, se sentó a la derecha de Dios, en espera de que sus enemigos sean puestos por estrado de sus pies. (Hebreos 10.12–13)

He usado metáforas de guerra porque así es exactamente como describe la Biblia el conflicto entre Dios y Satanás. Pero nuestra lucha es un tipo de guerra muy distinto. La revolución del reino no es una de violencia que hay que ganar por la fuerza. No avanza según los poderes terrenales o los principios bélicos. No tiene tanques, ni pistolas ni bombas. Sus armas son paradójicas: amor, gozo, paz, paciencia, benignidad, bondad, fe, mansedumbre y templanza. Salimos al mundo a asaltar las puertas del infierno amando a nuestro prójimo, incluso a nuestros enemigos. Vamos a los lugares quebrantados y andrajosos para consolar al afligido y vendar al quebrantado. Llevamos el mensaje de una nueva esperanza a nuestros lugares de trabajo, escuelas y ayuntamientos. Curamos las heridas del abuso, la explotación, la adicción y la separación con actos de perdón y sanidad. Estamos llamados a cuidar de las viudas, los huérfanos, los extranjeros y los forasteros, a defender la justicia y luchar contra la desigualdad económica, a defender a los que no tienen voz y a pedir cuentas a nuestros gobiernos, a desafiar el racismo y la intolerancia, a ser generosos con nuestro dinero, y a vivir con integridad. Vemos valor en lo despreciable, encontramos fortaleza en lo débil y ungimos al pisoteado con dignidad. Intentamos enmendar cada error y llevar todo pensamiento cautivo a la obediencia a Jesucristo. Nuestros oponentes están desarmados por la espada del Espíritu; ellos huyen cuando ven nuestra coraza de justicia, el cinturón de la verdad alrededor de nuestra cintura y el yelmo de nuestra salvación. Marchamos con los pies calzados con el apresto que viene del evangelio de la paz. Cada acto de bondad, cada momento pasado en oración y cada expresión de amor en el nombre de Cristo atraviesa el corazón del enemigo y le hace retroceder. Estas son las armas tiernas del reino. Aún hay maldad en el mundo, pero la maldad está huyendo.

> Cada acto de bondad, cada momento pasado en oración y cada expresión de amor en el nombre de Cristo atraviesa el corazón del enemigo y le hace retroceder.

15

La gran aventura de Dios para su vida

Nunca es demasiado tarde para ser quien podría haber sido.
—ATRIBUIDO A GEORGE ELIOT

Aunque nadie puede regresar y comenzar de nuevo, cualquiera puede comenzar a partir de ahora y hacer un nuevo final.
—ATRIBUIDO A CARL BARD

La historia continúa. La pluma del gran Autor está trabajando poderosamente; la tinta fluye, y las páginas vuelan. Se están escribiendo los últimos capítulos; nuevos personajes aparecen en la obra y aventuras novedosas les esperan. Según se desarrolla su gran historia, hay peligro e intriga, amor y gozo, decepción y esperanza. Hay victorias que ganar y adversidades que sufrir, hay mucho en juego. La gran misión de rescate del Padre está tomando impulso, los corazones y las almas de sus hijos cuelgan en la balanza. Su gran pluma le ha incluido a usted en el capítulo más nuevo que ha escrito; su nombre ahora aparece en sus páginas. Hay algo importante que hacer, y él le llama a hacerlo; un papel vital que jugar, y le ha escogido a usted para ese papel. Le ha incluido en la historia, le ha situado cuidadosamente en el tiempo y el lugar, le ha equipado con dones y talentos únicos, capacitado con su poderoso Espíritu, y le ha ofrecido unirse a la gran revolución de su reino. Él le ha enviado. Es tiempo de responder a la invitación de: se ruega contestación.

Me encanta la gran y épica historia de la trilogía de Tolkien de *El Señor de los anillos*. Tierra Media está en plena lucha titánica entre el bien y el mal. El malvado mago Sauron ha acumulado un gran poder y unos ejércitos colosales. Civilizaciones y ejércitos están en conflicto y colisión. El destino de todas las cosas depende del resultado. Y en medio de todo eso están dos pequeños hobbits, Frodo y Sam. Están en el centro del escenario, y al final de algún modo depende de ellos evitar la tragedia, derrotar a las fuerzas del mal y rescatar Tierra Media. No tienen una fortaleza obvia ni poderes sorprendentes, pero hay algo en sus personajes, algo en su generosidad, que les hace ser los personajes clave de la trama, y no Gandalf, no Boromir ni Strider ni Legolas. Aunque todos ellos también tienen papales clave, el resultado activó la obediencia y las acciones de estos dos hobbits. Realmente creo que Tolkien estructuró su historia de esa forma para ilustrar la misma gran verdad acerca del reino de Dios. Las batallas clave, los dramáticos puntos de inflexión, los papeles centrales dependen de las decisiones de las personas pequeñas. «Pero Dios escogió lo insensato del mundo para avergonzar a los sabios, y escogió lo débil del mundo para avergonzar a los poderosos. También escogió Dios lo más bajo y despreciado, y lo que no es nada, para anular lo que es» (1 Corintios 1.27–28). Como dijo C. S. Lewis: «No hay personas comunes».[1] Qué buenas noticias, qué privilegio tan increíble y qué oportunidad nos ha dado Dios. Como Frodo y Sam, afrontamos la mayor aventura de nuestra vida. Incluso más que eso, Dios nos creó específicamente para esa aventura. Pero al igual que Frodo y Sam, para darnos cuenta de nuestra aventura debemos dejar atrás la comodidad y la seguridad de La comarca. Debemos soltar todas las cosas que nos obstaculizan. Debemos decir sí al Rey y sí a la misión de su reino.

Eso no significa que no tendremos gozo en nuestra vida. Ni significa que debamos llevar vidas enjutas y estoicas separados de las personas y las cosas que amamos. Es justamente lo contrario. Aunque Dios nos pide que pongamos todo lo que somos y todo lo que tenemos a su servicio, promete algo más precioso en su lugar, algo más rico, más profundo y más completo. Cambiamos nuestras vidas en blanco y negro por vidas a todo color. Él nos llama a convertirnos en las personas que creó, a tener las vidas que diseñó para nosotros.

Algunos serviremos ahí donde estamos. Él quiere que usemos nuestra vocación, recursos, redes y habilidades. Él puede usar cualquier cosa que tengamos: dinero, bienes, tiempo. Incluso usará nuestras debilidades y fallas, nuestras luchas y también nuestro dolor. Si se lo cedemos, lo usará. A algunos, no obstante, Dios nos llamará a otros lugares, a nuevas vocaciones e incluso a diferentes culturas. Necesitamos viajar con poco equipaje y estar dispuestos a levantar las estacas e ir, confiando en que él va delante de nosotros. La aventura más grande de nuestra vida se encuentra en el servicio a él. «Yo he venido para que tengan vida», dijo Jesús, «y la tengan en abundancia» (Juan 10.10).

Nuestra fe cristiana es más que una manera de encontrar el perdón de nuestros pecados para entrar en la vida eterna, aunque también es eso. Es más que un sistema de creer lo correcto acerca de la verdad suprema y el orden de las cosas, aunque lo es. Y es más que tan solo una manera de encontrar el consuelo de Dios en tiempos de dolor o un útil código de conducta para cómo vivir una vida buena y productiva, aunque es todas esas cosas también. No, es un llamado a dejar todo lo demás atrás, seguir a nuestro Señor y Salvador Jesucristo, y unirnos a la gran misión de Cristo en nuestro mundo. Es un llamado a vivir como Jesús, a amar lo que Jesús ama y valorar lo que Jesús valora. Es un llamado a olvidar todo lo demás y seguirle. Solo entonces podremos convertirnos en personas completas, personas viviendo según el deseo más hondo de Dios para nuestras vidas. Solo entonces encontraremos la aventura más grande de nuestra existencia.

> **Es un llamado a vivir como Jesús, a amar lo que Jesús ama y valorar lo que Jesús valora.**

Escuche ahora las historias de unos cuantos «finalizadores», personas que han encontrado su propia finalización en la obra por terminar del reino de Dios.

Florezca donde ha sido plantado

> Y por alguna razón, tuve este extraño sueño de que algún día tendría un manzanar y algún día daría parte de las ganancias a los niños de India. —Ralph Broetje

> «No voy a ofrecer al Señor mi Dios holocaustos que nada me cuesten. Te lo compraré todo por su precio justo. Fue así como David compró la parcela y los bueyes por cincuenta monedas de plata». (2 Samuel 24.24)

Ralph Broetje estaba en la secundaria cuando tuvo esa idea. Dios le dio un sueño y una pasión, y años después Ralph y su esposa Cheryl compraron un pequeño manzanar y comenzaron a cultivarlo. Los huertos Broetje Orchards en el estado de Washington son uno de los puestos fronterizos del reino más destacables que puede encontrar hoy en todo el mundo. A primera vista parece que se dedican a cultivar manzanas y cerezas para vender, pero en realidad su negocio es cultivar personas; las manzanas y las cerezas son solo el medio para ese fin. Ralph y Cheryl han vivido el evangelio de formas que pocos lo hacemos. Dan el cincuenta por ciento de sus ganancias, siempre invirtiendo para hacer de su comunidad y del mundo en general un lugar mejor para todos, especialmente para los pobres. Como dan empleo a cientos de personas, la mayoría de ellos trabajadores inmigrantes, encontraron un campo misionero en la puerta de su casa. Ralph y Cheryl tratan a sus trabajadores como si fueran su propia familia. Con su granja en el centro, han construido una comunidad única para los que trabajan en la empresa. Al ver que la mayoría de esas familias nunca habían tenido casa propia, los Broetje tuvieron la idea de edificar casas para ellos; crearon una comunidad que llaman Vista Hermosa y construyeron 120 casas. Pusieron esas casas a disposición de las familias que trabajaban en sus huertos, ofreciéndoselas a mitad del precio de lo que normalmente cuestan las casas en esa zona. Después, viendo que las mujeres necesitaban cuidado de niños para poder trabajar, construyeron una pequeña guardería para los niños y luego añadieron una escuela primaria y una pequeña iglesia. También ayudaron a muchas de las madres a conseguir los títulos de bachillerato para sus hijos.

Después de ver que sus huertos de cerezas habían fallado varios años consecutivos, Ralph decidió deshacerse de ellos en vez de arriesgarse a tener otra cosecha fallida, pero justo antes de enviar las sierras mecánicas, tuvo la idea de dar los árboles para el ministerio. Al año siguiente llegó la cosecha, y Ralph y Cheryl prometieron dar todos los beneficios de las cerezas. Los Broetje pidieron a los recolectores y trabajadores que participaran. Se reúnen cada año y votan para ver qué causas dignas encuentran para invertir su dinero. Esas cerezas han dado millones de dólares para centros de caridad durante los últimos veinticinco años. Parte de ese dinero se ha repartido localmente y parte se ha enviado por todo el mundo, incluyendo India. El sueño que tuvo Ralph en la secundaria se ha hecho realidad.

El amor de Ralph y Cheryl por India también les llevó a adoptar no uno, sino seis niños huérfanos de India durante los años, además de sus tres hijas biológicas. Después, Ralph tuvo la visión de crear una escuela en su propiedad, específicamente diseñada para ayudar a niños en riesgo, y así nació Jubilee Ranch. Hoy, ese rancho alberga a sesenta niños en riesgo, niños que se habían quedado sin opciones en su vida. En Jubilee Ranch consiguen sus diplomas de bachillerato, aprenden oficios como la carpintería y estudian la Palabra de Dios. «Se van con el corazón cambiado», dijo el director de la escuela. Cheryl también ha comenzado una organización sin ánimo de lucro llamada Center for Sharing [Centro para compartir], con la idea de usar los principios del liderazgo servicial que se encuentran en la Escritura para crear comunidades más generosas y justas, tanto en el estado de Washington como internacionalmente. Estas son solo unas cuantas formas en las que Ralph y Cheryl han podido usar lo que Dios les ha dado para ser de bendición para otros. Su fundación Vista Hermosa, creada para suplir las necesidades de su comunidad local, desarrollo rural y agrícola, educación y entrenamiento de liderazgo y programas de reducción de pobreza en todo el mundo, ha donado más de cincuenta millones de dólares durante las últimas décadas para patrocinar estas causas.

Los huertos Broetje Orchards constituyen un puesto fronterizo del reino digno de mención, que brilla poderosamente en el este de Washington. Se convirtió en realidad porque dos personas tomaron la decisión de poner a Dios primero en todo lo que hacían. No son tan solo agricultores; son agricultores del reino, y eso ha marcado la diferencia. Pero no crea que todo ha sido fácil. En más de una ocasión, los Broetje estuvieron a punto de perderlo todo debido al tiempo, las fuerzas del mercado y la volatilidad del negocio de la agricultura. Y han tenido que hacer frente a todos los problemas humanos y sociales que suelen producirse en las familias que viven en una comunidad cercana.

Ralph es característicamente modesto acerca de todo lo que él y Cheryl han hecho. «Sigue siendo algo que me encanta hacer, cultivar manzanas, plantar árboles. He tenido la bendición de poder hacer lo que más me gusta. Dios realmente nos ha bendecido. Miro todo esto, y todo lo demás que he intentado hacer y he fracasado. Pienso que Dios me puso en este lugar en este tiempo, y realmente él nos ha bendecido». Como puede ver, Ralph y Cheryl no vendieron todo lo que tenían y se fueron al campo misionero; en vez de eso vieron el campo misionero en todo lo que tenían. Dios usó su pasión, sus dones y sus habilidades ahí donde habían sido plantados, pero primero tuvieron que poner esos dones y habilidades a disposición de Dios.

Jugar con las cartas que le han tocado

De hecho, considero que en nada se comparan los sufrimientos actuales con la gloria que habrá de revelarse en nosotros. La creación aguarda con ansiedad la revelación de los hijos de Dios. (Romanos 8.18–19)

Alabado sea el Dios y Padre de nuestro Señor Jesucristo, Padre misericordioso y Dios de toda consolación, quien nos consuela en todas nuestras tribulaciones para que con el mismo consuelo que de Dios hemos recibido, también nosotros podamos consolar a todos los que sufren. (2 Corintios 1.3–4)

Seguro que no todos están llamados a servir. ¿Acaso a algunas personas no les han tocado unas cartas tan malas que es imposible esperar que hagan una buena partida? ¿No deberíamos disculparles?

A Aurea le tocaron unas cartas que pocos de nosotros soportaríamos. En 1994, era una joven esposa que vivía con su esposo y toda su familia extensa de cincuenta y cuatro hombres, mujeres y niños en el sur de Ruanda. Fue el año en el que se abrieron las puertas del infierno de par en par y el gran genocidio de Ruanda asoló toda la nación. Ochocientas mil personas murieron en solo cien días. Aurea vio horrorizada cómo los otros cincuenta y tres miembros de su familia —hombres, mujeres y niños— eran asesinados ante sus propios ojos. Les dispararon o machetearon hasta morir. Pero Aurea, como era hermosa, primero fue violada en grupo, luego mutilada y dada por muerta. Pero sobrevivió. Además de sus cicatrices, acarreó con ellas otras dos cosas ese mismo día: el virus VIH y un hijo llamado Eric, resultado de su violación. Eric también es VIH positivo.

Mi buen amigo y miembro del consejo de Visión Mundial, el doctor Steve Hayner, viajando con su hija, conoció a Aurea hace unos años y me contó su historia. Ella y Eric tienen ahora un pequeño hogar de tres habitaciones hecho de ladrillos de barro, de unos tres por seis metros. Ha encontrado trabajo cavando y usando la azada en el campo de un vecino a cambio de un poco de comida. La hija de Steve se atrevió a preguntarle cómo pudo sobrevivir a una pérdida tan devastadora. Ella dijo que no sabe cuánto tiempo vivirán ambos con la enfermedad que tienen. Pero aun así dijo: «La vida es buena porque estamos en manos de Dios». Ella ha perdonado a los hombres que le violaron y mataron a su familia porque «eso es lo que Jesús había hecho [por ella] en la cruz». Aurea no tiene una red de seguridad, ni planes de contingencia ni cuentas de jubilación, solo tiene fe en Dios. Lo que Steve aprendió de ella ese día fue esto: cuando Dios es lo único que tienes, descubres que Dios es lo único que necesitas.

Cualquiera pensaría que seguramente no se puede esperar que Aurea se una a las filas de la gran revolución del reino de Dios. Y además, ¿qué podría ofrecer? Pero cometeríamos un error. Aurea se ha hecho cargo del cuidado de otra niña, una pequeña que perdió a sus padres por el SIDA. Y se ha convertido en cuidadora en su comunidad, visitando y ministrando a los enfermos de SIDA. Visión Mundial la ha entrenado, le ha dado un botiquín médico y una bicicleta para que pueda hacer sus visitas dos veces por semana: cuidando, amando, animando, consolando y orando por los que Dios ha puesto a su cuidado. Sí, Aurea es mucho más que un soldado; es uno de los oficiales de la revolución del reino, sirviendo complacida al Rey. Al igual que Luke Skywalker de *La guerra de las galaxias*, la fuerza le acompaña.

Rendido

Lo más importante que debemos recordar es esto: estar listos en cualquier momento para abandonar lo que somos y así convertirnos en lo que podríamos llegar a ser. —Atribuido a W. E. B. DuBois

También se parece el reino de los cielos a un comerciante que andaba buscando perlas finas. Cuando encontró una de gran valor, fue y vendió todo lo que tenía y la compró. (Mateo 13.45–46)

Joey Lankford y su esposa, Courtney, lo tenían todo. Él tenía treinta años, trabajaba como jefe principal de operaciones de la compañía de equipos hospitalarios de su familia, ganaba un salario de seis cifras y tenía una bonita familia. Tenían cuatro niños, tres de ellos biológicos y uno adoptado en Etiopía. Iban a la Iglesia Brentwood Baptist, en Tennessee, y tenían un maravilloso círculo de fe y de amigos. «Tenía tres casas», dijo Joey, «y todos los juguetes que un niño de treinta y un años tendría en su lista: automóviles, camiones, todoterrenos, caballos». Joey habla de cómo definía el éxito en base a tener «el poni dorado»: todos los bienes que implican el éxito y la riqueza. Pero la decisión de aceptar la invitación de su hermano menor a realizar un pequeño viaje misionero a Nicaragua en 2008 realmente causó algo en la mente de Joey. Fue el comienzo de una agitación espiritual en su vida. Tenía todo lo que quería, pero le faltaba algo.

Tenía todo lo que quería, pero le faltaba algo.

Joey tenía un establo al que llamaba su cueva y un fin de semana se fue allí con su Biblia en la mano. Estuvo allí todo el fin de semana, leyendo y orando. *Tiene que haber algo más profundo*, pensaba Joey. *¿Por qué estoy aquí? ¿Qué está ocurriendo?* «Dios salió a mi encuentro en el establo ese día». Sintió que Dios le decía: «Puedes seguir por tu propio camino, pero no serás feliz alejado de los planes que tengo para ti. Tienes que tomar una decisión en esto». Joey dijo que escribió la palabra *rendido* ese fin de semana por todas las paredes del establo. Cuando finalmente salió, Courtney dijo: «Espero que hayas tenido alguna revelación». La respuesta de Joey fue que ahora sabía quién estaba encargado de su vida.

«Comencé a vender todo lo que poseía, incluyendo mi participación en la empresa familiar. Parecía algo así como un suicidio», recuerda Joey. Joey hizo la solicitud para entrar en el Consejo Internacional de Misiones de la Convención Bautista del Sur para ser misionero a tiempo completo, pero lo rechazaron debido a los desafíos de patrocinio. Joey y su familia siguieron adelante. En 2009, abandonó su función en la compañía, y en 2010, él y toda su familia se fueron a Sudáfrica para trabajar en Living Hope Ministries, el grupo que trabaja con los pobres y los enfermos que reseño en *El vacío en nuestro evangelio*.

Hoy, Joey está usando sus habilidades empresariales para desarrollar nuevos enfoques para la agricultura y la producción de comida. «Soy un vendedor de tomates y pepinos», dijo. «Tengo menos que nunca, pero también soy más feliz que nunca. Soy un niño campesino de Tennessee. No estaba calificado. Dios no me estaba llamando por mi calificación, sino que me llamó porque quería que le amara más». Y así fue como Joey se rindió al Rey.

Una vida dividida

Un barco en el puerto está a salvo, pero los barcos no son para eso.
—Atribuido a John A. Shedd

Hemos visto cómo fue capaz Dios de usar a un granjero y a una superviviente de un genocidio, pero ¿qué tal un director de inversiones de Wall Street? ¿Funciona el reino de los cielos incluso ahí? Bob Doll era el principal estratega de acciones de BlackRock, Inc., la firma de gestión de bienes más grande del mundo, con más de 3,5 billones de dólares bajo su administración. Sí, es cierto, un billón, ¡un millón de millones! Bob Doll aparecía en todos los programas económicos de televisión y regularmente lo citaban las columnas y revistas de inversiones. Era uno de los gurús de la élite de Wall Street. También es seguidor de Jesús, toca el órgano en su iglesia y dirige el coro. Bob admite que durante años tuvo una vida dividida porque trabajaba en Nueva York y vivía en Princeton, Nueva Jersey. Tenía su vida de lunes a viernes, y su vida de fin de semana, y estaban separadas tanto por la distancia como por el contenido... hasta que un día, el lugar de trabajo de Bob cambió a otro sitio a diez minutos de su hogar, y sus dos mundos se fusionaron. Veía a las personas con las que trabajaba en la escuela de sus hijos y en sus partidos de fútbol, y comenzó a ver que realmente no había separación entre lo sagrado y lo secular; su trabajo era parte de su llamado sagrado, su «punto óptimo» en el reino. «Me di cuenta de que tenía un campo ministerial justamente ahí», dijo. Así que Bob comenzó a ser más intencional con su fe, llevándola a sus relaciones de trabajo cuando era apropiado, dedicando tiempo a plantar una semilla o animar a quien lo necesitase. «Muchos de nosotros [los cristianos en nuestro lugar de trabajo] llevamos quietos demasiado tiempo», dijo. «Se necesita valor; no muchos están dispuestos a pronunciarse». Bob se dio cuenta de que su éxito financiero también podía ser su plataforma para un ministerio más amplio, y se convirtió en un orador muy popular en conferencias cristianas, compartiendo y siendo mentor de líderes cristianos más jóvenes que tenían sus propias preguntas acerca de cómo vivir su fe en el lugar de trabajo. Es más, lo conocí cuando habló en un retiro anual de la New Canaan Society, la que mencioné en el capítulo 9.

Bob me contó que Romanos 12.2 ha tenido una gran influencia en cómo él ve su fe en el contexto de su trabajo: «No se amolden al mundo actual, sino sean transformados mediante la renovación de su mente. Así podrán comprobar cuál es la voluntad de Dios, buena, agradable y perfecta». Su ánimo a los cristianos en el lugar de trabajo es que se arriesguen a vivir su fe delante de otros. Lo más fácil de hacer en el lugar de trabajo es conformarse al patrón de este mundo, buscar lo que el mundo busca, valorar lo que el mundo valora y comportarse como el mundo se comporta, pero ese no es el llamado de Cristo en nuestro trabajo. Al contrario, tenemos que transformarnos a través de la renovación de nuestra mente para poder ser agentes de transformación en nuestro lugar de trabajo. El llamado a edificar el reino de Dios es a ir al mundo como embajadores de Cristo, a levantar los valores del reino, a modelar los valores de Cristo, a llevar cautivo todo pensamiento y a establecer cabezas de playa para su reino. Cuando llevamos a Cristo con nosotros al lugar de trabajo, nuestra labor se convierte en algo sagrado. En 2012, Bob cambió de dirección y dejó BlackRock. El Rey está reubicando a este soldado del reino, tengo muchas ganas de ver cuál es la siguiente tarea que Dios ha escogido para él.

Algo viejo, algo nuevo

Ella hizo lo que pudo. (Marcos 14.8)

Reneé y yo conocimos a un nuevo amigo en la iglesia que rebosaba emoción. Carl Harris había sido aceptado para formar parte de Peace Corps [Cuerpos de Paz] y se iba a las Filipinas a finales de esa semana para comenzar una aventura de dos años enseñando inglés como segundo idioma. Fuimos inspirados, no solo porque Carl se unía a Peace Corps sino porque estaba tan solo a cuatro meses de celebrar su ochenta cumpleaños. Toda la vida de Carl había sido una aventura con Dios. De joven fue sacerdote episcopal. Su pasión por el mundo después le llevó a Camboya, donde trabajó desde 1973 hasta 1975, como director nacional de Visión Mundial. Se vio obligado a evacuar en 1975, debido a la desintegración del país en el caos y el genocidio cuando las fuerzas de Pol Pot invadieron el lugar. Carl entonces pasó muchos años trabajando para USAID, siempre con la pasión de ayudar a los más pobres entre los pobres. Carl cree que Dios aún no ha terminado con él. Aún tiene tiempo y energía, y hay aún personas que necesitan el amor de Dios. Aunque Carl tiene ochenta años, su aventura acaba de abrir un nuevo capítulo.

Raven Thuman no tiene ochenta, sino ocho. Está en segundo curso en la institución Niagara Street Elementary School. La mamá y el papá de Raven son padres del reino que han educado a su hija con una fe sólida. El papá de Raven, Dennis, dirige un restaurante y ofrece un estudio bíblico semanal a los patrones de restaurantes que quieren aprender más acerca de asuntos de fe. Y la mamá de Raven, Joanne, dirige un club cuatro días por semana, donde los niños van a jugar, cantar y aprender de Jesús. Adoptaron a Raven y después supieron que tenía parálisis cerebral. Aunque Raven usa una silla de ruedas, su mamá dijo: «Raven nunca se queja de su discapacidad».

Raven tiene un espíritu contagiosamente dulce y generoso. Hace unos años en Navidad, su abuelo le envió un catálogo de regalos de Visión Mundial junto con un cheque. Le pidió que se gastase la mitad del dinero en un regalo para alguien en un país en desarrollo, y la otra mitad en ella. Raven echó un vistazo al catálogo y supo inmediatamente lo que tenía que comprar: una silla de ruedas para otro niño. En su siguiente fiesta de cumpleaños, pidió a sus amigas que le regalaran dinero para poder dar otro regalo a los niños pobres; esta vez regaló instrumentos musicales a niños que no tenían. «Me encanta la música», decía Raven, «porque me hace feliz». Cuando le preguntaron qué quería hacer cuando se hiciera mayor, Raven dijo: «Quiero hablar a la gente de Jesús». Esta pequeña de ocho años en una silla de ruedas, situada en Niagara Falls, Nueva York, es una adorable embajadora del reino. «Raven desprende su fe como un dulce aroma dondequiera que va», dijo su madre. «Ella es Jesús en la escuela Niagara Street Elementary».

Repartiendo el correo de Dios

> Es evidente que ustedes son una carta de Cristo... escrita no con tinta sino con el Espíritu del Dios viviente; no en tablas de piedra sino en tablas de carne, en los corazones. (2 Corintios 3.3)

Jim Plantenberg trabaja en el departamento de correos de Visión Mundial. Cada día aparece por mi oficina, empujando su carro y entregando el correo. La esposa de Jim, Cheryl, también trabaja en Visión Mundial, desempeñando fielmente su trabajo en la oficina del presidente. Jim siempre se ha sentido incomodado por su deseo de ser pastor, pero los caminos de la vida le llevaron por otros derroteros. Trabajó en el aeropuerto Sea-Tac durante veinticinco años en logística y después trabajó para una empresa de paisajismo, conduciendo un camión y haciendo adquisiciones. Con el deseo de ser parte de un ministerio cristiano, hace siete años comenzó a trabajar en el departamento de correos de Visión Mundial. El año pasado, cuando el papá de Cheryl se enfermó y fue llevado a un lugar de hospicio para vivir allí sus últimos días, Jim y Cheryl a menudo fueron a visitarle y a orar con él. En una ocasión, Jim sintió un deseo tan fuerte de estar con el papá de Cheryl, que se tomó una semana libre del trabajo para acompañarlo todos los días. Durante ese tiempo, Jim comenzó a conocer a algunas de las enfermeras y otros pacientes. Al percibir que Jim era un hombre de fe, las enfermeras comenzaron a pedirle a Jim si quería involucrarse más. Primero le preguntaron si podría dirigir un servicio dominical para los pacientes que deseasen asistir. Eso se convirtió en un ministerio de reuniones individuales a medida que las personas comenzaron a preguntar por él.

Un año después, Jim se encuentra en el centro de un creciente ministerio. Dirige una reunión cada quince días para un grupo de entre veinticinco y cuarenta personas, y por petición popular, también está ahí unas cuantas noches y fines de semana para consolar y orar con personas que se enfrentan al final de sus días. Distribuye Biblias y ora con familiares que están ahí visitando a sus seres queridos. Una niña de trece años, después de que su abuelo muriera, siguió a Jim por el pasillo. Le tomó de su mano y dijo: «Lo tengo que saber; ¿dónde fue el abuelo?». Jim pudo compartir con ella las buenas nuevas del evangelio.

Aunque un centro de hospicio, con sus vistas, olores y ambiente de enfermedad y muerte, no es un lugar donde la mayoría de nosotros quisiéramos ir, Jim me dijo: «Me siento como si tuviera que hacer esto sin más remedio. Prefiero estar aquí más que en cualquier otro lugar». **Nunca esperó tener un ministerio tan vital en esta etapa de su vida.** Tan solo estuvo dispuesto y escuchó la voz del Espíritu. «Tan solo soy una herramienta en la caja de herramientas de Dios», me dijo. «Simplemente quiero que las personas conozcan las buenas nuevas de Jesucristo antes de que mueran». Mire, él sabe que el Rey está invitando personas a su gran banquete y Jim quiere ser quien entregue ese correo.

La historia de dos obituarios

Solo una vida, pronto pasará, solo lo que hemos hecho por Cristo durará. —Atribuido a C. T. Studd

No son las cosas que hacemos en la vida lo que lamentamos en nuestro lecho de muerte, sino las que no hacemos.[2] —Randy Pausch

Cada aventura tiene un comienzo y un final, y no hay nada que ponga nuestras vidas en una perspectiva más clara que el inevitable hecho de que todos vamos a morir. Así, para terminar este libro, quiero enfocarme unos momentos en esta verdad no tan agradable: usted va a morir. El nacimiento y la muerte quizá sean las dos únicas experiencias humanas verdaderamente universales, pero es siempre lo que ocurre entre ellas lo que distingue a una persona de otra. A la mayoría no nos gusta mucho pensar en la muerte por razones obvias, pero permítame pedirle por un minuto que se imagine que hoy va a ser el último día de su vida. Quiero que reflexione en todos los días de su existencia y se pregunte qué es lo que más valora. Ahora imagine que está leyendo su propio obituario en el periódico local. ¿Qué querría que dijera de usted? O mejor aún, si usted mismo pudiera escribirlo, ¿qué escribiría? ¿Cómo querría que le recordaran?

¿Escribiría acerca del dinero que ganó, los títulos que consiguió o las propiedades que poseía? ¿Se enfocaría en cuánto tiempo pasó en la oficina, las ganancias que logró con las inversiones en sus carteras de valores o los pasatiempos que tenía? ¿O en cambio querría escribir sobre las cosas duraderas, las cosas profundas y las cosas sagradas de su vida: la gente a la que amó, las vidas que enriqueció, las cosas que hizo para ayudar a otros y las aventuras que tuvo en su caminar con el Señor? ¿Acaso no querría que le recordaran como una persona cuya vida estuvo marcada por el amor, la compasión y la generosidad, y que se fue haciendo que el mundo fuera un lugar mejor que antes de que usted naciera? ¿Acaso no querría escribir acerca de una vida que «fue valiosa» para el reino?

Quiero que veamos dos historias en las Escrituras de dos hombres y lo que hubieran dicho sus obituarios. Aunque ambas historias son de hombres ricos, su importancia no radica realmente en su riqueza, sino en cómo vieron sus vidas. La primera es la historia que Jesús contó en Lucas 12 de «cierto hombre rico».

> ¡Tengan cuidado! —advirtió a la gente—. Absténganse de toda avaricia; la vida de una persona no depende de la abundancia de sus bienes. Entonces les contó esta parábola: —El terreno de un hombre rico le produjo una buena cosecha. Así que se puso a pensar: «¿Qué voy a hacer? No tengo dónde almacenar mi cosecha». Por fin dijo: «Ya sé lo que voy a hacer: derribaré mis graneros y construiré otros más grandes, donde pueda almacenar todo mi grano y mis bienes. Y diré: Alma mía, ya tienes bastantes cosas buenas guardadas para muchos años. Descansa, come, bebe y goza de la vida». (Lucas 12.15–19)

¿Qué vemos cuando observamos el modo de ver la vida de este hombre? ¿Qué escribiría en su propio obituario? Aquí tenemos a un hombre que se definió a sí mismo por su éxito, sus posesiones y sus logros. Estas fueron las cosas en las que encontró tanto su identidad como su seguridad. Era un tipo que había introducido «éxito y seguridad económica» como su destino en el GPS de su vida. Tenía una cosmovisión de reino mágico. Sus campos habían producido una gran cosecha, mucho más de lo que podía consumir. Su respuesta fue construir graneros mayores para almacenar para sí el exceso que Dios le había dado. Procedía de la escuela teológica de «come, bebe y sé feliz». Pero Jesús terminó la historia diciéndoles a sus discípulos cómo veía Dios la vida de este hombre:

> Pero Dios le dijo: «¡Necio! Esta misma noche te van a reclamar la vida. ¿Y quién se quedará con lo que has acumulado?». Así le sucede

al que acumula riquezas para sí mismo, en vez de ser rico delante de Dios (Lucas 12.20–21)

Como puede ver, este hombre estaba haciendo las preguntas equivocadas. Estaba preguntando si debía construir mayores graneros para *su* riqueza cuando debería haberse preguntado cómo podría invertir sabiamente la riqueza *de Dios*. Estaba enfocado en cómo maximizar mejor *su* comodidad y su seguridad en vez de en cómo podía proveer comodidad y seguridad *a otros*. Antes de hacer la pregunta: «¿Qué voy a hacer?», debería haberse preguntado: «¿A quién seguiré?». Había vivido con todas las prioridades equivocadas. Podemos imaginar que podía haber escrito para sí un obituario bastante brillante, lleno con listas de todos sus logros y bienes, su estatura, su estatus. Jesús escribió para él uno mucho más corto: «¡Necio!».

Nuestro segundo hombre es Job, el hombre rico del que hablamos en el último capítulo, que perdió todo lo que poseía cuando Satanás le atacó. Sin embargo, Job permaneció fiel en todo el proceso de sufrimiento. En un momento de la historia, Job medita en su vida mientras clama a Dios. Básicamente está reviviendo las cosas de su vida que más le importaban, las que más quería Dios considerase. Job estaba recitando su propio obituario:

> Los que me oían, hablaban bien de mí; los que me veían, me alababan. Si el pobre recurría a mí, yo lo ponía a salvo, y también al huérfano, si no tenía quien lo ayudara. Me bendecían los desahuciados; ¡por mí gritaba de alegría el corazón de las viudas! De justicia y rectitud me revestía; ellas eran mi manto y mi turbante. Para los ciegos fui sus ojos; para los tullidos, sus pies. Fui padre de los necesitados y defensor de los extranjeros. A los malvados les rompí la cara; ¡de sus fauces les arrebaté la presa! (Job 29.11–17)

No es usted el que escribe su propio obituario, pero sí el que protagoniza la vida de la cual se escribirá algo.

¡Qué claro contraste con nuestro primer hombre! Job también había sido un hombre rico que poseía muchas propiedades y bienes; había logrado éxito en todas sus empresas de negocios, pero esto no era lo que él más valoraba en la existencia que había vivido. Lo que más valoraba Job era la obediencia a Dios, su compromiso con la justicia, su compasión por los pobres y las cosas que había hecho para amar a su prójimo. Aquí vemos dos hombres distintos, dos vidas distintas y dos legados distintos. Está bastante claro para mí cuál es el que más probabilidades tiene de oír los halagos del Maestro: «¡Hiciste bien, siervo bueno y fiel! En lo poco has sido fiel; te pondré a cargo de mucho más. ¡Ven a compartir la felicidad de tu señor» (Mateo 25.21).

No es usted el que escribe su propio obituario, pero sí el que protagoniza la vida de la cual se escribirá algo. La pregunta es: ¿qué escribirán de usted? No sé dónde se encuentra usted en su peregrinaje con Dios. Quizá es alguien que ya se ha olvidado de todo lo demás para servir a Cristo, invirtiendo su vida en la misión de su reino. Si es así, espero que tenga ganas de seguir así y continuar corriendo la buena carrera que tiene por delante. O quizá sea alguien que aceptó las buenas noticias del evangelio con gran gozo hace muchos años, pero nunca llegó a poner del todo su vida al servicio de él. Se ha contenido. Ha tenido otras prioridades. Se ha desviado a consecuencia de las dificultades y los reveses. Por alguna razón, se ha mantenido al margen buscando seguridad, observando, pero nunca ha entrado en el juego. Ha aceptado a Jesús como su Salvador, pero nunca le ha permitido plenamente que sea su Señor, y como resultado nunca ha sentido verdaderamente el llamado de Dios. Nunca ha encontrado aquello para lo que fue creado, nunca se ha convertido en esa persona asombrosa que Dios diseñó, nunca ha vivido esa aventura del reino para la que fue creado. Si esto le describe, tengo muy buenas noticias para usted: todavía está a tiempo. Puede comenzar hoy. «Nunca es tarde para ser quien podría haber sido».[3] Servimos a un Dios de segundas oportunidades, terceras oportunidades, cuartas oportunidades, todas las que necesitemos. Nuestro Padre amoroso siempre nos dará la bienvenida a casa.

Comencé este libro planteando esta atrevida premisa: Dios le ha invitado a unirse a él para cambiar el mundo.

- Dios tiene un sueño para este mundo que Jesús llamó el reino de Dios.
- Dios le creó para desempeñar un papel importante en su visión del reino.
- Usted nunca encontrará su propósito más hondo en la vida hasta que encuentre su lugar en la edificación del reino de Dios.

Dos mil años después de haberse ido Jesús, la gran comisión de Dios aún está por terminar. El cuerpo de Cristo en el siglo XXI tiene todo lo necesario para terminar el trabajo: el conocimiento, la experiencia, los dones y las habilidades, los recursos y el mandato. Y usted tiene todo lo necesario para desempeñar su papel. Lo único que se necesita es el compromiso de «despojémonos del lastre que nos estorba», para que «corramos con perseverancia la carrera que tenemos por delante. Fijemos la mirada en Jesús, el iniciador y perfeccionador de nuestra fe» (Hebreos 12.1–2). Lo único que nos falta es la voluntad. Para los seguidores de Cristo, responder a la invitación de Dios de unirnos a la misión de su reino no es tan solo una de las cosas que supuestamente debemos hacer; es la razón principal para la que fuimos creados. Nunca nos convertiremos en el pueblo que Dios quiere que seamos hasta que aceptemos realizar la misión para la que fuimos llamados.

Mire a su alrededor. ¿Qué ve? ¿Qué es lo que usted tiene que hacer? ¿Dónde está su playa de Normandía? En el reino en expansión de Dios no hay un trabajo que no sea importante y ninguna persona que no sea significativa. Todas las piezas de su dominó espiritual están situadas para provocar una asombrosa reacción en cadena que se recordará a través de los años. Pero esa primera pieza de dominó debe caer; *su* pieza de dominó debe caer. ¿Hay alguna mamá soltera que necesita ánimo, un niño que necesite amor? ¿Ve usted a esa anciana, sola y falta de una amiga; un adolescente que se está ahogando, pidiendo a gritos un papá? ¿Ha mirado en los corazones de aquellos con los que trabaja y ha visto la desesperación en sus vidas? ¿Hay alguna familia inmigrante a la que le está costando adaptarse, que necesita un amigo que les guíe en un lugar desconocido para ellos? ¿Hay algún problema social en el que usted podría movilizar personas para que lo resolvieran? ¿Tiene en su cuenta bancaria el dinero que un ministerio está necesitando para dejar de luchar solo por mantenerse a flote, que una persona sin hogar necesita para tener un nuevo comienzo? ¿Tiene las habilidades y destrezas que otros necesitan, en finanzas, como doctor, o abogado, o como manitas que pueden reparar automóviles rotos? ¿Hay algún asunto en cuanto a la justicia que usted puede defender, un error que usted puede enmendar? ¿Le duele la muerte de niños por hambre, los huérfanos carentes de hogar, o la viuda con hijos que tan solo necesita un préstamo? Muchas personas están clamando a Dios pidiéndole ayuda. ¿Podría ser usted la respuesta a una de sus oraciones? ¿Cuántas personas siguen esperando ver y oír las buenas nuevas de Jesucristo? ¿Cuántas invitaciones del Rey tiene aún que repartir? «¡Qué hermoso es recibir al mensajero que trae buenas nuevas!» (Romanos 10.15).

Hay tantas maneras de unirse a la gran misión de Cristo en nuestro mundo como individuos. Usted ha conocido en este libro a unas pocas de las cientos de personas que me he encontrado que viven sus propias aventuras en el reino. Lo único que tienen en común todas ellas es la firme creencia de que Dios les creó con un propósito, para servirle y edificar su reino. Han reajustado sus vidas para poner a Cristo y la misión de su reino en el centro. Se han alistado; se han unido a la misión de rescate para tomar el mundo para Cristo, para trabajar como embajadores de su amor y ser heraldos de las buenas nuevas del evangelio. Ellos son los finalizadores y lo que tienen en común es que todos han dicho sí a la gran aventura de Dios para sus vidas. No importa quién sea usted: rico o pobre, joven o anciano, con educación formal o no. Usted es un hijo del Rey. Usted es amado sin medida. Usted fue creado con un propósito. Y ha sido invitado a unirse a la gran misión de rescate de nuestro Padre que está en el cielo. Él solo le pide que traiga lo que usted tenga en sus manos; después le pide que lo suelte, para ofrecérselo a él.

Es entonces cuando comienza la aventura.

Epílogo

> Hay cosas que *sólo* usted puede hacer, y para hacerlas es que usted vive. En la gran orquesta que denominamos vida, usted tiene un instrumento y una canción, y tiene el deber ante Dios de ejecutar ambos de manera sublime.[1]
> —MAX LUCADO

Flashmob*

Quiero dejarle con un último pensamiento, una llamativa metáfora de vista y canción, un bonito cuadro de lo que Dios nos está llamando a ser y hacer en nuestro mundo. Hace unos días, mi amigo Leighton Ford me envió un link a un video destacado de YouTube. Leighton me prometió que me aportaría gozo... y así fue. Si puede, véalo ahora o después de terminar de leer, pero por favor no deje de verlo. (Por favor, escanee la imagen de arriba para ver el video, o vaya a la dirección web en la sección de notas.[2]) Este video captó algo bastante singular y atractivo. El 19 de mayo de 2012, la orquesta Vallès Symphony Orchestra, Lieder, Amics de l'Òpera y la coral Belles Arts transformaron la plaza de una ciudad de Sabadell, España.

---

* Flashmob: término que se refiere a una multitud que se reúne de repente en un lugar público, realiza algo inusual y luego se dispersa rápidamente.

Creo que Dios nos está llamando a cantar y a tocar: cantar y tocar su increíble canción de amor, perdón y transformación en cada plaza de cada ciudad y en todas las naciones del mundo. Él nos ha equipado a cada uno con instrumentos que solo nosotros podemos tocar y nos ha dado su voz. Nos ofrece ir, unirnos, cantar y tocar las buenas nuevas de su salvación.

El video comienza cuando solo un hombre con esmoquin aparece en la ajetreada plaza de una ciudad y tranquilamente comienza a tocar las notas de la novena sinfonía de Beethoven, más conocida para muchos cristianos como el majestuoso himno «Joyful, joyful, We Adore Thee». Al principio nadie se da cuenta. Después, algunos niños se acercan a ver el curioso evento. Segundos después, una mujer que toca el chelo se acerca y se une a él. Y los dos tocan la canción. Después aparece una fagotista de un portal cercano, seguida de dos personas con violines. La música crece en fuerza e intensidad. Una multitud comienza a reunirse: niños, compradores, negociantes, una pareja de la mano. Una niña se sube a una farola para ver mejor. Más músicos se unen, saliendo de diferentes edificios y portales de la plaza, y ahora son veinte, después cincuenta, cada uno con su propio instrumento, todos ellos tocando las mismas notas líricas. *Alegres, alegres, te adoramos*. Sonrisas, risas, cámaras tomando fotos, niños subidos a los hombros de su padre, personas señalando y acercándose a ver; un gentío se ha detenido a verlos y escucharlos, atraídos por la belleza de la música y la rareza de la escena.

Después, de la nada, el director entra en escena, elevando sus manos y dirigiendo a sus músicos; todos los ojos están ahora puestos en él. Siguen apareciendo más: clarinetes, oboes, flautas y flautines, trompetas, trombones, trompas y timbales; ahora son setenta, luego cien. La gente se detiene, las cafeterías se vacían y las oficinas se quedan desiertas. La audiencia aumenta: hombres y mujeres, ancianos y jóvenes, grupos de niños, madres con carritos, holgazanes y enamorados. Hay algo mágico en todo esto. Y entonces, justo cuando parece que la orquesta está completa, surge un gran coro de entre la multitud, rodea a los músicos y eleva la letra celestial con maravillosas voces:

> Alegres, alegres, te adoramos,
> Dios de gloria, Dios de amor;
> Corazones se muestran como flores ante ti,
> Abriéndose a la luz del sol.

Los niños comienzan a bailar. Los cientos de espectadores ya no se pueden resistir más y también comienzan a articular las palabras, a cantar el coro y levantar sus manos con la música. La destacada reunión de músicos talentosos sigue tocando, aumentando el tempo, llenando la plaza con sus sonidos, y finalmente, la música llega a su magnífico crescendo, y la multitud irrumpe en elogios y aplausos.

¡Qué belleza! ¡Qué gracia! Qué extraordinario. Qué retrato de la iglesia de Jesucristo. Traigan sus instrumentos, eleven sus voces y únanse a la gran sinfonía de amor del Rey. El mundo está mirando y escuchando, anhelando oír una nueva canción, una canción diferente, una canción de esperanza.

Traigan sus instrumentos, eleven sus voces y únanse a la gran sinfonía de amor del Rey.

> Disipa las nubes de pecado y tristeza;
> Despeja la oscuridad de dudas;
> Dador de inmortal alegría,
> ¡Llénanos de la luz del día!

Esta misma canción comenzó por primera vez hace mucho tiempo en Belén, cuando un ángel cantó:

> No tengan miedo. Miren que les traigo buenas noticias que serán motivo de mucha alegría para todo el pueblo. Hoy les ha nacido en la ciudad de David un Salvador, que es Cristo el Señor. (Lucas 2.10–11)

Más ángeles se unieron a este coro, después más y más: «una multitud de ángeles del cielo, que alababan a Dios» (Lucas 2.13) y cantaban el coro de las buenas nuevas de Dios:

> Gloria a Dios en las alturas, y en la tierra paz a los que gozan de su buena voluntad. (Lucas 2.14)

Ahora el Rey le invita a usted. Venga, deje lo que está haciendo, tome su instrumento, y vaya: a las ciudades y a las calles. Únase al gran coro. El Rey llama a sus hijos, enviándoles al mundo a tocar y cantar. Eleven sus voces y únanse a la gran misión del Rey.

> Mortales, únanse al feliz coro,
> Que comenzaron las estrellas resplandecientes;
> El amor del Padre está reinando sobre nosotros,
> El amor fraternal une al hombre con el hombre.

Siempre cantando, marchamos hacia delante,
Victoriosos en medio de la contienda,
La música alegre nos dirige hacia el Sol,
En la triunfante canción de la vida.[3]

Él le sacó de la oscuridad
Y le llamó a la luz.
Él le llenó con su Espíritu,
Puso su canción en su corazón.
Le invitó a su banquete
Y ahora...
Le invita a cantar.

Guía de estudio

Por terminar es un libro desafiante, el cual le pide que reconsidere su vida y posiblemente que haga cambios que le permitan cumplir el llamado de Dios a edificar su reino. Quizá se pregunte: *¿y qué hago ahora?* Esta guía de estudio está pensada para ayudarle a revisar las ideas de *Por terminar* y meditar en su mensaje. También le ayudará no solo a pensar en el libro, sino también a dar pasos para poner su mensaje en acción.

Usted es un personaje en la historia de Dios. En su gran plan, él tiene un papel único para que usted desempeñe. Tómese el tiempo, en grupo o usted a solas, para usar esta guía de estudio a fin de ayudarle a afianzar su compromiso con el llamado de Dios.

Capítulo 1: El sentido de la vida y otras cosas importantes

1. En este capítulo Rich escribe que cada uno de nosotros es un personaje que Dios ha escrito como parte de su gran historia. ¿Lo cree? ¿Cómo le afecta a su visión de la vida?
2. ¿Tiene una cosmovisión en base a la que vivir? ¿Cómo la describiría? Piense en su cosmovisión en estas áreas: dinero, familia, carrera, moralidad, política. ¿Cómo se ven influenciadas estas actitudes por la verdad de Dios?

Para profundizar

Piense en algunas de las ideas dominantes en nuestra sociedad y reflexione en sus implicaciones. Después, vaya a la Palabra de Dios y busque las verdades que las contrarrestan expresadas en la Biblia. Anote sus ideas y versículos bíblicos.

Tema	Verdad bíblica
Cada uno debería poder hacer lo que quisiera mientras no haga daño a los demás.	
El que se muere con más bienes gana.	
Ganar no lo es todo; es lo único.	
Todos podemos encontrar a Dios en nuestro interior.	
Este mundo es una selva, solo los más fuertes sobreviven.	
Todas las religiones son distintos caminos hacia la misma verdad.	
Todos debieran tener la misma oportunidad de ir en pos de sus sueños.	

Póngalo en práctica

Piense en lo que cree y cómo lo está poniendo en práctica en su vida.

Ore

¿Le cuesta vivir la cosmovisión que escribió en su papel? Ore para que Dios le dé sabiduría y valor para edificar su vida sobre el fundamento sólido de él.

Capítulo 2: La gran historia de Dios

1. Rich dice que la Biblia es una historia de amor y ofrece una breve historia de la relación de Dios con la humanidad como se describe en la Biblia. ¿Alguna vez había pensado en ello como una historia de amor? En base a esta idea, ¿cómo encaja usted en esta historia de amor de Dios?
2. ¿Ha tenido usted un momento en el que acudió a Jesús, un momento que transformó su manera de ver su vida? ¿Cómo fue y pudo mantener esa pasión durante más de unos cuantos días? ¿Es esa experiencia necesaria para cambiar drásticamente su vida a fin de seguir a Jesús?

Para profundizar

Medite en la sugerencia de Rich en cuanto a que la Biblia es, básicamente, «la historia del amor de un Padre por sus hijos». Estudie la Biblia para hacer una lista de historias específicas acerca del amor paternal. Después, piense en cómo la historia de amor continúa haciendo otra lista de las formas en que Dios ha mostrado su amor por usted a lo largo de su vida.

Póngalo en práctica

¿Cuánto ha leído de la Biblia? Haga una lista de todos los libros de la Biblia que aún no ha leído y haga un plan de lectura para leerlos en los siguientes doce meses.

Ore

Como Palabra de Dios, la Biblia es la revelación directa de Dios. Ore para que al leer la Escritura, Dios se revele a usted y pueda ver en su Palabra la historia de amor que describió Rich.

Capítulo 3: ¿Por qué se fue Jesús?

1. ¿Alguna vez se ha preguntado: *por qué se fue Jesús*? ¿Por qué podría ser importante pensar en ello? ¿Alguna vez le ha preguntado a Dios por qué no arregla todos los problemas de nuestro mundo?

2. Al pensar en la descripción de Rich de la gran historia de Dios en la Escritura y la misión que Jesús dejó a la iglesia para que la terminara, ¿en qué cambia eso su cosmovisión? ¿En qué ve el mundo diferente? ¿Cómo cambia o debería cambiar eso su manera de vivir?

Para profundizar

Explore el concepto de cosmovisión y cómo afecta a las condiciones concretas en nuestro mundo hoy. Primero identifique su propia perspectiva sobre estas condiciones. Luego intente salir de usted mismo para entender la perspectiva de otros en circunstancias distintas.

- En base a mi cosmovisión, esto es lo que pienso de...
  La pobreza: _____
  El éxito: _____
  El género: _____
  El capitalismo: _____
  El hambre: _____
- Si viviera en China, mi cosmovisión sobre la pobreza quizá sería:

- Si viviera en Cisjordania, mi cosmovisión acerca del éxito quizá sería:

- Si viviera en Afganistán, mi cosmovisión acerca del género quizá sería:

- Si viviera en Rusia, mi cosmovisión acerca del capitalismo quizá sería:

- Si viviera en Etiopía, mi cosmovisión acerca del hambre quizá sería:

- Discuta con un grupo si es o no posible que personas de distintas nacionalidades tengan la misma cosmovisión si estuviera basada en la fe en Cristo en lugar de la cultura.

Póngalo en práctica

¿Está familiarizado con el día de la ascensión? Ocurre exactamente cuarenta días después de Semana Santa en el calendario eclesial, y honra el día en que Jesús ascendió al cielo. Investigue para encontrar más información, luego piense en sus propias ideas acerca de lo que significa para nosotros hoy su marcha.

Ore

Según lo que dijo Frei Betto: «la cabeza piensa donde los pies pisan», dedique un tiempo a orar por los que viven en pobreza y pídale a Dios que le guíe para saber cómo usted y su iglesia podrían marcar alguna diferencia en sus vidas.

Capítulo 4: El reino mágico, el reino trágico y el reino de Dios

1. Rich escribe acerca de las disparidades entre su propia iglesia y la iglesia haitiana que visitó en el campo de refugiados. Cualquiera que haya sido testigo de la pobreza extrema en otros países, ha experimentado el descontento moral de saber que algunas personas tienen tan poco mientras que otras tienen tanto. ¿Cree que es responsabilidad de los cristianos alterar esta disparidad? ¿Por qué?
2. Si el reino de Dios provee la solución para la disparidad entre el reino mágico y el reino trágico, ¿qué puede hacer la iglesia en conjunto para ser parte de la solución? Podría parecer abrumador. ¿Qué puede hacer usted para edificar el reino de Dios dondequiera que esté?

Para profundizar

Rich señala que el reino de Dios se menciona más de 125 veces en el Nuevo Testamento y a menudo es Jesús mismo el que lo hace. Vea los versículos de abajo para tener ideas acerca de los valores del reino que Jesús impartió y lo que significan hoy para usted y su iglesia.

Versículo	¿Qué valor emerge de esto?	¿Qué significa esto para mi iglesia?	¿Qué significa esto para mí?
Mateo 13.44: «El reino de los cielos es como un tesoro escondido en un campo. Cuando un hombre lo descubrió, lo volvió a esconder, y lleno de alegría fue y vendió todo lo que tenía y compró ese campo».			
Marcos 10.25: «Le resulta más fácil a un camello pasar por el ojo de una aguja, que a un rico entrar en el reino de Dios».			
Lucas 9.62: «Jesús le respondió: —Nadie que mire atrás después de poner la mano en el arado es apto para el reino de Dios».			
Lucas 13.29–30: «Habrá quienes lleguen del oriente y del occidente, del norte y del sur, para sentarse al banquete en el reino de Dios. En efecto, hay últimos que serán primeros, y primeros que serán últimos».			
Lucas 17.20–21: «Los fariseos le preguntaron a Jesús cuándo iba a venir el reino de Dios, y él les respondió: —La venida del reino de Dios no se puede someter a cálculos. No van a decir: "¡Mírenlo acá! ¡Mírenlo allá!" Dense cuenta de que el reino de Dios está entre ustedes».			

Póngalo en práctica

Piense en alguna ocasión en que haya experimentado el descontento moral por la disparidad de riqueza del mundo en la actualidad. ¿Cuánto de su tiempo y dinero sacrifica específicamente para paliar esta disparidad?

Ore

Ore para que su corazón se quebrante por las cosas que rompen el corazón de Dios. Pídale a Dios que le dé ojos para ver el dolor del mundo y compasión para pasar a la acción.

Capítulo 5: La misión de Dios

1. Rich dice que nunca ha oído un sermón que explique del todo «que la misión principal de Cristo y el propósito que dio a su iglesia fue proclamar, establecer y edificar el reino de Dios en la tierra». ¿Hace su iglesia del reino de Dios algo central para su misión y ministerio? Describa las marcas del reino de Dios viniendo a la tierra.
2. ¿Podría usted estar practicando una fe de decisiones en lugar de una fe de discipulado? ¿Por qué une Rich el hecho de ser un discípulo de Cristo a «el evangelio integral» llevando el reino de Dios hasta los confines de la tierra?

Para profundizar

Rich escribe: «Cuando decimos sí a Jesús, decimos sí a su perdón, pero también decimos sí a sus mandamientos y sí a su reino. Fusionamos nuestras historias con su historia y nos unimos al plan que Dios está desplegando para establecer y desarrollar su reino».

Busque los versículos de abajo y escriba las implicaciones en su vida.

- Lucas 21.2–4 (dar)
- Ezequiel 16.49 (cuidar de los pobres)
- Isaías 42.3–4 (defender la justicia)
- 2 Corintios 5.20 (ser testigo)

Explore en oración los cambios que puede hacer en su vida para participar más intencionadamente en la misión de Dios.

Póngalo en práctica

Haga una lluvia de ideas, usted mismo o con amigos, para ver qué podría hacer para vivir el evangelio completo. Sea específico al pensar en formas prácticas de emprender la acción.

Ore

Cuando decimos sí, decimos sí a todo el plan de Dios. Ore sin cesar para que «venga tu reino, hágase tu voluntad, como en el cielo, así también en la tierra».

Capítulo 6: La invitación de Dios

1. Muchos cristianos nunca se convierten del todo en ciudadanos del reino de Dios, ya que hacerlo puede ser algo parecido a alistarse en un ejército para Cristo. Pero la verdad es que, o está del todo, o no está. ¿De qué lado está usted? Piense en 2 Timoteo 2.3–4 mientras medita en lo que significa para usted ser «un buen soldado de Cristo».
2. Los cristianos a menudo hablan del evangelio solo en términos de proclamación. Pero Rich dice que ser embajador del reino también conlleva compasión, justicia y restauración. ¿Qué piensa acerca de esta definición más amplia, de que el evangelio es tanto palabras *como* obras?
3. Este capítulo dice que la iglesia es el principio organizativo del reino de Dios. ¿Qué necesita la iglesia para ser verdaderamente un «puesto fronterizo del reino» de Dios? ¿Ve usted su iglesia como una comunidad gobernada por los valores de Dios?

Para profundizar

La mayoría de los cristianos conocen el Sermón del Monte y pueden recitar algunas de sus frases más conocidas. Pero, ¿cómo pueden las palabras de Jesús entrar profundamente en nuestras vidas e iglesias como un «bosquejo para esta nueva manera de vivir en el reino de Dios», como sugiere Rich?

Medite en cada una de las nueve frases que empiezan con «bienaventurados» (Mateo 5.3–12). Piense y discuta cómo cada una de ellas fue revolucionaria en los tiempos de Jesús y como lo son hoy día. ¿Qué tema cultural derrumba cada una de ellas? Observe también sus propios temores o reticencias a ser pobre en espíritu, manso, pacificador, perseguido, etc. Intente articular lo que arriesgaría si viviera estas nuevas formas de relacionarse con Dios y con otros. ¿Y qué podría ganar?

Póngalo en práctica

El amor requiere una expresión tangible. Necesita manos y pies. Lea Mateo 22.37–40 varias veces, escuchando la dirección de Dios. Escriba en papel varias acciones tangibles que podría emprender para convertirse en las manos y los pies de Cristo en los días venideros.

Ore

Todos hemos retenido una parte de nosotros para no cederla al control de Dios. Ore para que Dios haga brillar una luz en esas partes de usted que quizá no estén comprometidas del todo con la misión de Dios. Pida la valentía para entregar esas áreas de su vida.

Capítulos 7 y 8: Se ruega contestación y Hagamos un trato

1. Si Jesús le llamara a «hacerte pescador de hombres», ¿dudaría o iría en pos de él como lo hicieron Pedro y Andrés? La invitación conlleva un costo. Piense en lo más valioso que posea y escríbalo. ¿Qué tipo de sacrificio conllevaría dejarlo todo incondicionalmente a los pies de Jesús?
2. Medite por un momento en lo que quizá haya dejado ya o haya puesto en el altar para Dios. ¿Cómo cambió su vida ese sacrificio?
3. Stu y Robin Phillips ofrecieron a Dios lo que más querían. ¿Qué supondría para usted darle a Dios de manera tan sacrificial como lo hicieron Stu y Robin?

Para profundizar

A todos nos cuesta dejar lo que más valoramos incluso cuando Dios nos los pide. El pronunciado precipicio del sacrificio nos intimida, a pesar de la seguridad que Dios nos da en cuanto a que la recompensa será grande. Explore la profundidad y el poder equilibrador de las palabras de Jesús en Lucas 9.24: «Porque el que quiera salvar su vida, la perderá; pero el que pierda su vida por mi causa, la salvará».

Piense en cómo las siguientes frases pueden ser ciertas en teoría, o son verdad en la práctica:

- *Cuando entrego mi dinero, me enriquezco.*
- *Puedo ayunar para estar lleno.*
- *Aunque esté desarraigado, estoy en casa.*
- *Como esclavo de la ley de Dios, soy el más libre.*
- *Mi dolor es un camino al gozo.*
- *Mi vacío me permite estar completo.*

¿Qué otras frases puede añadir que tengan que ver con el sacrificio de estar «dedicado por entero» a Jesús?

Póngalo en práctica

Puede que Dios no le esté pidiendo que deje nada por él. Aun así, puede ser una buena práctica *decidir* dejar algo para Dios, como muchos hacen. ¿Qué cosa simbólica o hábito podría entregarle a Dios?

Ore

Todos necesitamos tener las cosas de este mundo sin apretar. Ore para que Dios le abra la mano ante las cosas materiales y le dé más amor por él y por las de él.

Capítulo 9: Fuimos creados para algo más

1. Mirando objetivamente su existencia, enumere dos o tres cosas que haya introducido en el «GPS de su vida» como destino. ¿Cómo han alterado esas cosas su curso?
2. ¿Cómo podría cambiar su ser si pusiera «servir a Cristo y edificar su reino» en el GPS de su vida?

Para profundizar

Rich sugiere una lista de nuevas direcciones de GPS para nuestra vida si permitimos que el plan de Dios sea nuestro destino. Estudie la Biblia para encontrar versículos que se equilibren con cada una de las siguientes frases:

- Poner las necesidades de otros por delante de las suyas.
- Tomar desvíos cuando alguien necesite ayuda.

- Salirse de la carretera para pasar tiempo con la familia y amigos, incluso aunque eso le haga ir más despacio.
- Recoger a los autoestopistas.
- Usar su dinero para edificar el reino de Dios, no el suyo.
- No confundir el éxito en su carrera con ser una persona de éxito.
- Ver su trabajo como un medio para el fin de servir a Dios, no como un fin en sí mismo.
- Invertir su tiempo, talento y tesoro en ser rico para con Dios más que para enriquecerse usted.
- Detenerse a ayudar a los quebrantados junto al camino que necesiten un poco de auxilio en su viaje.
- Prestar atención a su brújula moral.
- Mantener su relación con Dios como su Estrella Polar.

Póngalo en práctica

Hay un trabajo sagrado que hacer para ser las manos y los pies de Cristo. Medite en la lista de arriba, que también se encuentra en la página 108. ¿Qué añadiría a la lista para su propio viaje? ¿Podría comenzar esta semana?

Ore

Todos necesitamos una vida espiritual más fiel. Ore para que Dios le conceda una mayor sensibilidad al Espíritu Santo. Pida claridad cuando el Espíritu Santo hable a su vida.

Capítulo 10: El GPS espiritual de Dios

1. Rich dice que el Espíritu Santo es «el poder capacitador que ahora hace posible que los seres humanos comunes sean transformados y vivan de modo distinto a lo que antes era posible». Desde el «estado de despiste de los primeros discípulos» a la historia secular humana: el Espíritu Santo ha marcado la diferencia. ¿Qué otras manifestaciones ha observado del Espíritu Santo afectando a nuestra vida, cultura, sociedad e iglesias?
2. El Espíritu Santo también nos da direcciones, nos anima a acercarnos a nuestro prójimo, orar por un familiar o pasar tiempo con un amigo en dificultades. ¿Cómo ha experimentado usted la dirección del Espíritu Santo en su vida?

Para profundizar

Seguir al Espíritu Santo en nuestra vida requiere que desarrollemos oídos para escuchar las indicaciones del Espíritu. Tenemos que aprender a escuchar a Dios. Cuando le preguntaron a la madre Teresa qué decía en sus oraciones, ella respondió: «Yo no hablo. Escucho».

Ella practicaba lo que se conoce como la oración *apopática*, la cual intenta acallar la mente para estar más cerca de Dios y oírle mejor. Tome unos minutos, en silencio y a solas, y simplemente escuche a Dios. No haga preguntas ni peticiones, intente entrar en la presencia de Dios mediante una escucha silente. Piense en cómo podría orar escuchando más.

Póngalo en práctica

Medite en las veces que ha sentido la indicación del Espíritu Santo. ¿Pasó usted a la acción? Si no, ¿por qué no lo hace ahora mismo?

Ore

Dios le está llamando a las primeras líneas del frente de servicio. Ore para que Dios derrame su Espíritu Santo sobre usted, encienda un fuego sacro en su interior y le guíe a su revolución evangélica.

Capítulo 11: Llamados para un propósito

1. ¿Qué piensa usted de la receta de Rich para descubrir el llamado de Dios a su vida (comprometerse, orar, prepararse, obedecer, actuar y confiar)? ¿Cómo se incorporan estos pasos en su propia vida?
2. Este capítulo explora la idea del *llamado*. ¿Tiene usted la sensación de que fue llamado con un propósito? En la gran comisión de Dios, ¿qué puede estar Dios llamándole a hacer? ¿Lo está haciendo donde se encuentra usted hoy?
3. Al meditar en la pregunta anterior, quizá se dé cuenta de que está en una etapa de preparación. ¿Qué puede estar enseñándole Dios mientras espera a que le revele su llamado?

Para profundizar

Discernir el llamado de Dios requiere de disposición a obedecer. Medite en versículos tales como Mateo 28.20, Santiago 1.22, 1 Juan 2.3–6, y otros. Escoja el versículo que le parezca más convincente. Aísle las palabras y frases que espiritualmente le animen e impulsen.

En este capítulo, Rich escribe: «No se espera de los discípulos que solamente "hablen" de obediencia; deben "ponerla en práctica"». Haga una autorevisión: ¿está usted solamente esperando recibir una tarea del reino que sea fácil? Piense en la lista de Rich de la página 132 acerca de ser obediente en las cosas pequeñas: cambiar sus malos hábitos, ser generoso con su dinero, diezmar, poner a los demás por delante de usted mismo, etc. Haga una lista de los actos pequeños de obediencia que quizá debiera hacer a diario. Si cree que esas cosas no son importantes, quizá le falte confiar en Dios en cuanto al resultado correcto: el de Dios, no el suyo.

Póngalo en práctica

Es probable que Dios le haya estado animando con respecto al llamado que hay en su vida, pero quizá ha estado demasiado ocupado como para oírle. Dedique un tiempo de quietud ahora para orar, escuchar y planificar el viaje que tiene por delante.

Ore

Pídale a Dios que fortalezca su obediencia y que le conceda claridad acerca de cómo podría llevar una vida extraordinaria sirviéndole.

Capítulo 12: Dominós espirituales

1. Estas historias de «dominós espirituales» —Rahab, Robert Wilder, Steve Reynolds— son inspiradoras. ¿Recuerda a algunas personas que haya conocido o sobre las que haya leído, personas que a través de pequeños actos de fidelidad tuvieron importantes repercusiones?
2. ¿Cómo cambia su perspectiva el darse cuenta de que Dios puede, y así lo hace, cambiar pequeños actos de fidelidad en obras extraordinarias?
3. Rich cuenta cómo Dios cambió el mundo a través de medios comunes: la vara de Moisés, la honda de David, la red de Pedro y la pluma de Pablo. ¿Cuál es la vara o la pluma que usted puede ofrecer a Dios para que lo use a través de usted?

Para profundizar

Rich describe los dominós espirituales y los agentes de cambio bíblicos, como Moisés, David, Pedro y Pablo, para demostrar cómo usa Dios a las personas comunes. Estudie algunos de estos ejemplos y tome nota de las cualidades que esas personas pusieron sobre la mesa. ¿Cómo clasificaría sus cualidades siguiendo las notorias figuras de éxito de nuestra sociedad de hoy?

No...	Sino...
Héroes prefabricados	
Dispuestos para ellos mismos	
Anhelar la gloria y el reconocimiento	
Necesitar saber el final desde el principio	
Hacerlo por ellos mismos	

Quizá esté listo para empezar una reacción en cadena. Piense en la gente allegada a usted a quien puede bendecir e influenciar. Dios les ha puesto juntos por una razón.

Póngalo en práctica

Decida ahora animar a una o más personas que haya identificado contándoles cómo usa Dios las pequeñas cosas para hacer grandes obras.

Ore

La madre Teresa dijo: «No busque grandes cosas, tan solo haga pequeñas cosas con mucho amor... Cuanto más pequeña sea la cosa, mayor debe ser nuestro amor».[1] Ore para que Dios le haga fiel y le llene de amor para hacer esas pequeñas cosas.

Capítulo 13: Puestos fronterizos del reino

1. ¿Cree que la iglesia es la unidad organizativa del reino de Dios, el medio divino para cambiar el mundo? ¿Cree que es importante estar conectado a una iglesia local?

2. Quizá la iglesia sea el instrumento que Dios usa, pero eso no significa que necesite todo lo que a menudo tenemos en la iglesia: el edificio, los programas, los equipos de alabanza, etc. ¿Hay cosas en su iglesia que quizá no estén contribuyendo a la obra del reino de Dios?
3. ¿Qué necesita una iglesia para ejecutar las cinco dimensiones (adorar, modelar, discipular, movilizar e ir) que sugiere Rich que deberían definir las comunidades de creyentes?

Para profundizar

Rich sugiere que las iglesias usen su revisión de cinco puntos para evaluar su potencial para cambiar el mundo para Cristo. Lea cada punto despacio, luego evalúe a su iglesia sinceramente. Estudie la Palabra, descubra pasajes y versículos a fin de anclarle en sus esfuerzos para convertir la *iglesia* en verbo.

Puntos a revisar	Calificación	Versículo de apoyo
Creencia antes que conducta		
La explicación reemplaza a la exhortación		
Hacia dentro en vez de hacia fuera		
La apatía reemplaza a la indignación		
Institución en vez de revolución		

Póngalo en práctica

Nunca es suficiente criticar. Si siente que su iglesia ha fallado en la revisión de los cinco puntos de Rich, ¿qué pasos específicos puede dar para ayudar a lograr los resultados deseados?

Ore

Pídale a Dios que le inspire a ser un obrero en su «cosecha», un catalizador en su iglesia local, para provocar su transformación en una «iglesia del reino».

Capítulo 14: Las puertas del infierno

1. ¿Qué piensa acerca de la decisión de Rich de incluir un capítulo sobre Satanás en este libro? Como dice Rich, hablar del diablo puede verse como algo muy medieval. ¿Necesitamos pensar en la oposición espiritual al seguir el llamado de Dios en nuestra vida? ¿Por qué?
2. Rich dice: «Cada acto de bondad, cada momento pasado en oración y cada expresión de amor en el nombre de Cristo atraviesa el corazón del enemigo». Esto lleva la batalla entre el bien y el mal a nuestras actitudes y acciones cotidianas. ¿Lo ve usted como una guerra espiritual cuando trata con sus compañeros de trabajo, vecinos y otros con los que quizá no siempre sienta el deseo de actuar con bondad? Explore sus pensamientos al respecto.

Para profundizar

Justo antes de que Rich aceptara su posición como presidente de Visión Mundial, recibió una oferta poco habitual de otra compañía para un puesto que le hubiera compensado más económicamente. Pero no es poco frecuente que encontremos obstáculos o distracciones en el camino de hacer la voluntad de Dios. Piense en Job 1.

¿Cómo puede estar poniendo el enemigo obstáculos o tentaciones en su camino para impedirle hacer lo que Dios le está pidiendo? ¿Puede enumerar algunos? Piense francamente cuáles podrían estorbarle para seguir el llamado de Dios.

Póngalo en práctica

¿Cómo puede practicar mayores actos de bondad en el nombre de Cristo? Escoja dos o tres que pueda practicar cada día.

Ore

Estamos en una batalla espiritual. Ore para discernir cualquier oposición espiritual a la obra de Dios en su vida y para recibir fuerza espiritual en la batalla.

Capítulo 15: La gran aventura de Dios para su vida

1. Rich cuenta varias historias de personas que han tomado la decisión de seguir más radicalmente el llamado de Cristo. ¿Cuáles se acercan más a su experiencia? ¿Es la suya una historia de florecimiento donde ha sido plantado o una más drástica, como la de Joey Lankford?
2. Rich dice: «Las batallas clave... dependen de las decisiones de las personas pequeñas». Después de haber leído *Por terminar*, ¿qué decisiones tiene que tomar?

Para profundizar

Lea el «Salón de la Fama de la fe» de Hebreos 11. ¿Cómo sería que usted actuara en fe como Enoc, Noé y Abraham? Dedique un tiempo a hacer una lista de cosas que espera que algún día se incluyan en su obituario. Si muriera hoy, ¿qué cosas de las que ha escrito podrían no ser ciertas acerca de usted? ¿Cómo podría eso hacerle cambiar para que sus prioridades y decisiones siguieran hacia delante?

Póngalo en práctica

Dios le ha invitado a unirse a él para cambiar al mundo. ¿Cuál es el papel que tiene que jugar en su historia? Escriba los pasos que pueda comenzar a dar hoy para acercarse más al cumplimiento del llamado de Dios.

Ore

Usted ya ha dado varios pasos en la dirección del plan de Dios para su vida. Ore pidiendo paciencia al considerar cómo unirse a la misión de Jesús de cambiar el mundo. Ore pidiendo la perseverancia necesaria para terminar el viaje y el ánimo para seguir cuando aparezcan los obstáculos o distracciones en su vida.

¿Qué va a hacer al respecto?

Después de la publicación de *El vacío en nuestro evangelio,* los lectores comenzaron a hacerme esta pregunta: «Es magnífico que usted encontrara su llamado en Visión Mundial, pero ¿qué debería hacer *yo*?».

A menudo he aconsejado a pastores que cualquier iglesia, independientemente de su tamaño, puede hacer cuatro cosas para marcar una diferencia: **orar, actuar, influenciar** y **dar**. Ocurre lo mismo con personas que han pasado de ser decisores de Jesús a ser discípulos de Jesús. Las siguientes sugerencias están organizadas bajo estas categorías para ayudarle a discernir qué le está llamando Dios a hacer.

Como creo que Visión Mundial es uno de los grandes batallones de Dios en las líneas del frente, haciendo retroceder la pobreza y ayudando a dar entrada al reino de Dios, encontrará muchas oportunidades aquí de asociarse con nosotros. Pero hay mucho más que hacer en el reino, y hay otros muchos grandes socios. Lo importante es empezar a actuar. Comience a moverse, y permita que Dios guíe sus pasos.

La gran aventura de Dios para su vida le espera, pero Dios no puede mover un automóvil estacionado. Es la hora de comenzar a tocar puertas y ver lo que Dios va a hacer. Aquí están varias formas en las que puede comenzar.

—Rich Stearns

Orar

(A continuación se recomiendan varios sitios web. La mayoría están disponible solamente en inglés.)

Comprometerse de nuevo cada día.

En el capítulo 9, Rich dice que intentó comenzar cada día durante su carrera en Lenox con una simple oración. Él pedía «que Dios me usara en este lugar para amarle, servirle y obedecerle, y que pudiera ser su embajador, para que mi luz pudiera brillar en este lugar». Establezca el hábito de ofrecerle a Dios una oración similar cada día.

Desarrolle su vida espiritual.

Edificar el reino de Dios debería estar cimentado en nuestra relación con Dios. Antes de intentar hacer grandes cosas, tenemos que crecer en nuestra fe. Puede que los nuevos cristianos sientan que necesitan afirmar sus creencias. El curso Alpha es una gran manera de comenzar a hacerlo (www.alpha.org). Muy pocos cristianos han leído la Biblia de principio a fin. YouVersion tiene planes de lectura bíblica que pueden ajustar su horario y sus hábitos de lectura, incluso aunque lo lea en su teléfono (www.youversion.com/reading-plans). Comience un estudio personal de la Biblia seleccionando unos cuantos pasajes favoritos. Visite www.textweek.com y busque esos pasajes. Use el material de estudio que hay ahí para confeccionar su propio estudio en grupo pequeño o devocional familiar.

Ore por el mundo.

Operation World se conoce como la guía de oración definitiva para cada nación. País por país, el libro y la página web (www.operationworld.org) llevan a los cristianos en un viaje espiritual por todo el mundo, ofreciendo la última información acerca de los pueblos y cómo orar por sus necesidades.

Ore por su comunidad.

Muchos que tienen una pasión por sus comunidades locales oran por sus vecindarios estableciendo caminatas de oración. Bien usted solo o con otras personas, camine por los barrios, manzana a manzana, edificio por edificio, ore por las personas, las empresas y las organizaciones que hay en su propia ciudad o pueblo. Pídale a Dios que le dirija mientras camina, ora, vive y trabaja en su comunidad. El North American Mission Board también aporta consejos para las caminatas de oración en www.namb.nte/prayer-walking-tips.

Ore por sus compañeros de trabajo.

En la década de 1850, un avivamiento llamado el avivamiento de los hombres de negocios, irrumpió en la ciudad de Nueva York. Durante años sucesivos, las empresas hacían una pausa a la hora de comer para que la gente pudiera orar. Infórmese acerca de ese avivamiento (vaya a CBN.com y busque «Layman's Prayer Revival»); después comprométase a orar por sus compañeros de trabajo y su empresa cada día durante su jornada laboral.

Ore por los niños del mundo.

Visión Mundial ofrece muchas herramientas para ayudarle a orar específicamente. Regístrese para recibir el correo electrónico del equipo de oración de esperanza (www.worldvision.org/prayerteam) o busque buenas historias e información en la página web de la revista *Visión Mundial* (www.worldvisionmagazine.org). Para estar conectado en cualquier lugar, descargue las aplicaciones gratis para iPhone: Visión Mundial Now (para noticias acerca de desastres y asuntos humanitarios) y Visión Mundial Prayer (que aporta peticiones específicas del país).

Actuar

Haga un repaso de los dones espirituales.

LifeWay Christian Resources ofrece un repaso de los dones espirituales que dura treinta minutos (busque en Google «Lifeway dones espirituales encuesta»). Después de terminar el repaso, medite en oración lo que dicen los resultados acerca de usted y los dones que Dios le ha dado. Hable con su pastor o consejero espiritual acerca de lo que significan para usted estos dones y cómo podría usar los suyos en su iglesia local.

Desarrolle su cosmovisión.

Lo que usted cree acerca del mundo tiene implicaciones en cuanto a cómo vive en el mundo. Estudie una cosmovisión cristiana a través de Chuck Colson Center for Christian Worldview (www.colsoncenter.org). Aprenda a explicar y defender su fe en Oxford Centre for Christian Apologetics (http://theocca.org/).

Ofrezca su tiempo y talento.

Visión Mundial puede ayudarle a nivelar sus habilidades, experiencia e intereses con oportunidades de voluntariado que produzcan un impacto real en niños y familias y que demuestren el evangelio alrededor del mundo. Anime a otros a apadrinar niños, comprométase a orar por los afectados por la pobreza extrema, únase a un grupo de mujeres o de defensa, participe como voluntario en un evento o programa de Visión Mundial, ofrezca servicios profesionales gratis, o incluso teja un jersey para un niño. Sea cual sea la forma que elija de convertir sus valores en acción, usted tiene algo significativo que aportar a los necesitados. Al hacerlo, comenzará a unir sus manos con voluntarios locales de Visión Mundial en cada continente, trabajando todos para construir un mundo mejor para los niños. Para distintas oportunidades de marcar una diferencia, visite www.worldvision.org/getinvolved.

Apadrine un niño mediante Visión Mundial.
Póngase en las líneas del frente del reino de Dios y experimente un nuevo país, cultura y contexto a través de los ojos de un niño o niña. El apadrinamiento ayuda a darles a los niños acceso a necesidades básicas, como agua limpia, comida nutritiva, cuidado de la salud, educación y más. Mantenga una relación personal con su niño apadrinado mediante cartas, correos electrónicos y toda la información disponible acerca de ellos y sus comunidades en www.myworldvision.org. Cuando apadrina como familia, pueden orar juntos por su niño apadrinado y ayudar a sus propios hijos a ver el mundo de forma distinta. Visite www.worldvision.org/sponsor.

Participe como voluntario con una misión local.
Los ministerios en casi cada ciudad de Estados Unidos ofrecen ayuda para los necesitados de una mano amiga. Albergues para vagabundos, programas de recuperación de abuso de sustancias y centros que ofrecen oportunidades de entrenamiento laboral muestran nuevas formas de hacer avanzar el reino de Dios. A menudo, los que llevan a cabo la «ayuda» son los que más cambian mediante la experiencia. Lea *Same Kind of Different as Me*, de Ron Hall y Denver Moore para un buen ejemplo de cómo ir a servir sopa, doblar ropa y pasar tiempo conociendo a las personas a las que sirve puede cambiar su vida.

Comience algo en su iglesia.
Ya sea pastor o miembro de una iglesia, puede trabajar con su iglesia para aumentar su participación con los pobres. Comience un grupo de oración enfocado en las necesidades locales o globales. Sugiera que su congregación o grupo pequeño se involucre en un proyecto de servicio. Hable con su pastor para ver si pueden organizar un Domingo de Esperanza, animando a la gente a apadrinar niños mediante Visión Mundial (conozca más en www.hopesunday.wvpartner.us). Visite www.worldvision.org/church para encontrar recursos para ayudarle a comenzar.

Adopte una escuela.

Iglesias de todo el país están descubriendo que pueden tener un impacto considerable enfocando su alcance en una sola escuela de su zona. Piense en la historia de Jubilee REACH del capítulo 13; después piense en asociarse con la iniciativa National Church Adopt-a-School Initiative, la cual comenzó el pastor y escritor Tony Evans (www.churchadoptaschool.org).

Únase a World Vision Team.

Quizá no sea un corredor, pero mediante World Vision Team puede realizar un desafío físico, como una maratón o una media maratón, y usarlo a fin de elevar la conciencia y recaudar fondos para comunidades en necesidad. World Vision Team provee todos los recursos necesarios para llegar a la línea de meta sabiendo que está ayudando a llevar una esperanza duradera a otros. Aprenda más o encuentre un evento cerca de usted en www.teamworldvision.org.

Forme un equipo y cambie una vida.

Participar en un evento para formar equipos, comprando útiles básicos y remangándose la camisa para que esos equipos ayuden a los que tienen necesidades; es una gran oportunidad para iglesias, compañías, reuniones de estudio bíblico y otros grupos de marcar una diferencia tangible en las vidas de los necesitados. Las cuatro opciones que tenemos de equipos ofrecen la oportunidad para hacer un impacto internacional o local: botiquines para trabajadores de salud comunitaria en África rural; paquetes de promesa para niños afectados por la pobreza en todo el mundo; equipos de higiene para los afectados por la falta de un techo, pobreza o desastres naturales en Estados Unidos; y mochilas con material escolar para estudiantes de primaria en riesgo en Estados Unidos. Para más información, llame al 1.800.478-5481 o visite www.worldvision.org/kits.

Ayude a reubicar a un refugiado.

Decenas de miles de refugiados reciben la admisión en Estados Unidos cada año. Normalmente, llegan con muy pocas pertenencias, pero llevan años de cicatrices del trauma de haberles forzado a huir de sus hogares. Varias agencias cristianas ayudan a establecer a los refugiados, entre ellas Church World Service (www.churchworldservice.org), World Relief (www.worldrelief.org) y Exodus World Service (www.e-w-s.org).

Pase hambre con estudiantes de secundaria.

Cada año, más de medio millón de estudiantes estadounidenses crean conciencia y patrocinan la lucha contra el hambre mundial mediante 30 Hour Famine de Visión Mundial, actividad que les desafía a pasar treinta horas sin comida mientras sirven a otros y aprenden acerca de la pobreza en el mundo en desarrollo. Esta inolvidable experiencia crea un nuevo tipo de hambre y motivación por cambiar vidas. Aprenda más en www.30hourfamine.org.

Únase a un grupo de profesionales empresarios cristianos.
Tener un trabajo a jornada completa no significa que no pueda marcar una diferencia para el reino de Dios. Únase a un grupo como National Association of Christian Women Entrepreneurs (nacwe.org) o New Canaan Society (www.newcanaansociety.org). Muchos líderes de empresas están usando sus compañías para hacer algo más que simplemente dar bienes y servicios. Aprenda acerca de Business as Mission movement (www.businessasmissionnetwork.com) para ver cómo puede transformar su negocio en una empresa misionera.

Influenciar

Comience ahí donde está.
¿Tiene alguna pasión que quiera compartir con otros? No necesita ser un personaje famoso ni un alto ejecutivo para ser de influencia. Comience con su familia y amigos. Cuénteles cómo le gustaría ver el mundo cambiar. Hable con ellos de su visión del reino de Dios. Busque formas de invitar a otros a unirse a usted organizando cenas o un grupo de discusión.

Hable en línea.
En el mundo digital de nuestros días, es más fácil que nunca hacer de sus ideas una fuerza de cambio. Únase a la comunidad de *Facebook* de Visión Mundial (www.facebook.com/worldvision) y use su propia página de Facebook para comenzar conversaciones acerca de la paliación de la pobreza. Siga el *blog* de Visión Mundial (http://blog.worldvision.org) para aprender acerca de asuntos que afectan a los pobres y conectarse con el equipo de Visión Mundial y otros que comparten sus intereses; luego hable de ello usando su propio blog. Envíe mensajes de *Tweet* directamente a líderes electos, y responda a los comentarios de otros interesados. Únase a la red de activismo en línea de Visión Mundial, o inscríbase para recibir noticias periódicas (www.worldvision.org/advocacy). Comparta videos de *YouTube* con sus redes sociales de su grupo de jóvenes, compañeros de trabajo o amigos que defiendan a los pobres del mundo.

Únase a un grupo o red de defensa.
Recibirá información y actualizaciones acerca de los asuntos que le apasionan, conocerá a personas que comparten sus ideas y descubrirá oportunidades para involucrarse. Existen muchas redes de defensa que

se enfocan en asuntos específicos y en regiones geográficas. Comience uniéndose a la red Advocate Network de Misión Mundial (www.worldvision.org/advocacy), o conéctese con organizaciones de defensa nacional, como Bread for the World (http://www.bread.org/ol/2013/es/), ONE Campaign (www.one.org), o Results (www.results.org).

Hable o invite a alguien a hablar en su iglesia u organización profesional o social.

Visión Mundial puede proveerle puntos de discusión y recursos para compartir con su audiencia o conectar con un conferencista de Visión Mundial. Para invitar a un conferencista o para recursos para dar su propia charla, envíe su petición a nuestro Departamento de Conferencistas en speakers@worldvision.org.

Dar voz a las mujeres.

Women of Vision de Visión Mundial (www.womenofvision.org) es un movimiento que intenta educar e inspirar a las mujeres a pasar a la acción para aliviar la injusticia y los desajustes que existen en el mundo para mujeres y niñas. Este programa de voluntariado une a mujeres de todo el país que tienen una pasión por capacitar a mujeres y niñas para que reescriban sus historias y construyan un mundo mejor para los niños. Como socio de Women of Vision, será equipado para aprender de los desafíos que afrontan las mujeres y niñas, defendiendo su causa y ayudando a conseguir un futuro más brillante para la siguiente generación.

Dar

Comience por su iglesia.

La iglesia es el puesto fronterizo del reino de Dios, el principio organizador para edificar el reino. Su iglesia local debería ser lo primero en su lista en donde invertir sus dones y donativos.

Pruebe diezmar.

La mayoría de los cristianos dan bastante menos del diez por ciento, que es la regla general en la Biblia. Lo típico es en torno al 2,5 por ciento. Si usted está dando el dos por ciento, intente subir al cuatro por ciento. Dar es una parte crucial de comprometerse con el reino. Si no ha entregado su dinero, aún no se ha entregado. Discuta con su cónyuge cómo podrían ofrecer sus recursos para el reino. Si necesita ayuda para reorganizar su economía de forma que sea posible que usted diezme, consiga ayuda del ministerio Conceptos Financieros Crown (http://www.conceptosfinancieros.org/) o Financial Peace (www.daveramsey.com).

Dé donativos significativos.

En Navidad y en otras ocasiones especiales, en vez de comprar el último aparato tecnológico o un artículo innecesario, opte por un donativo que cambie vidas. A través del catálogo de regalos de Visión Mundial (www.worldvisiongits.org), puede donar cabras, balones de fútbol, árboles frutales, parte de un pozo de agua y muchas más cosas en honor de un ser querido. Este tipo de donativo puede ser también una herramienta educativa; haga que sus hijos, estudiantes o clase de la escuela dominical seleccionen y patrocinen donativos para ayudarles a entender mejor las necesidades de los pobres.

Ofrezca una ayuda.

En los lugares más pobres del mundo, multitudes de emprendedores laboriosos simplemente carecen de la oportunidad y el apoyo para convertir sus ideas de negocios en una realidad. Los microcréditos y el entrenamiento proveen los recursos que necesitan para crear negocios exitosos, los cuales les permiten alimentar a sus hijos, enviarles a la escuela, ahorrar para el futuro y transformar sus comunidades creando trabajos. Visión Mundial Micro (www.worldvisionmicro.org) les permite invertir en, y celebrar el éxito de, empresarios específicos. Cuando devuelven el crédito, su donativo se recicla para ayudar a más empresarios.

Involucre a su empresa.

Cientos de compañías colaboran con Visión Mundial mediante donativos en especies de productos esenciales y suministros que apoyan los esfuerzos humanitarios de Visión Mundial. Otros involucran a sus empleados (y fomentan la moral de equipo) mediante la construcción de equipos de Visión Mundial o dando un porcentaje de las ventas de algún producto a Visión Mundial. Para saber cómo puede conectar su empresa, llame al 1-800-511-6443, o para donativos personales mediante su organización, contacte con employeegiving.org.

Deje un legado.

Marque una diferencia, incluso que perdure después de su vida, designando a Visión Mundial como beneficiario de su testamento, póliza de seguro de vida o fondos de jubilación. El equipo de Visión Mundial Gift Planning (1-800-426-5753) ofrece ayuda profesional, sin obligación y con planificación estatal para ayudarle a que deje un legado de donación.

Acerca de Visión Mundial

Quiénes somos

Visión Mundial es una organización humanitaria cristiana dedicada a trabajar con niños, familias y sus comunidades en todo el mundo para alcanzar su potencial al tratar las causas de la pobreza y la injusticia.

A quién servimos

Visión Mundial provee esperanza y ayuda a comunidades en casi cien países, en unión con personas de la localidad para encontrar formas duraderas de mejorar las vidas de niños y familias en necesidad. Visión Mundial sirve a todas las personas, independientemente de su religión, raza, etnia o género.

Por qué servimos

Motivados por nuestra fe en Jesucristo, servimos junto a los pobres y oprimidos como una demostración del amor incondicional de Dios por todas las personas.

Cómo servimos

Desde 1950, Visión Mundial ha ayudado a millones de niños y familias proveyendo ayuda de emergencia a los afectados por desastres naturales y conflictos civiles, desarrollando soluciones a largo plazo dentro de las comunidades para aliviar la pobreza, y defendiendo la justicia a favor de los pobres.

Lo que usted puede hacer

Una buena manera de involucrarse en la obra del reino es mostrar el amor de Dios apadrinando un niño. A través de Visión Mundial Child Sponsorship, le asignarán un niño especial necesitado del que conocerá su nombre, le escribirá y sentirá su amor y sus oraciones. Su donativo de apadrinamiento mensual le proporcionará cosas como agua potable, comida nutritiva, cuidados de salud, oportunidades de educación y alimento espiritual. Visite www.worldvision.org.

Notas

Capítulo 1: El sentido de la vida y otras cosas importantes
1. Ross Douthat, *Bad Religion* (Nueva York: Free Press, 2012), p. 2.
2. «Truthiness», Merriam-Webster.com, accedido 14 agosto 2012, http://www.merriam-webster.com/info/06words.htm.
3. «The Word of the Year: "Truthiness"», CBS News, 11 febrero 2009, © 2009 The Associated Press. Todos los derechos reservados. http://www.cbsnews.com/2100-207_162-2243870.html.
4. Este intercambio se encuentra en Juan 18.37–38.
5. «Coquette: On Greatness and Killing Your Ego», 1 enero 2012, Dearcoquette.com, http://dearcoquette.com/post/15133480733/on-greatness-and-killing-your-ego. Usado con permiso.
6. Donald Miller, *Tal como el jazz* (Nashville, TN: Grupo Nelson, 2006), pp. 196–97.
7. «Truthiness», Merriam-Webster.com.
8. Tony Burton, «Butterflies by the million: the Monarchs of Michoacán», Mexonnect, http://www.mexconnect.com/articles/1207-butterflies-by-the-million-the-monarchs-of-michoac%C3%A1n.
9. Václav Havel, *Letters to Olga*, Paul Wilson, trad. (Londres: Faber and Faber Limited, 1990), p. 237. [*Cartas a Olga* (Barcelona: Versal, 1990)].

Capítulo 2: La gran historia de Dios
1. Stephen W. Hawking, *A Brief History of Time: From the Big Bang to Black Holes* (Toronto, ON: Bantam Books, 1988), p. 174 [*Historia del tiempo: del bing bang a los agujeros negros* (Barcelona: Crítica, 2011)].
2. G. K. Chesterton, *Orthodoxy* (Walnut, CA: MSAC Philosophy Group, 2008), p. 48.

Capítulo 3: ¿Por qué se fue Jesús?
1. Henry Van Dyke, «December Twenty-six», *The Friendly Year* (Nueva York: Scribner, 1918), p. 183.
2. El «rapto» se refiere a la creencia que defienden los teólogos premileniales de que los seguidores de Cristo serán literalmente arrebatados al cielo durante los últimos tiempos.
3. Charles Spurgeon, *Return O Shulamite! And Other Sermons Preached in 1884* (Nueva York: Robert Carter & Brothers, 1885), p. 221.
4. George Stevens, *The Greatest Story Ever Told*, escrita por Fulton Oursler, Henry Denker, James Lee Barrett y George Stevens, Metro Goldwyn Mayer, originalmente publicada 9 abril 1965.

5. Citado en *Book of Jokes & Anecdotes*, Joe Claro, ed. (Nueva York: Random House, 1994), p. 207.
6. Frei Betto, «Ten Suggestions for the Leftist Millitant», Maltatar.com, http://www.maltastar.com/dart/20120404-ten-suggestions-for-the-leftist-militant.

Capítulo 4: El reino mágico, el reino trágico y el reino de Dios
1. Anthony de Mello, *Awareness* (Nueva York: Doubleday, 1992), p. 88 [*Despierta* (Móstoles: Gaia Ediciones, 2001)].
2. Ross Douthat, *Bad Religion* (Nueva York: Free Press, 2012), p. 4.
3. Casey Gane-McCalla, «Haitian Earthquake Death Toll Passes 200,000», 4 febrero 2010, NewsOne.com, http://newsone.com/430192/haitian-earthquake-death-toll-passes-200000.
4. Frei Betto, «Ten Suggestions for the Leftist Militant», Maltatar.com, http://www.maltastar.com/dart/20120404-ten-suggestions-for-the -leftist-militant (acceso obtenido 22 agosto 2012).
5. C. S. Lewis, *The Screwtape Letters* (Nueva York: Harper Collins, 2001), p. 155 [*Cartas del diablo a su sobrino* (Nueva York: Rayo, 2006)].
6. Para un análisis más detallado de las dimensiones y causas de la pobreza global, ver mi primer libro, *El vacío en nuestro evangelio* (Nashville: Grupo Nelson, 2011).
7. «925 million in chronic hunger worldwide», Food and Agriculture Organization of the United Nations Media Centre, 14 septiembre 2010, http://www.fao.org/news/story/en/item/45210/icode.
8. «Reducción de la mortalidad en la niñez», Organización Mundial de Salud, Nota descriptiva No. 178, septiembre 2012, http://www.who.int/mediacentre/factsheets/fs178/es/index.html.
9. «Agua potable salubre y saneamiento básico en pro de la salud», Organización Mundial de Salud, Agua, saneamiento y salud, http://www.who.int/water_sanitation_health/mdg1/es/index.html.
10. Jina Moore, «Congo war leaves legacy of sexual violence against women», *Christian Science Monitor*, 30 junio 2010, http://www.csmonitor.com/World/Africa/2010/0630/Congo-war-leaves-legacy-of-sexual-violence-against-women; también ver Danielle Shapiro, «Congo Rape Crisis: Study Reveals Shocking New Numbers», *Daily Beast*, 11 mayo 2011, http://www.thedailybeast.com/articles/2011/05/11/congo-rape-crisis-study-reveals-shocking-new-numbers.html.
11. «Global Orphan Facts», Christian Alliance for Orphans, http://www.christianalliancefororphans.org/resources/orphan-facts/orphan-facts-global-orphan-care.
12. Anup Shah, «Poverty Facts and Stats», Global Issues, http://www.globalissues.org/article/26/poverty-facts-and-stats.
13. «How Rich Am I?», Giving What You Can, http://www.givingwhatwecan.org/why-give/how-rich-am-i.
14. Anthony Lake, director ejecutivo de UNICEF, *Committed to Child Survival: A Promise Renewed* (Nueva York: UNICEF, 2012), del prefacio, p. 4; http://www.unicef.org/publications/files/APR_Progress_Report_2012_11Sept2012.pdf.

Capítulo 5: La misión de Dios
1. Ed Stetzer, «A Letter to the Church from Billy Graham», The LifeWay Research Blog, http://www.christianitytoday.com/edstetzer/2012/june/letter-to-church-from-billy-graham.htmll.
2. «Major Religions of the World Ranked by Number of Adherents», Adherents.com, http://www.adherents.com/Religions_By_Adherents.html.
3. Dallas Willard, *The Divine Conspiracy* (Nueva York: Harper One, 1998), p. 41 [*La conspiración divina* (Miami: Vida, 2013)].
4. Scot McKnight, *The King Jesus Gospel* (Grand Rapids, MI: Zondervan, 2011), p. 18.

Capítulo 6: La invitación de Dios
1. C. S. Lewis, *Mere Christianity* (Nueva York: Harper Collins, 2000), pp. 198–99 [*Mero cristianismo* (Nueva York: Rayo, 2006)].
2. John Stott, *The Radical Disciple* (Downers Grove, IL: IVP, 2010), p. 29.

Capítulo 7: Se ruega contestación
1. Os Guinness, *The Call* (Nashville, TN: Thomas Nelson, 1998), p. 46.
2. Entrevista personal con el autor.

Capítulo 8: Hagamos un trato
1. Stu Phillips, hablando en la conferencia «For Every Child», Chicago, 20–21 abril 2012.
2. Ibíd.
3. Ibíd.

Capítulo 9: Fuimos creados para algo más
1. Henry David Thoreau, *Walden; or Life in the Woods* (Nueva York: Dover, 1995), p. 5 [*Walden, o, mi vida entre bosques y lagunas* (Buenos Aires: Espasa-Calpe, 1949)].
2. Oliver Wendell Holmes, «The Voiceless», 1858.
3. «Did You Know?», North American Association of State and Provincial Lotteries, http://www.naspl.org/index.cfm?fuseaction=content&menuid=14&pageid=1020.
4. «Warhol photo exhibition, Stockholm, 1968», Justin Kaplan, ed., *Bartlett's Familiar Quotations*, 16a ed. (Nueva York: Little, Brown, 1992), p. 758:17.
5. Rob Peters, «Man using GPS crashes into train», NowPublic.com, 4 enero 2008, http://www.nowpublic.com/life/man-using-gps-crashes-train.

Capítulo 11: Llamados para un propósito
1. Edward Everett Hale, «Lend a Hand», en *742 Heartwarming Poems*, John R. Rice, ed. (Murfreesboro, TN: Sword of the Lord Publishers, 1964), p. 314.
2. Os Guinness, *The Call* (Nashville, TN: Thomas Nelson, 1998), p. 46.

Capítulo 12: Dominós espirituales
1. C. S. Lewis, *The Weight of Glory* (Nueva York: Harper Collins, 1949), p. 46.
2. Puede que Rahab haya sido simplemente un antepasado, no específicamente su madre, pero el punto no cambia. Véase Mateo 1.5.
3. Stephen Morris, «Grams to Pounds: A Domino Chain Reaction», YouTube video, http://www.howtogeek.com/116890/grams-to-pounds-a-domino-chain-reaction-video.
4. Dan Pierce, «Robert Wilder and the Student Volunteer Movement», http://www.ship-ubf.org/leaders/wilder.html.
5. Oswald Chambers, «June 15», *My Utmost for His Highest* (Uhrichesville, OH: Barbour, 2000) [*En pos de lo supremo* (Barcelona: CLIE, 2009)].
6. Cathleen Falsani, «Mother Africa», en «Bono's American Prayer», *ChristianityToday.com*, 1 marzo 2003, http://www.christianitytoday.com/ct/2003/march/2.38.html?order=&start=7.
7. Mark Shuman, «Back to Lincoln's Springfield», *The Chicago Tribune*, 2 septiembre 2011, http://articles.chicagotribune.com/2011-09-02/travel/ct-trav-0904-springfield-lincoln-20110902_1_abraham-lincoln-presidential-library-lincoln-museum-mary-todd-lincoln.

Capítulo 13: Puestos fronterizos del reino
1. Dallas Willard, *The Great Omission* (Nueva York: Harper Collins, 2006), p. 61 [*La gran omisión* (Miami: Vida, 2008)].
2. «Revolution», Dictionary.com, http://dictionary.reference.com/browse/revolution.
3. John Stott, «Becoming Like Christ», Decision.org, 28 julio 2010, http://www.billygraham.org/articlepage.asp?articleid=6183.

4. Ken Kierstead, «A Cup That Overflows», sermón en University Presbyterian Church, Seattle, Washington, 13 febrero 2011, http://sermonplayer.com//includes/popup_player.php?c=15482&by=typeP-2875-Sermon_Player&d=http://sermonplayer.com/&rgbval=21369&alpha=100.
5. No me siento calificado para hablar de las iglesias del globo sur.
6. «Exhortation», Dictionary.com, http://dictionary.reference.com/browse/exhortation?s=t.
7. Steven Gertz, «Tsunami Catastrophe: "Let My Heart Be Broken..."», Christian-History.net, *Christianity Today*, http://www.christianitytoday.com/ch/news/2005/jan27.html.
8. Sabrina Tavernise, «Soaring Poverty Casts Spotlight on "Lost Decade"», *New York Times*, NYTimes.com, 13 septiembre 2011, http://www.nytimes.com/2011/09/14/us/14census.html?pagewanted=all&_r=0.
9. Anthony Lake, Director Ejecutivo de UNICEF, *Committed to Child Survival: A Promise Renewed* (Nueva York: UNICEF, 2012), del Prefacio, p. 4; http://www.unicef.org/publications/files/APR_Progress_Report_2012_11Sept2012.pdf.
10. «Great Commission Statistics», Joshua Project, http://joshuaproject.net/great-commission-statistics.php.
11. Esta cita se le atribuye comúnmente a Paul Harvey, pero se desconoce la fuente.
12. Bellevue School District, «Diversity», http://www.bsd405.org/about-us.aspx.

Capítulo 14: Las puertas del infierno

1. C. S. Lewis, *The Lion, the Witch and the Wardrobe* (Nueva York: Harper, 1950), p. 23 [(*El león, la bruja y el ropero* (Nueva York: Rayo, 2005)].
2. C. S. Lewis, *The Screwtape Letters* (Nueva York: Harper, 1942), p. ix [*Cartas del diablo a su sobrino* (Nueva York: Rayo, 2006)].
3. Casey Gane-McCalla, «Haitian Earthquake Death Toll Passes 200,000», 4 febrero 2010, NewsOne.com, http://newsone.com/430192/haitian-earthquake-death-toll-passes-200000; y Pascal Fletcher, «Haiti quake homeless at risk, shelter crisis drags», Reuters.com, 29 septiembre 2010, http://in.reuters.com/article/2010/09/29/idINIndia-51826720100929.
4. Josefo, *The Complete Works*, ed. William Whiston (Nashville, TN: Thomas Nelson, 1998), 1.21.2.
5. El vuelo 93 se dirigía al Capitolio cuando sus valientes pasajeros derribaron la puerta de la cabina para tomar el control. Esa acción salvó al Capitolio, pero resultó en la muerte de todos los pasajeros a bordo, ya que el avión se estrelló en pleno campo de Pensilvania.
6. Gen. Dwight D. Eisenhower, «General Eisenhower's Message Sent Just Prior to the Invasion», Army.mil, http://www.army.mil/d-day/message.html.

Capítulo 15: La gran aventura de Dios para su vida

1. C. S. Lewis, *The Weight of Glory* (Nueva York: Harper Collins, 1949), p. 46.
2. Randy Pausch, «Carnegie Mellon Commencement Speech», mayo 2008.
3. Atribuido a George Eliot.

Epílogo

1. Max Lucado, *Aplauso del cielo* (Nashville: Grupo Nelson, 1996), de cap. 15.
2. «Som Sabadell Flashmob», YouTube, subido 31 mayo 2012, http://www.youtube.com/watch?v=GBaHPND2QJg.
3. El poema «Joyful, Joyful, We Adore Thee» lo escribió en 1907 Henry Van Dyke siguiendo la música del movimiento final de la novena sinfonía de Beethoven. Letra completa disponible en http://library.timelesstruths.org/music/Joyful_Joyful_We_Adore_Thee.

Guía de estudio

1. Brian Kolodiejchuk, *Mother Teresa: Come Be My Light* (Nueva York: Image, 2009), p. 34.

Índice de versículos

Génesis
1.1, 13, 17
1.27, 13
22.1–3, 99
22.15–18, 99

1 Samuel
17.45–46, 153

2 Samuel
24.24, 191

Ester
4.14, 150, 153, 154

Job
9.32–35, 177
29.11–17, 202

Isaías
53.3–5, 179
55.8, 25
55.8–9, 22
61.1–2, 159

Jeremías
31.33, 72

Joel
2.28–29, 32, 115

Jonás
2.8, 95

Mateo
1.16, 141
3.16–17, 115
5.13, 167
5.16, 180
6.10, 65, 163
6.21, 84
6.24, 88, 93
6.33, 45, 112
7.12, 72
7.18–20, 132
7.21–23, 58
7.24–25, 14
7.24–27, 3
7.25, 72
9.35–36, 76
9.35–37, xi
9.36, 41
9.37–38, 172
10.39, 69
11.3–5, 76
13.32, 37
13.45–46, 96, 195
16.13–19, 183
16.24–25, 84
17.1–2, 185
17.5, 185
19.21, 93
19.22, 88
19.29, 91
22.1–7, 83
22.3, 81
22.37–40, 77, 219
23.23, 160
24.14, x, xxi, 55, 74
24.14; 28.19–20, 73-74
25.21, 203
25.23, 132
25.40, 77
25.34–36, ix
28.18–20, 158, 186, 187
28.19–20, 37, 51, 59, 74, 155
28.20, 130, 222

Marcos
1.15, 55, 56, 83, 103, 165
1.16–17, 87
4.18–19, 58
8.35, 91
10.25, 216
10.45, 85
14.8, 198
15.30–31, 179

Lucas
2.10–11, 32, 209
2.13, 209
2.14, 209
4.18–19, 115
4.21, 115
4.29–30, 33
4.43, 51
6.46, 58
8.12, 174
9.23, 164
9.23–25, 127

9.24, 89, 219
9.59–61, 88
9.62, 216
12.15, 45
12.15–19, 201
12.20–21, 202
12.42–44, 67
13.29–30, 216
16.19–21, 47
17.20–21, 216
23.44–46, 63

Juan
1.12, 11
3.5, 115
3.16, 26, 76, 180
7.38–39, 113
10.10, xx, 1, 50, 191
13.34, 76
14.6, 14
14.16–18, 166
16.13, 113
16.13, 15, 128
17.15, 18, 55
17.18, 50
17.20–21, 23, 74
18.37–38, 239
20.21, xi, 80, 103

Hechos
1.3, 51
1.4–5, 8, 114
1.9, 35
1.9–11, 31
1.10–11, 35
2.2–4, 121
2.17, 121
2.37–39, 121
2.42–47, 73
2.46–47, 71

4.13, 89, 139
16.6–10, 134
17.26, 142
20.24, 123

Romanos
1.19–20, 13
8.18–19, 178, 194
8.19, 182
10.14–15, xi
10.15, 204
12.2, 197

1 Corintios
1.25–29, 147
1.27–28, 190
6.19–20, 116
9.24–25, 161
12.4–6, 139
12.14–27, 147-148
12.18, 150
12.22–23, 149
13.13, 75
15.24–25, 186
15.55, 34

2 Corintios
1.3–4, 194
3.3, 199
5.17, 101, 103
5.17–20, 157
5.20, 73, 217
10.5, 162

Gálatas
2.20, 108, 121

Efesios
1.14, 120
1.22–23, 186
2.8–10, 75
2.19–20, 64

3.10–11, 177
6.11–12, 174

Filipenses
1.27, 67
2.13, 150

Colosenses
1.13–14, 60
1.15–20, 70
2.13–15, 186

1 Timoteo
6.9–10, 107
6.11–12, 107
6.12, 107

2 Timoteo
2.3–4, 69, 218

Hebreos
10.12–13, 187
12.1–2, 204

Santiago
1.22, 79, 130, 222
2.14–17, 77
2.18–19, 164

1 Pedro
2.9, 116
5.8, 174

1 Juan
2.3–6, 131, 222
2.6, 79, 164
3.17–18, 77
4.8, 76

Apocalipsis
12.9, 175
12.12, 173
21.3–4, 187
21.4, 180

Acerca del autor

Rich Stearns es presidente de Visión Mundial EU y autor de *El vacío en nuestro evangelio*, elegido como libro cristiano del año 2010 por Evangelical Christian Publishers Association (Asociación Evangélica de Publicadores Cristianos). Visión Mundial es una de las organizaciones humanitarias más grandes del mundo, que opera en casi cien países con más de cuarenta y cinco mil trabajadores, dedicados a servir a las personas más pobres del mundo en el nombre de Cristo.

Antes de unirse a Visión Mundial, Rich tenía una carrera empresarial que pasó por varias industrias, incluyendo juguetes y juegos, ayuda de salud y belleza, video juegos y software, coleccionables y regalos, y porcelana fina y cristal. Trabajó como Director para Parker Brothers Games y Lenox. Tiene una licenciatura en Neurobiología de Cornell University y una maestría de Wharton School de Pennsylvania University. Siguiendo el llamado de Dios a su vida, renunció a su posición en Lenox en 1998 para convertirse en presidente de Visión Mundial EU, donde ha tenido la oportunidad de poner su fe en acción trabajando cada día para mejorar las vidas de los pobres.

Impulsado por su pasión por crear conciencia y apoyo para los asuntos de la pobreza y la justicia, Rich ha aparecido en CNN, Fox, ABC, NBC y PBS y ha escrito artículos para el periódico *Wall Street Journal*, el *Washington Post*, el Huffington Post y otros canales de comunicación.

Es un orador frecuente en iglesias, conferencias y reuniones denominacionales y ha hablado en Harvard University, el Congreso de Lausanne y en varios foros internacionales.

Rich y su esposa, Reneé, viven en Bellevue, Washington, y han apoyado Visión Mundial desde 1984. Tienen cinco hijos propios además de millones más en todo el mundo. Puede seguir a Rich en Facebook (Facebook.com/RichardStearns.WVUS) y Twitter (@richstearnsw) o en www.richstearns.org.